Gymnasium Bayern

Deutschbuch

Arbeitsheft 10

Arbeitstechniken
Aufsatztraining
Grammatik und Stilistik
Rechtschreibung
Texte und Medien
Grundwissen sichern

Herausgegeben von
Wilhelm Matthiessen (München),
Bernd Schurf (Neuss) und
Wieland Zirbs (Passau)

Erarbeitet von
Christl Ostertag (München),
Annegret Schneider (München) und
Konrad Wieland (Passau)

Cornelsen

Inhalt

☆ *Aufgaben mit erhöhtem Schwierigkeitsgrad*

Sie können dieses Arbeitsheft auch bei der Freiarbeit verwenden. Mit dem Lösungsheft können Sie Ihre Lernergebnisse selbst überprüfen.

Partnerarbeit

Eine Präsentation ausarbeiten

!

Bereiten Sie Ihre Präsentation schrittweise vor:

- ☐ Überlegen Sie, wer Ihr **Publikum** ist: Was wissen Ihre Zuhörer bereits? Was wird sie interessieren? Welchen interessanten Schwerpunkt können Sie herausarbeiten? Wie können Sie Informationen ansprechend und verständlich vermitteln?
- ☐ Der **Einstieg** ist entscheidend für den Erfolg einer Präsentation. Was könnte Ihr Thema spannend anreißen? Denkbar wäre z. B. eine Karikatur, ein Foto, ein Zitat oder ein aktuelles Ereignis.
- ☐ **Recherchieren** Sie sorgfältig und wählen Sie – auch mit Blick auf Ihr Publikum – gezielt aus, welche Informationen Sie verwerten möchten.
- ☐ **Gliedern** Sie übersichtlich und geben Sie Ihren Zuhörern einen Überblick.
- ☐ Verwenden Sie für Ihren Vortrag **Stichwortzettel** oder Karteikarten.
- ☐ Gestalten Sie Ihre Präsentation anschaulich, setzen Sie **Medien** ein.
- ☐ **Sprechen Sie frei** und setzen Sie die Körpersprache bewusst ein.
- ☐ **Üben Sie** den Vortrag zu Hause vor Publikum (oder vor einem Spiegel). **Überarbeiten Sie** ihn ggf.

Hape Kerkeling veröffentlichte im Jahr 2006 seinen persönlichen Reisebericht „Ich bin dann mal weg", der viele Wochen lang die Spiegel-Bestsellerliste im Bereich Sachbuch anführte. Stellen Sie dieses Buch in einer Präsentation vor.

1 *Lesen Sie – falls möglich – das Buch von Hape Kerkeling, denn auch die besten Informationen* ***über*** *dieses Buch können die eigene Textkenntnis nicht ersetzen.*

2 *Recherchieren Sie Informationsmaterial über dieses Buch und legen Sie sich eine Stoffsammlung an. Erste Recherchen im Internet könnten zu folgenden Texten (▷ S. 3 f.) führen.*

a) Lesen Sie die Texte sorgfältig. Markieren Sie hierbei wichtige Textstellen, gliedern Sie die Texte in Sinnabschnitte und notieren Sie am Rand Wichtiges.

b) Formulieren Sie Fragen und Überlegungen, die sich aus den Texten ergeben.

Rezension

von Christian Haas

Hape Kerkeling, aus der Kirche ausgetretener Komiker, Königin-Beatrix- und Horst-Schlämmer[1]-Parodist, Schauspieler und (Let's Dance-) Moderator, und der Jakobsweg, einer der wichtigsten Pilgerpfade überhaupt -- passt das zusammen? Auf den ersten Blick nicht wirklich. Kerkeling hat selbst seine Zweifel, als er sich in den Pyrenäen mit seinem elf Kilo schweren Rucksack Kehre für Kehre in Richtung fernes Santiago de Compostela dahinschleppt. Doch im Lauf der rund 800 Kilometer langen Tour schwinden die Zweifel, sowohl beim Autor als auch beim Leser. Die beiden passen, und wie.

Der Jakobsweg ist seit knapp tausend Jahren Gegenstand unzähliger Aufzeichnungen und Bücher, gerade in den vergangenen Jahren gab es eine wahre Flut zu diesem Thema. Und doch ist *Ich bin dann mal weg* erfrischend anders, was an der ganz und gar typisch Kerkeling'schen Art und Weise liegt, seine rund sechs Wochen lange Tour amüsant und beschwingt, aber dennoch ergreifend und sehr persönlich wiederzugeben. Seine ungekünstelten Tagebucheinträge machen Mut, dass auch ausgewiesene Couch Potatoes die durchaus vorhandenen Strapazen der Wanderung meistern können. Strapazen lauern übrigens auch in Gestalt wenig komfortabler Unterkünfte, manch ungenießbar scheinender Mahlzeit und aufdringlicher Weggefährten.

Kerkeling nimmt alle Hürden und dabei kein Blatt vor den Mund. Er beschreibt die Dinge und Menschen, wie sie sind. Demzufolge fungiert das 320 Seiten starke und mit einigen netten Fotos angereicherte Buch als ausgezeichneter und sehr detaillierter Reiseführer – wenngleich sich im Vergleich zum Jahr 2001, in dem dieser Trip stattfand, sicherlich einiges geändert haben dürfte. Wichtiger noch ist aber die Funktion als vom Jakobsweg losgelöster spiritueller Ratgeber. Das Gute daran: Das Buch will gar kein spiritueller Ratgeber sein. Missionarischer Eifer, arrogante Besserwisserei, nervige Erleuchtungseskapaden? Fehlanzeige. Und doch geht es viel um Gott, Religion, Wiedergeburt (ein Thema, das die Boulevardpresse dankbar aufgriff) und die zentrale Frage: „Wer bin ich?“ Seine Gedanken bringt Kerkeling in den so genannten „Erkenntnissen des Tages“ auf den Punkt. Kostprobe vom 3. Juli: „Manchmal ist es das Vernünftigste, einfach herrlich verrückt zu sein!“ Zum Beispiel, als untrainierter Wanderer sechs Wochen lang zu wandern.

[1] **Die Figur Horst Schlämmer** ist Journalist. Schlämmer arbeitet für das Grevenbroicher Tagblatt, sein Motto ist: „Immer ganz dicht dran und knallhart jefracht.“

Aus Wikipedia

Das Buch befand sich seit seinem Erscheinen 2006 viele Monate auf den vorderen Plätzen der deutschen Bestsellerlisten. Kerkeling war wegen seines Buches Gast in verschiedenen Talkshows, eine Autorenlesung ausgewählter Teile seines Buches wurde 2007 von einem kommerziellen Fernsehsender ausgestrahlt. Es verkaufte sich nach Auskunft des Verlages bis März 2007 insgesamt 1,4 Millionen Mal und wird weiterhin in bis zu 30 000 Exemplaren wöchentlich verkauft. Im Juli 2007 überstieg die Auflage die Marke von zwei Millionen.

3 *Überlegen Sie, wer Ihr Publikum ist: Was wissen Ihre Zuhörer bereits? Was wird sie interessieren?*

4 *Kreuzen Sie an, welchen Schwerpunkt Sie für diese Buchvorstellung wählen könnten. Berücksichtigen Sie bei Ihrer Wahl die Informationen aus den vorangegangenen Texten.*

- ☐ **A** Unentdeckte Seiten des beliebten Entertainers
- ☐ **B** Hape Kerkeling als Mensch
- ☐ **C** War der Erfolg des Buches vorhersehbar?
- ☐ **D** Moderne Pilgerreisen

TIPP

Bedenken Sie bei der Wahl der Schwerpunktsetzung, dass diese einerseits von breitem Interesse sein sollte, Sie aber andererseits auch in der Lage sein müssen, gezielt zu recherchieren und Material auszuwählen.

5 *Wie können Sie die Informationen ansprechend und verständlich vermitteln?*
Nachfolgend finden Sie mögliche Gliederungspunkte für Ihre Präsentation.

a) Ordnen Sie die Anschauungsmaterialien sinnvoll den Inhalten zu, indem Sie Linien ziehen.
b) Bringen Sie die Gliederungspunkte in eine sinnvolle Reihenfolge, indem Sie sie in der linken Spalte von 1 bis 8 nummerieren.

TIPP

Der **Einstieg** ist entscheidend für den Erfolg einer Präsentation. Führen Sie ein Brainstorming durch: Was könnte Ihr Thema spannend anreißen?

Reihenfolge	Inhalt	Anschauungsmaterial/Medien
______	Vorstellen des Autors Hape Kerkeling	Folie „Historische Ansicht einer Pilgerreise“ Bildergalerie
______	Zum Inhalt des Buches	Folie „Buchcover“
______	Erfolg auf dem Buchmarkt	Folie Gliederung
______	Das Thema des Buches	Plakat mit Lebensdaten und künstlerischen Stationen
______	Sicherung der Inhalte	Flussdiagramm Reisestationen/ innere Einkehr
______	Überblick über die Präsentation geben	Verkaufszahlen, Medienpräsenz des Autors
______	Komische Aspekte des Buches	Karte Pilgerweg als Plakat
______	Historisches Bild von Pilgerreise	Zitat aus dem Buch/ ironische Brechung

Im Auftrag des SPIEGEL wöchentlich ermittelt vom Fachmagazin „buchreport“; nähere Informationen und Auswahlkriterien finden Sie online unter: www.spiegel.de/bestseller

Sachbücher

1 (1) Hape Kerkeling Ich bin dann mal weg Malik; 19,90 Euro
2 (2) Rhonda Byrne The Secret – Das Geheimnis Goldmann; 16,95 Euro
3 (3) Richard Dawkins Der Gotteswahn Ullstein; 22,90 Euro
4 (7) Peter Scholl-Latour Zwischen den Fronten Propyläen; 24,90 Euro
5 (4) Eric Clapton Mein Leben Kiepenheuer & Witsch; 19,90 Euro
6 (11) Markus Lanz Und plötzlich guckst du bis zum lieben Gott – Die zwei Leben des Horst Lichter Gütersloher Verlagshaus; 19,95 Euro
7 (10) Manfred Lütz Gott – Eine kleine Geschichte des Größten Pattloch; 19,95 Euro
8 (9) Eva-Maria Zurhorst Liebe dich selbst Goldmann; 18,90 Euro
9 (6) Dieter Hildebrandt / Roger ... / ...udi Bünger

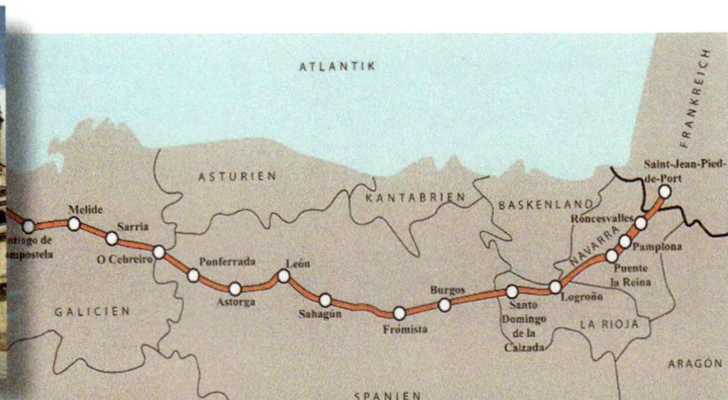

Die Präsentation anschaulich gestalten

!

Anschaulich Präsentiertes prägt sich besser ein:
- □ **Visualisieren** Sie (Handlungs-)Abläufe, z. B. die Stationen der Reise auf einer Kartenskizze.
- □ Zeigen Sie **Schaubilder, Grafiken, Fotos**.

Wenn Sie **Folien** am OHP oder mit PPT zeigen:
- □ Achten Sie darauf, dass die Seite **übersichtlich** und nicht zu voll ist. 4 bis 6 Stichpunkte genügen meist!
- □ Der **Nominalstil** ist ganzen Sätzen vorzuziehen.
- □ Achten Sie auf **gute Lesbarkeit**, z. B. Schriftgröße zwischen 24 und 48 Punkt, keine ineinanderverlaufenden Farben wählen.
- □ Versehen Sie die Folien mit **Untertiteln**.
- □ **Animationseffekte** sollten nicht zum Selbstzweck werden, sondern der Aussage nutzen.

6 *Erarbeiten Sie eine Folie mit Thesen, die den Erfolg des Buches erklären helfen.*
a) Streichen Sie Angaben, die gegebenenfalls nicht zu diesem Gliederungspunkt passen oder sich wiederholen.
b) Wandeln Sie das Material in Thesen um.
c) Tragen Sie die Thesen – geordnet nach Wichtigkeit – auf der Folie ein.

Der Autor ist ein bekannter Entertainer. Sein Buch wird zu einem Medienereignis und wirkt deshalb über etablierte Leserschichten hinaus attraktiv.

Das Buch verbindet die amüsante Schreibweise des Komikers mit tieferen Einsichten, die in Zeiten wachsender Orientierungslosigkeit viele Menschen ansprechen.

Reisebücher haben Konjunktur.

Das Buch ist vielschichtig und befriedigt ganz unterschiedliche Leseinteressen. Ein Vergnügen!

Es gibt inzwischen eine ganze Produktpalette von Hape Kerkeling. Zum Buch gibt es auch ein Hörbuch.

Man merkt Kerkeling seinen Beruf als Entertainer und Komiker an. Flüssig und amüsant sind Gedanken und Erlebnisse auf der Wanderung geschickt miteinander verwoben.

Der Malik-Verlag im Hause Piper (Frankfurt) meldet für das Frühjahr 2007 eine Sensationszahl von zwei Millionen verkauften Exemplaren.

Thesen zum Erfolg des Buches

Ein Arbeitsblatt gestalten

Die **wichtigsten Informationen** Ihrer Präsentation können Sie auf einem Arbeitsblatt **zusammenfassen** und an Ihre Mitschüler/-innen aushändigen (man spricht auch von einem **Handout**). Sie können aber auch ein Arbeitsblatt gestalten, das Ihre Mitschüler/-innen während oder nach der Präsentation selbst bearbeiten. Pfiffig sind z. B. ein **Lückentext** oder ein **Rätsel**, mit deren Bearbeitung die wichtigsten Informationen abschließend wiederholt werden.

7 *Ein Arbeitsblatt, das Ihre Mitschüler/-innen selbst bearbeiten, könnte folgendermaßen aussehen:*
a) Ergänzen Sie die Teile A–C selbst.
b) Arbeiten Sie Teil D des Arbeitsblattes basierend auf den Thesen Ihrer Folie (S. 6) aus.

A Passt das zusammen?

 +  =  ☐ ja ☐ nein

B Kennen Sie Hape?

Kerkeling ist ____________________, Schauspieler und Autor. Er feierte seinen Durchbruch als TV-Moderator und ist heute überaus ____________________. Ausgezeichnet wurde Kerkeling mit mehreren renommierten Preisen. Seine Spezialität sind einfache Charaktere, die er dann detailverliebt auch in Improvisationen nahezu perfekt verkörpert. 2006 schuf er mit „Horst Schlämmer" einen fiktiven ____________________. Erfolgreiche Produktionen sind die TV-Reihen „Total normal", „Darüber lacht die Welt" und die „70er-Show".

C „Ich bin dann mal weg"

Dieser __________bericht beschreibt die ________ km lange Pilgerreise nach ____________________ ____________________, die Hape Kerkeling im Jahr ________ als Wanderer mit Rucksack unternommen hat. Im Jahr ________ ist dann sein Buch dazu erschienen. Es verbindet Reisebeschreibung, humoristische Betrachtungen der Mitpilger und tiefere Einsichten.

D Zum Erfolg des Buches

____

____

____

____

Eine Debatte vorbereiten und durchführen

Eine Debatte ist eine **streng reglementierte Redeform**.
Unterschiedliche **Standpunkte** zweier Parteien zu einer Streitfrage (Entscheidungsfrage: ja oder nein?) werden **umfassend und objektiv** dargelegt. Ziel ist, eine **Grundlage für sinnvolle Entscheidungen** und verantwortliches Handeln zu schaffen (z. B. im Bundestag).

Eine Debatte umfasst meist eine **Eröffnungs-**, eine **Aussprache-** und eine **Schlussrunde**. Manchmal schließt sich eine **Abstimmung** über die Streitfrage an, die im Plenum (der gesamten Zuhörerschaft) durchgeführt wird.

Die Debatte ist **zeitlich meist genau begrenzt**. In der Eröffnungs- und Schlussrunde, manchmal auch während der Aussprache ist die Redezeit festgelegt, auf Einhaltung achtet ein **Moderator** (Gesprächsleiter). Dieser kann auch die einzelnen Redner aufrufen (z. B. in Bundestagsdebatten). Häufig jedoch ist die Reihenfolge der Redner festgelegt, sodass die Debatte ohne Moderator auskommen kann.

1 *Wo werden innerhalb und außerhalb des Schullebens Debatten geführt? Notieren Sie.*

____

____

2 *a) Informieren Sie sich, über welche Entscheidungsfragen im Stadt- oder Gemeinderat Ihres Heimatortes in jüngerer Zeit debattiert wurde.*
b) Notieren Sie die beiden wichtigsten.

____

____

3 *Bereiten Sie eine Debatte zum Thema „Sollen öffentliche Plätze videoüberwacht werden?" vor.*
a) Legen Sie eine Stoffsammlung (▷ S. 31) zur Themafrage an.
b) Ordnen Sie Ihre Stoffsammlung nach Oberbegriffen, indem Sie die folgende Übersicht ergänzen.
c) Unterstreichen Sie in der ausgearbeiteten Übersicht relevante Aspekte, die Ihrer Meinung nach vor oder während der Debatte geklärt werden müssten.

öffentliche Plätze

- sind: Straßen, Stadtplätze, ______________________________
- sind nicht: Privathäuser, ______________________________
- sind vielleicht auch: Diskotheken, ______________________________

Videoüberwachung

- bedeutet: ständige Überwachung mittels fest stehender Kamera durch die Polizei, ______________________________
- bedeutet nicht: ______________________________
- bedeutet vielleicht auch: ______________________________

!

Eine Stoffsammlung für die Debatte erstellen und ordnen
Um stichhaltig argumentieren zu können, müssen Sie relevante Informationen zu Ihrer Themafrage sammeln. Benutzen Sie dazu eigenes Vorwissen sowie verfügbare Informationsquellen, z. B. Zeitung, Fernsehen, Lexikon, Fachbücher, Internet.

4 *Aktivieren und ordnen Sie Ihr Vorwissen zur Streitfrage „Sollen öffentliche Plätze videoüberwacht werden?“.*
a) Ergänzen Sie die Mind-Map durch möglichst vielfältige W-Fragen.
b) Beantworten Sie die Fragen in Ihrem Heft.

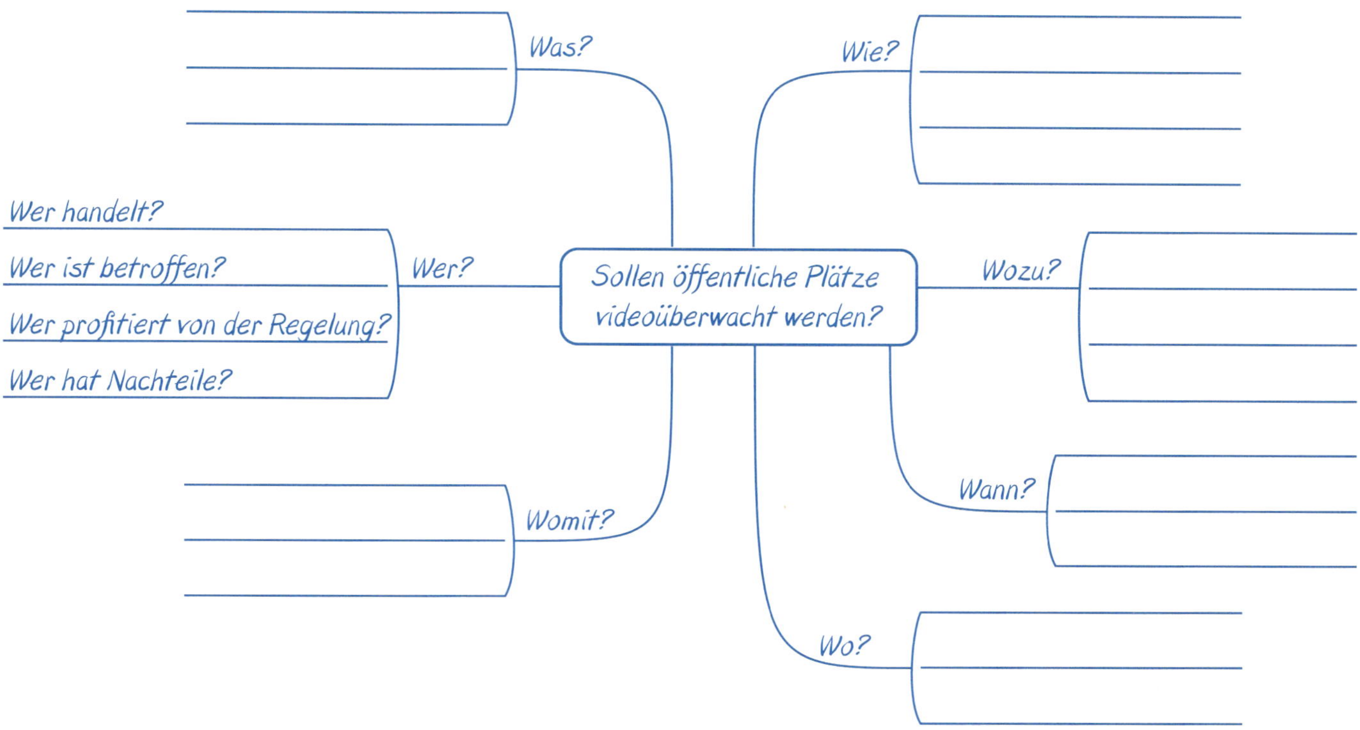

5 *a) Informieren Sie sich im Internet über das Thema. Notieren Sie hier informative Websites.*

____

____

b) Übernehmen Sie die folgende Tabelle in Ihr Heft (ganze Heftseite verwenden!) und ordnen Sie die recherchierten Informationen nach pro und kontra ein. Gewichten Sie beim Eintragen auch deren Überzeugungskraft als Argument.

Themafrage: Sollen öffentliche Plätze videoüberwacht werden?		
pro	**kontra**	
Schutz von Passanten …	… hohe Kosten für Videokameras	Überzeugungskraft des Arguments hoch ↑ Überzeugungskraft des Arguments gering

In der Ausspracherunde überzeugend argumentieren
Kernstück einer Debatte ist die **Ausspracherunde**:
In **Rede und Gegenrede** werden die einzelnen Standpunkte dargelegt. Sie können Ihren Standpunkt nur dann überzeugend vertreten, wenn Sie Ihre **These** durch **Argumente** begründen und durch **Beispiele** absichern oder veranschaulichen (vgl. Erörterung, ▷ S. 39).

6 *Entnehmen Sie dem Zeitungsartikel aus der „Süddeutschen Zeitung" vom 22. 03. 2007 wichtige Informationen zur Streitfrage „Sollen öffentliche Plätze videoüberwacht werden?". Gehen Sie dabei folgendermaßen vor:*
a) Notieren Sie in Ihrem Heft die Argumente für bzw. gegen eine Videoüberwachung öffentlicher Plätze.
b) Ergänzen Sie Ihre Liste mit den im Artikel genannten Beispielen.
c) Fügen Sie die neu gewonnenen Argumente in Ihre Tabelle (Aufgabe 5 b, S. 9) ein.

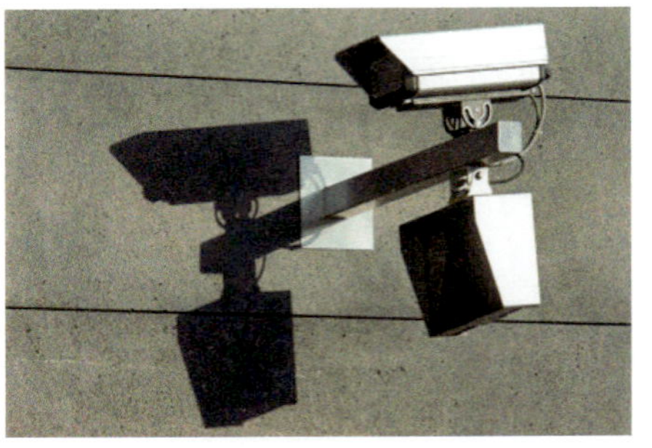

Regensburger Urteil des Bundesverfassungsgerichts hat Folgen

Videoüberwachung wird eingeschränkt

Innenministerium spricht von einer Zäsur und will die Konsequenzen für Kommunen und Behörden prüfen

Von Kassian Stroh

Das Urteil des Bundesverfassungsgerichts zur Videoüberwachung in Regensburg wird Auswirkungen auf die vielen Überwachungskameras im Lande haben. Von „erheblichen Konsequenzen" spricht der bayerische Datenschutzbeauftragte Karl Michael Betzl und prophezeit: „Das wird die Zahl der Videokameras reduzieren." Auch im Innenministerium spricht man von einer „Zäsur".

Am Dienstag hatte das Gericht entschieden, dass die Stadt Regensburg keine Kameras installieren darf, um ihr Synagogenkunstwerk am Neupfarrplatz zu überwachen. Denn davon seien nicht allein potenzielle Straftäter betroffen, sondern überwiegend Personen, die nichts Böses im Schilde führten. Sie zu filmen sei ein „intensiver Eingriff" in die Persönlichkeitsrechte, argumentierten die Richter.
„Man muss einen guten Grund haben, um unbescholtene Bürger aufzunehmen", liest Betzl aus dem Urteil heraus. Das aber beträfe die allermeisten Überwachungskameras – welche filmt schon ausschließlich Straftäter? Wie viele Kameras in Bayern zu finden sind, darüber gibt es keine Zahlen, nicht einmal über die öffentlichen. Denn sie hängen nicht nur in Bahnhöfen und Flughäfen, sondern auch in Fried- und Wertstoffhöfen, Parkhäusern und Schulen. Von Kaufhäusern und Banken ganz zu schweigen. Wie Michael Ziegler, Sprecher des Innenministeriums, sagt, will sein Haus nun die Kommunen über das Urteil informieren und dann prüfen, welche rechtlichen Konsequenzen zu ziehen sind.
Sorge bereitet Betzl die „zunehmende Tendenz" von Kommunen, Plätze per Video überwachen zu lassen. Das schränke das Recht der Bürger ein, sich unbeobachtet im öffentlichen Raum bewegen zu können. Die Städte berief sich meist – wie Regensburg – auf das Datenschutzgesetz oder aber das Landesstraf- und Verordnungsgesetz, das Behörden generell ermächtigt, Anordnungen zu treffen, die Straftaten verhindern sollen. Beide aber reichten im Licht des Urteils als Rechtsgrundlage nicht aus, analysiert Betzl. Zumal in der Regel die Videobilder aufgezeichnet werden, was die Richter als besondere Grundrechtsbeeinträchtigung werten. „Mein Eindruck ist: Das Bundesverfassungsgericht hat seinen Blickwinkel verlagert – von der Betrachtung einer Gefahr hin zum unbescholtenen Bürger", sagt Betzl.
Etwas klarer ist die Rechtslage bei den Kameras, die die Polizei selbst betreibt. Das darf sie laut Polizeiaufgabengesetz (PAG) an besonderen Kriminalitätsbrennpunkten. Die Polizeikameras machen aber nur einen minimalen Bruchteil aller installierten Kameras aus.
Da es in Nürnberg oder Regensburg in den videoüberwachten Bereichen weniger Straftaten gegeben habe, hält das Ministerium Kameras für ein wirksames Mittel, den „Schutz der Bürger vor Kriminalität" zu gewährleisten. Sie könnten potenzielle Täter abschrecken, nicht zuletzt, weil die Bilder bei den Ermittlungen und als Beweis vor Gericht verwendet werden könnten.

!

Genau anknüpfen und fair argumentieren
In einer Debatte knüpfen die Redner an die Argumente der Gegenpartei an. Sie gehen zunächst darauf ein und versuchen, diese Argumente zu **kommentieren** oder zu **widerlegen**. Der Aufbau eines Redebeitrages in einer Debatte lässt sich so darstellen:

Partei 1 (z. B. pro)	**Partei 2** (z. B. kontra)
Argumentation A → (Argument, Beispiel)	
	Anknüpfung an/Antwort auf A, Anführen der Argumentation B
Anknüpfen an/Antwort auf B ← ...	

Grundlegend für eine ausgewogene und erfolgreiche (also informative und überzeugende) Debatte sind:
- die Einhaltung der **allgemein bekannten Gesprächsregeln**,
- der **Verzicht auf unsachliche und/oder unfaire Argumente**,
- die möglichst **gleichmäßige Verteilung der Redezeit** für beide Positionen.

7 *Unterstreichen Sie in folgendem Gesprächsausschnitt mit unterschiedlichen Farben diejenigen Passagen, in denen auf den Vorredner eingegangen wird und in denen neue Beiträge angeführt werden.*

Dafür oder dagegen?

SPRECHER A: Ich bin gegen eine Videoüberwachung öffentlicher Plätze, da sie die Kriminalität nicht vermindern, sondern nur räumlich verlagern kann. Wenn jemand einen Taschendiebstahl begehen will, wird er sich in Zukunft einfach einen anderen, nicht überwachten Platz aussuchen.

SPRECHER B: Du bist also der Meinung, dass eine Videoüberwachung nur eine örtliche Verlagerung der Kriminalität zur Folge hätte. Ich meine hingegen, dass schon viel erreicht ist, wenn man beispielsweise auf Bahnhöfen vor Diebstählen sicher ist.

SPRECHER A: Du siehst es demnach bereits als Fortschritt an, wenn einige wenige Bereiche frei von Kriminalität sind. Ich persönlich möchte jedoch nicht ständig überwacht werden. Vor allem, da ich nicht weiß, was mit den Aufnahmen gemacht wird und wie lange sie gespeichert werden.

SPRECHER B: Natürlich sind deine Bedenken im Hinblick auf den Umgang mit den Aufnahmen wichtig. Wichtiger ist jedoch, dass ...

8 *a) Unterstreichen Sie im Text oben Formulierungen, die geeignet sind, an den Vorredner anzuknüpfen.*
b) Notieren Sie weitere geeignete Formulierungen.

9 *Bilden Sie zwei Reihen mit je etwa 6 Schülerinnen oder/und Schülern, die sich vor der Klasse aufstellen sollen. Üben Sie das genaue Anknüpfen an den Vorredner.*
Schüler A führt zum Thema „Videoüberwachung auf öffentlichen Plätzen" eine kurze Argumentation an. Schüler B versucht, in einem Satz, der mit „Du bist also der Meinung, dass ..." beginnt, das Gesagte so genau wie möglich in eigenen Worten wiederzugeben. Anschließend weist Schüler A Schüler B gegebenenfalls auf etwas hin, das falsch verstanden oder weggelassen wurde, und korrigiert die Aussage. Nun richtet sich B an C ...

!

Eine Debatte eröffnen

Am Beginn einer Debatte steht die Eröffnungsrunde. Bei vier Rednern (zwei für, zwei gegen eine vorgeschlagene Maßnahme) läuft sie folgendermaßen ab:

- Jedem Redner wird eine eng begrenzte Redezeit zugestanden (z. B. 2 Minuten), über deren Einhaltung der Gesprächsleiter wacht.
- Als Erster spricht ein Vertreter derjenigen Partei, die sich für die Einführung einer Regelung ausspricht. Er klärt knapp, was vorgeschlagen wird und wie die vorgeschlagene Maßnahme konkret ausgestaltet werden soll.
- Die folgenden Redner (abwechselnd von der Kontra- und der Pro-Seite) kritisieren bzw. ergänzen die bereits gemachten Vorschläge und führen ihre eigene Meinung knapp an.
- Jeder Redner beantwortet deutlich (am besten am Ende seiner Eröffnungsansprache) die gestellte Streitfrage.

10 *Üben Sie die Eröffnungsrede auf spielerische und humorvolle Weise.*

a) Wählen Sie eines der vorgeschlagenen „Streitthemen“ aus.

b) Überlegen Sie sich innerhalb von ca. 3 Minuten eine Argumentation für oder gegen die Einführung der Maßnahme und tragen Sie diese Ihrem Banknachbarn oder der Klasse vor (1 Minute Rededauer, Kontrolle durch einen Mitschüler).

c) Beschließen Sie Ihre Darlegung mit einer eindeutigen Beantwortung der Streitfrage. Als Hilfestellung kann Ihnen der formelhafte Satz „Deswegen bin ich der Meinung, dass ...“ oder „Deshalb bin ich überzeugt, dass ...“ dienen.

d) Die Zuhörer bewerten, ob die Argumentation in sich überzeugend war und der Standpunkt zur Streitfrage deutlich ausgesprochen wurde.

Sollen Hunde in Zukunft fliegen lernen?

Soll der Winter abgeschafft werden?

Sollen Teetassen sprechen können?

11 *Halten Sie in der Klasse eine Eröffnungsrunde zum Thema „Sollen öffentliche Plätze videoüberwacht werden?“.*

a) Bilden Sie innerhalb der Klasse Arbeitsgruppen zu je vier Schülern.
   - *Verteilen Sie Rollen: Zwei Schüler sprechen sich für, zwei gegen die Einführung der Videoüberwachung aus.*
   - *Sprechen Sie sich mit Ihrem Partner kurz ab, welche Argumente Sie anführen wollen.*

b) Wählen Sie eine oder mehrere Gruppen, die vor der Klasse eine Eröffnungsrunde abhalten wollen.

c) Die ausgewählte Gruppe führt eine Eröffnungsrunde nach dem oben beschriebenen Muster durch, bei der jeder Redner zwei Minuten Zeit erhält. Ein Mitschüler achtet auf die Einhaltung der Redezeit.

d) Die Zuhörer in der Klasse geben im Anschluss Rückmeldung, ob die Regeln eingehalten und die Standpunkte deutlich dargelegt wurden.

!

Eine Debatte schließen

In der **Schlussrunde**

- fasst jeder Redner knapp die für ihn entscheidenden Argumente zur Beantwortung der Streitfrage zusammen,
- spricht sich jeder Redner noch einmal deutlich für oder gegen die zur Debatte gestellte Maßnahme aus,
- kann ein Redner durchaus auch einen begründeten Meinungswechsel darlegen.

Die Reihenfolge der Redner entspricht der Eröffnungsrunde. Die jeweils zugestandene Redezeit beträgt 1 Minute.

12 *Führen Sie gemeinsam mit Ihrem Banknachbarn eine kurze Schlussrunde durch.*

a) Schüler A setzt Schüler B anhand von drei unterschiedlichen Argumenten auseinander, weshalb er für oder gegen eine Videoüberwachung öffentlicher Plätze ist (Redezeit ca. 4 Minuten).

b) Schüler B versetzt sich in die Position von Schüler A und hält für diesen eine Schlussrede von 1 Minute Dauer.

c) Schüler A gibt Rückmeldung, ob er richtig verstanden und seine Position deutlich zum Ausdruck gebracht wurde.

Eine Debatte durchführen und bewerten
Die Regeln, die den Ablauf einer Debatte bestimmen, sind nicht festgelegt und unterscheiden sich daher von Fall zu Fall. Die hier aufgeführten Regeln folgen denen des Wettbewerbs „**Jugend debattiert**", der jährlich an deutschen Schulen durchgeführt wird. Knapp zusammengefasst lauten diese:
- Zwei Parteien mit je zwei Vertretern debattieren eine mit ja oder nein zu beantwortende Streitfrage. Vorher gemachte Notizen dürfen nicht verwendet werden. Notizen während der Debatte sind zugelassen.
- **Eröffnungsrunde**: Die Pro-Seite beginnt, Pro- und Kontra-Seite wechseln sich ab, Rededauer je 2 Minuten.
- **Ausspracherunde**: Austausch der Argumente, Kommentieren oder Widerlegen der Gegenargumente, möglichst knappe und treffende Argumentation, fairer Umgang der Parteien miteinander (Redezeit, Argumentationstechniken); Dauer: 12 Minuten.
- **Schlussrunde**: Alle vier Redner ziehen ein Fazit und stellen ihre Meinung klar heraus (Befürworten oder Ablehnen der Streitfrage), Redezeit jeweils 1 Minute.
- Die **Gesamtdauer** der Debatte beträgt damit ca. 24 Minuten.
- Eine **Jury bewertet** die Qualität der Debatte. Sie achtet dabei auf die **Sachkenntnis**, das **Ausdrucksvermögen**, die **Gesprächsfähigkeit** und die **Überzeugungskraft** der Redner.

13 *Wählen Sie in der Klasse aus dem Themenspeicher eine Streitfrage aus, über die Sie debattieren wollen.*

- *Sollen auch Lehrer ohne pädagogische Ausbildung am Gymnasium unterrichten dürfen?*
- *Sollen die Leistungen der Lehrer im Unterricht von Schülern benotet werden dürfen?*
- *Soll die Massentierhaltung verboten werden?*
- *Sollen Autos mit hohem Treibstoffverbrauch mit hohen Steuern belegt werden?*
- *Sollen an unserer Schule Oberstufenschüler dazu verpflichtet werden, als „Paten" für die Fünftklässler zur Verfügung zu stehen?*

14 *Bereiten Sie eine Debatte vor und führen Sie diese durch:*
a) Bilden Sie in der Klasse Gruppen, die sich auf das jeweilige Thema vorbereiten (Themenklärung, Stoffsuche, Stoffordnung, skizzenhafte Ausarbeitung der Argumente).
b) Wählen Sie je zwei Vertreter für die Pro- und Kontra-Seite aus und bestimmen Sie einen Gesprächsleiter („Zeitwächter"). Wählen Sie eine Jury aus vier Schülern aus.
c) Führen Sie die Debatte nach den oben genannten Regeln durch.
d) Jeder Juror macht sich während des Vortrags Notizen zu jedem Redebeitrag und bewertet diesen unabhängig von seinen Mitjuroren nach dem unten aufgeführten Schema.
e) Sieger der Debatte ist derjenige, der die meisten Punkte erhalten hat.

Kriterien	0 Punkte	1 Punkt	2 Punkte	3 Punkte	4 Punkte
Sachkenntnis	falsche Behauptungen, kennt sich nicht aus	falsche Behauptungen, kaum Sachwissen	bleibt beim Thema, weiß Bescheid	kennt sich gut aus, erfasst den Streitpunkt gut	ausgezeichnet, hat Detailwissen
Ausdrucksvermögen	völlig unverständlich oder stumm	wenig/gerade noch verständlich	verständlich, flüssiger Ausdruck	klar und deutlich, gegliedert	stets angemessen, überzeugend
Gesprächsfähigkeit	hört nicht zu, beteiligt sich nicht	hört kaum zu, geht nicht auf Gesprächspartner ein	hört meist zu, berücksichtigt meist die anderen Beiträge	hört zu, schließt gut an die Vorredner an, fasst gelegentlich zusammen	hört genau zu, fragt nach, führt Argumentation anderer weiter, fasst zusammen
Überzeugungskraft	nicht glaubwürdig, redet an Zuhörern vorbei	nur Behauptungen, wenig glaubwürdig	begründet manchmal gut, teils recht schwach	begründet gut und meist anschaulich	begründet überzeugend, Blick für das Wesentliche

Literarische Texte erschließen

Literarische Texte zu erschließen bedeutet, diese mit Hilfe weniger Fragen oder einer umfassenden Themenstellung **selbstständig zu erfassen**. Zu klären sind z. B. die Zusammenhänge zwischen Inhalt, Aufbau, Form und Sprache. Die literarischen Figuren sind zu charakterisieren. Die eingehende Erschließung eines Textes ist zugleich die Grundlage für eine sinnvolle, nachvollziehbare Interpretation (Auslegung, Deutung).
Als Schulaufgabe verlangt das Erschließen literarischer Texte zudem von Ihnen, Ihre Arbeitsergebnisse in sprachlich anspruchsvoller Form sinnvoll aufeinander aufbauend zu präsentieren.

Sechs Schritte zur erfolgreichen Texterschließung

1. **Themenstellung** genau untersuchen. Welche Erschließungsaspekte müssen erarbeitet werden?
2. Den **Text „erlesen“**: Text zweimal lesen, Unverstandenes klären, erstes Textverständnis erlangen und erste (möglichst auf die Themenstellung bezogene) Deutung versuchen (▷ S. 15).
3. Eine **Stoffsammlung** für die Texterschließung anlegen. Hierbei auch die Wirkung und die Funktion der erfassten Merkmale erklären und die Ergebnisse mit Textbeispielen belegen.
   Je nach Themenstellung können folgende Aspekte untersucht werden:
   - ☐ Inhalt, Thema/zentralen Konflikt herausarbeiten (▷ S. 15–16).
   - ☐ Erzähltechnik, also Erzählverhalten (-perspektive), Erzählform und Formen der Darbietung (▷ S. 17).
   - ☐ Figurenkonstellation beschreiben und Figuren charakterisieren (▷ S. 18).
   - ☐ sprachlich-stilistische Gestaltungsmittel analysieren (▷ S. 19).
4. Eine inhaltlich aussagekräftige **Gliederung** für den Aufsatz entwerfen (▷ S. 20).
5. Den **Aufsatz ausarbeiten**: Ergebnisse mit Textbeispielen belegen und deuten (▷ S. 21 ff.).
6. Den **Aufsatz überarbeiten** (auf abwechslungsreiche Formulierungen, Rechtschreibung, Zeichensetzung und grammatische Richtigkeit achten) und Reinschrift der Gliederung anfertigen.

1 *a) Lesen Sie die folgende Themenstellung genau.*
b) Unterstreichen Sie die darin enthaltenen Einzelaufträge (Erschließungsaspekte) mit unterschiedlichen Farben.

Erschließen Sie Inhalt und gedanklichen Aufbau, Erzähltechnik, Figurendarstellung und sprachliche Gestaltung der Kurzgeschichte „Schlittenfahren“ von Helga Maria Novak. Setzen Sie sich anschließend kritisch mit dem Blick auseinander, den die Geschichte auf die zwischenmenschlichen Beziehungen in einer Familie wirft.

c) Formulieren Sie mit eigenen Worten die in der Themenstellung enthaltene weiterführende Aufgabe.

2 *Lesen Sie den folgenden Text zweimal aufmerksam durch. Notieren Sie in der Randspalte wichtige Informationen für Ihre weitere Arbeit, z. B. Fragen, Notizen zu sprachlich-stilistischen Auffälligkeiten, erste Ideen zur Deutung etc.*

Helga Maria Novak
Schlittenfahren (1968)

Das Eigenheim steht in einem Garten. Der Garten ist groß. Durch den Garten fließt ein Bach. Im Garten stehen zwei Kinder. Das eine der Kinder kann noch nicht sprechen. Das andere Kind ist größer. Sie sitzen auf einem Schlitten. Das kleinere Kind weint. Das größere sagt, gib den Schlitten her. Das kleinere weint. Es schreit. Aus dem Haus tritt ein Mann. Er sagt, wer brüllt, kommt rein. Er geht in das Haus zurück. Die Tür fällt hinter ihm zu.

Das kleinere Kind schreit.

Der Mann erscheint wieder in der Haustür. Er sagt, komm rein. Na, wird's bald. Du kommst rein. Nix. Wer brüllt, kommt rein.

Komm rein.

Der Mann geht hinein. Die Tür klappt.

Das kleinere Kind hält die Schnur des Schlittens fest. Es schluchzt.

Der Mann öffnet die Haustür. Er sagt, du darfst Schlitten fahren, aber nicht brüllen. Wer brüllt, kommt rein. Ja. Ja. Jaaa. Schluss jetzt.

Das größere Kind sagt, Andreas will immer allein fahren.

Der Mann sagt, wer brüllt, kommt rein. Ob er nun Andreas heißt oder sonst wie. Er macht die Tür zu.

Das größere Kind nimmt dem kleineren den Schlitten weg. Das kleinere Kind schluchzt, quietscht, jault, quengelt.

Der Mann tritt aus dem Haus. Das größere Kind gibt dem kleineren den Schlitten zurück. Das kleinere Kind setzt sich auf den Schlitten. Es rodelt.

Der Mann sieht in den Himmel. Der Himmel ist blau. Die Sonne ist groß und rot. Es ist kalt.

Der Mann pfeift laut. Er geht wieder ins Haus zurück. Er macht die Tür hinter sich zu.

Das größere Kind ruft, Vati, Vati, Vati, Andreas gibt den Schlitten nicht mehr her.

Die Haustür geht auf. Der Mann steckt den Kopf heraus. Er sagt, wer brüllt, kommt rein. Die Tür geht zu.

Das größere Kind ruft, Vati, Vativativati, Vaaatiii, jetzt ist Andreas in den Bach gefallen.

Die Haustür öffnet sich einen Spalt breit. Eine Männerstimme ruft, wie oft soll ich das noch sagen, wer brüllt, kommt rein.

3 a) *Klären Sie mit Hilfe von W-Fragen den Inhalt des Textes und halten Sie ihn stichpunktartig fest.*

b) *Notieren Sie mit Blick auf das Verhalten des Vaters und der Kinder eine erste Deutung.*

Aspekte für die Texterschließung
- **Thema** bzw. **zentraler Konflikt** der Geschichte;
- **Inhalt** (einschließlich der Gründe und Folgen der dargestellten Handlung);
- **Handlungsort** und **-zeit**, **Atmosphäre**, Bedeutung für die Aussage des Textes;
- **Aufbau der Handlung**: z. B. linear (chronologisch fortlaufende Handlungsschritte), Rückblenden oder Vorausdeutungen, gleichzeitiges Darbieten mehrerer Handlungsstränge, ggf. Rahmen- und Binnenhandlung (es wird eine Geschichte in der Geschichte erzählt);
- **Figuren** und Figurenkonstellation (▷ S. 18);
- **Textgattung**;
- **Merkmale des Erzählens** (▷ S. 17);
- **sprachliche Gestaltungsmittel** und Besonderheiten (▷ S. 19).

4 *Fassen Sie in einem Satz das Thema der Kurzgeschichte zusammen.*

5 *Gliedern Sie den Text in Sinnabschnitte. Notieren Sie zu jedem Abschnitt am Rand kurz dessen Inhalt.*

6 *Schreiben Sie die einzelnen Handlungsschritte in Stichpunkten zeitlich geordnet und in einer logischen Reihenfolge auf.*

7 a) *Überprüfen Sie den Zusammenhang von inhaltlicher und formaler Textgestaltung (Gliederung in Absätze). Halten Sie Ihre Beobachtungen kurz fest.*

b) *Welche Bedeutung hat die formale Textgestaltung für die Textaussage? Formulieren Sie eine These.*

!

Merkmale des Erzählens untersuchen

Das wesentliche Merkmal für einen literarischen Text ist der **Erzähler**/die **Erzählerin**, der/die nicht mit dem Autor/der Autorin gleichgesetzt werden darf. Der Erzähler ist eine vom Autor erfundene Figur und gehört zur Welt der erzählten Geschichte.

Das **Erzählverhalten** (die Erzählperspektive) kann sein
- **auktorial** (Erzähler ist allwissend, kommentiert die Handlung, urteilt, bestimmt, was wann erzählt wird),
- **personal** (erzählt aus der Perspektive einer oder mehrerer Figur/en der Handlung),
- **neutral** (Fakten und Vorgänge werden sachlich beschrieben bzw. berichtet).

Es kommt häufig vor, dass das Erzählverhalten innerhalb einer Geschichte (mehrmals) wechselt.

Für die **Erzählform** unterscheidet man:
- **Ich-Form** (Ich-Erzähler): Der Erzähler ist erlebende und erzählende Figur zugleich. Dabei kann er erzählen, was er unmittelbar erlebt oder einst erlebt hat.
- **Er/Sie-Form** (Er-Erzähler): Der Erzähler tritt als bloßer Vermittler der Geschichte als Person in den Hintergrund. Er erscheint vorrangig in Kommentaren zum Erzählten.

8 *Bestimmen Sie Erzählverhalten und Erzählform der Kurzgeschichte „Schlittenfahren".*
a) Kreuzen Sie in der Matrix unten das passende Feld an.
b) Notieren Sie mindestens zwei Belegstellen aus dem Text.

	auktorial	personal	neutral
Ich-Form			
Er-Form			

9 *Beschreiben Sie, wie diese Art des Erzählens auf den Leser/die Leserin wirkt.*

!

Formen der Darbietung

Die Handlung kann vom Erzähler auf zwei verschiedene Arten dargeboten werden:
- Beim **Erzählbericht** wird die Handlung aus einer übergeordneten Warte aus wiedergegeben.
- Bei der **Figurenrede** kommen die handelnden Figuren selbst zu Wort. Das kann geschehen
  - in **direkter Rede** (Monologe, Dialoge) oder
  - in **indirekter Rede**,
  - als **innerer Monolog** (Wiedergabe von Gedanken und Gefühlen in der 1. Person) oder
  - als **erlebte Rede** (Wiedergabe von Gedanken und Gefühlen in der 3. Person).

10 *Ermitteln Sie, welche Art der Darbietung vorherrscht. Beschreiben Sie auch hier die Wirkung auf den Leser.*

Figuren und ihre Konstellation untersuchen

In literarischen Texten werden Figuren durch eine Reihe von Merkmalen und Eigenschaften charakterisiert. Die Charaktereigenschaften einer Figur können im Text direkt ausgesprochen werden (direkte Charakterisierung) oder sie werden indirekt dargestellt, sodass sie der Leser/die Leserin selbst erschließen muss.

- **Direkt charakterisiert** wird eine Figur, indem sie Aussagen über sich selbst macht, der Erzähler sie ausdrücklich charakterisiert oder indem andere Figuren ihre Ansichten über diese Figur zur Sprache bringen.
- **Indirekt charakterisiert** wird eine Figur z. B. durch ihr Erscheinungsbild, ihre Sprache, ihr Verhalten, ihre Gefühle/Stimmungen, ihre Beziehung zu anderen Figuren, ihre Lebensumstände, ihren Namen.

Die **Figurenkonstellation** nennt die handelnden Figuren und beschreibt deren Beziehung zueinander. Meist ändert sich im Verlauf der Handlung auch das Verhältnis der Figuren untereinander.

11 *Welche Namen tragen die Figuren in der Kurzgeschichte „Schlittenfahren"? Beschreiben Sie die Funktion der Namensgebung.*

12 *Legen Sie auf einem Blatt ein Beziehungsdiagramm nach folgendem Muster an.*

a) Notieren Sie auf den Linien die wesentlichen Charakterzüge der Figuren aus „Schlittenfahren".

b) Bestimmen Sie das Verhältnis der Figuren zueinander: Zeichnen Sie Verbindungslinien zwischen den Figuren ein und beschriften Sie diese Linien mit einem aussagekräftigen Wort oder Symbol (z. B. →, ♡, ϟ, ← - - -).

c) Fehlt dieser Figurenkonstellation einer Familie eine Figur? Tragen Sie die gegebenenfalls fehlende Figur (mit passendem Symbol) in das Schaubild ein. Wie könnte dieses Fehlen gedeutet werden?

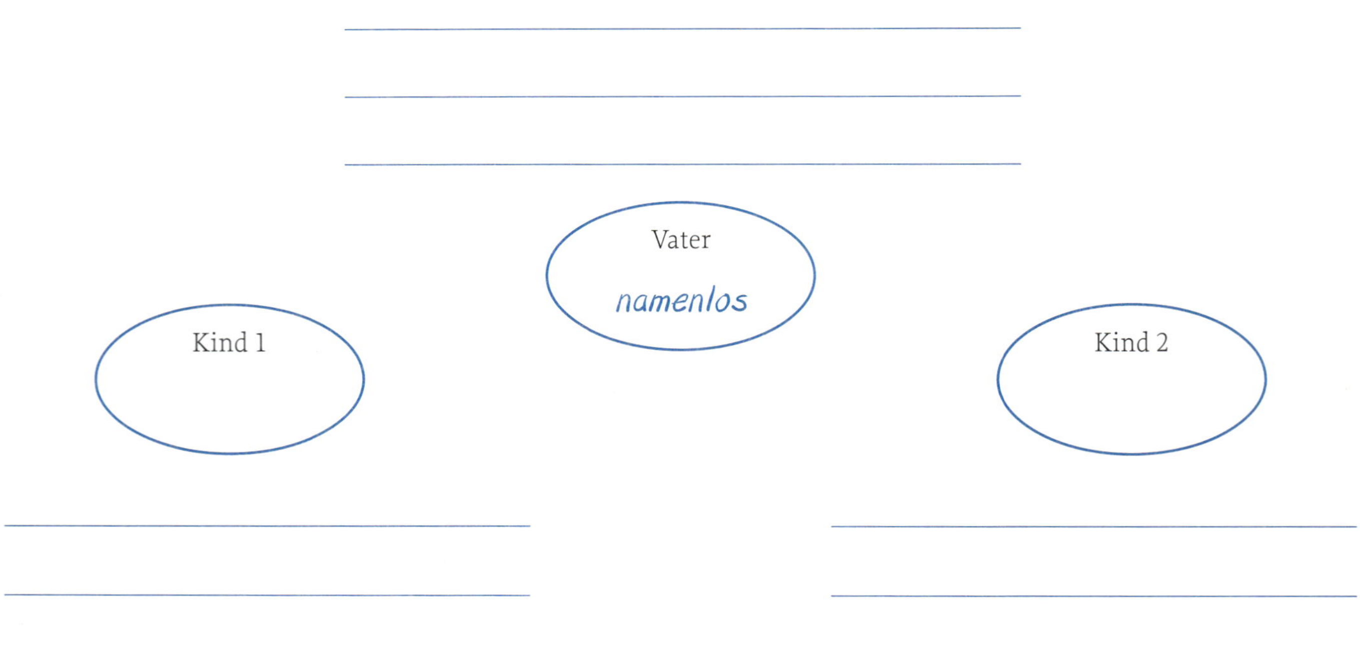

13 *Beschreiben Sie in Ihrem Heft die Beziehung des Vaters zu seinen Kindern.*

!

Sprachliche Gestaltungsmittel untersuchen
Sprachliche und stilistische Gestaltungsmittel finden sich
- auf der **Wortebene**: Werden z. B. vorherrschend (auffällige) Nomen, Verben oder Adjektive gebraucht? Enthält der Text viele Fremdwörter, Dialektausdrücke, Modewörter, Floskeln oder Ähnliches?
- auf der **Satzebene** (der Syntax): Wird eine Satzart häufig verwendet? Gibt es Auffälligkeiten bei der Satzlänge? Werden zumeist lange Satzgefüge aus Haupt- und Nebensätzen benutzt (**Hypotaxen**) oder Satzreihen aus aneinandergereihten Hauptsätzen (**Parataxen**)?
- auf der **Sprach- und Stilebene**: Ist der Stil der Sprache eher detailliert beschreibend, knapp protokollierend und/oder hintergründig ironisch? Welche Sprachbilder (Metaphern, Vergleiche, Symbole, Personifikationen) werden verwendet und was bedeuten sie (▷ Umschlag hinten)? Gibt es auffällige Wiederholungen?
- **Lautmalerei/Klangeffekte** (vor allem bei lyrischen Texten): Gibt es Alliterationen oder helle bzw. dunkle Vokalreihen? Welche Wörter werden klanglich wie hervorgehoben?

14 a) *Erschließen Sie die Kurzgeschichte „Schlittenfahren“ hinsichtlich ihrer sprachlichen und stilistischen Gestaltungsmittel. Arbeiten Sie dazu am Text: Notieren Sie am Rand, unterstreichen Sie, verwenden Sie Farben und Symbole.*
b) *Tragen Sie Ihre Arbeitsergebnisse in eine Tabelle nach folgendem Muster ein, ergänzen Sie sie mit Textbelegen und Zeilenangaben.*

	Textbeispiel/Zeilenangabe	Wirkung
Wortebene	...	...
Satzebene	...	...
Sprach- und Stilebene	...	...

TIPP

Manchmal liegt einem Text ein bestimmter **Stoff** oder ein bestimmtes **Motiv** zu Grunde (z. B. feindliche Brüder, Vater-Sohn-Konflikt etc.). Kehrt ein Bild, eine Situation oder eine für die Handlung wichtige Aussage immer wieder, spricht man von einem **Leitmotiv**.

15 a) *Untersuchen Sie, welche Leitmotive in der Kurzgeschichte „Schlittenfahren“ vorkommen. Erläutern Sie auch, wie diese die Handlung strukturieren und welche Wirkung sie haben. Halten Sie Ihre Ergebnisse in Ihrem Heft fest.*
b) *Wie verstehen Sie die Überschrift der Geschichte? Welche Erwartungen weckt diese und in welchem Verhältnis steht sie zum Erzählten?*

Eine literarische Erschließung schriftlich ausarbeiten

!

Eine Gliederung anfertigen

- Der Inhalt und der **Aufbau der Arbeit** richten sich nach der jeweiligen Aufgabenstellung (▷ S. 14). Ausdrücklich zu bearbeitende Aspekte sollten als gesonderte Punkte in der Gliederung erscheinen.
- Es ist sinnvoll, vor der eigentlichen Niederschrift einen **Gliederungsentwurf** zu erstellen. Er ist der Fahrplan für die Ausformulierung und Niederschrift der Ergebnisse.
- Schreiben Sie Ihre Gliederung erst **nach der Ausformulierung** der Arbeit ins Reine, Änderungen können so noch aufgenommen werden. In jedem Fall muss die Gliederung den tatsächlichen Aufbau der Arbeit widerspiegeln.
- Eine aussagekräftige Gliederung ist **ergebnisorientiert formuliert**, sie informiert knapp über den tatsächlichen Inhalt des jeweiligen Punktes.

Formal bieten sich für die Gestaltung der Gliederung grundsätzlich **zwei Möglichkeiten** an (▷ S. 28):

- die traditionelle Gliederung: A., B., I., 1., 2., ..., II., III., ... C. und
- die nummerische Gliederung (1, 2, 2.1, 2.2, 3 ...).

1 *Der linke Gliederungsentwurf informiert Sie über den möglichen Aufbau und Inhalt einer Arbeit zur Themenstellung auf S. 14. Er enthält jedoch nur abstrakte Angaben und ist nicht ergebnisorientiert formuliert. Ergänzen Sie den rechten Gliederungsentwurf durch ergebnisorientierte Formulierungen.*
Achtung: *Die Inhalte einer Gliederung und Erschließung richten sich immer nach der Themenstellung! Es können sich also deutliche Abweichungen von diesem Modell ergeben.*

A. Einleitung: Angaben zu Autor/in und Text	A. Noch heute modern: Helga M. Novaks Kurzgeschichte „Schlittenfahren" (1968)
B. Hauptteil: Erschließung des Textes	B. Eine Geschichte vom Scheitern der Vater-Kind-Beziehung
I. Inhalt und Aufbau des Textes	I. Der Weg in die Katastrophe – Inhalt und Aufbau des Textes
II. Erzähltechnik (Erzählverhalten, Erzählform, Form der Textdarbietung)	II. Sachlich-kühle Textdarbietung durch neutralen Er-Erzähler
III. Charakterisierung der Figuren, Figurenkonstellation	III. Eindimensionale Figuren ohne echte Beziehung zueinander
IV. Sprachlich-stilistische Gestaltung des Textes und die Funktion der einzelnen Gestaltungsmittel	IV. Protokollähnliche sprachliche Gestaltung des Textes
1. Wortwahl und Satzbau	1. ______
2. Sprach- und Stilebene	2. ______
3. Leitmotiv	3. ______
	4. ______
V. Die Darstellung der zwischenmenschlichen Beziehungen in Familien	V. ______
VI. Abschließender Gedanke zum Text	VI. ______
C. Schluss: Abrundende oder weiterführende Bemerkung	C. ______

TIPP

Besprechen Sie mit Ihrer Lehrerin/Ihrem Lehrer, welche Gliederungsart gewählt werden soll.

Den Hauptteil ausarbeiten

- Im Hauptteil werden die Ergebnisse der Texterschließung dargelegt und mit Textbeispielen (Zitaten) belegt. Je nach Aufgabenstellung werden hier verschiedene Aspekte entfaltetet (z. B. Aussagen zum Inhalt, zur Textsorte, zu den sprachlich-stilistischen Gestaltungsmitteln, zu den Figuren bzw. der Figurenkonstellation etc.).
- Richten Sie sich genau nach der Themenstellung und verfassen Sie eine inhaltlich und sprachlich zusammenhängende Darstellung, die logisch aufgebaut und sachlich begründet ist.
- Belegen Sie Ihre Aussagen anhand des Textes (Zitate mit Zeilenangaben).

2 *Überarbeiten Sie den folgenden Auszug aus einem Aufsatz zu der unten aufgeführten Themenstellung, indem Sie passende Textbelege ergänzen und die Wirkung und die Funktion der aufgezählten Gestaltungsmittel beschreiben.*

Erschließen Sie Inhalt und gedanklichen Aufbau, Erzähltechnik, Figurendarstellung und sprachliche Gestaltung der Kurzgeschichte „Schlittenfahren" von Helga Maria Novak. Setzen Sie sich anschließend mit dem Blick auseinander, den die Gesellschaft auf die zwischenmenschlichen Beziehungen in einer Familie wirft.

Dass die Geschichte im Präsens verfasst ist, trägt in erheblichem Ausmaß zur unterkühlten Stimmung bei. Wie später noch gezeigt werden soll, ist dieser Stil der Aussageabsicht besonders angemessen. Der gesamte Text ist parataktisch angelegt: Hauptsatz reiht sich an Hauptsatz. Die Sätze sind häufig parallel gebaut: Die Abfolge von Subjekt, Prädikat, Objekt bzw. adverbialer Bestimmung beherrscht fast alle Sätze. Häufig tritt die Stilfigur der Anapher hinzu, indem aufeinanderfolgende Sätze mit dem gleichen Wort beginnen. Beispiele finden sich ...

3 *Der obige Arbeitsauftrag zur Kurzgeschichte „Schlittenfahren" fordert Sie auch auf, sich kritisch mit dem Blick auseinanderzusetzen, den der Text auf die zwischenmenschlichen Beziehungen in Familien wirft.*
Halten Sie hierzu Ihre Überlegungen in Stichworten fest. Notieren Sie auch Textbelege (mit Zeilenangaben), die Ihre Aussagen stützen.

Die Einleitung gestalten:
Die Einleitung führt gezielt zum Thema hin und weckt beim Leser das Interesse an der Erschließung. Sie
- informiert knapp über Autor/in, Titel, Textart, Erscheinungsjahr der Geschichte;
- fasst in ein bis zwei Sätzen das Thema des Textes zusammen (keine Nacherzählung!);
- nennt kurz das Ziel der Erschließung und begründet, weshalb das Thema von Interesse ist.

Achten Sie darauf, am Ende der Einleitung auf den Hauptteil überzuleiten.

Lesen Sie erneut die Themenstellung zur Kurzgeschichte „Schlittenfahren" von Helga Maria Novak auf S. 14. Die Themenstellung verlangt auch, dass Sie sich kritisch mit dem Blick auseinandersetzen, den der Text auf die zwischenmenschlichen Beziehungen in Familien wirft.

4 *Untersuchen Sie die folgende Einleitung genauer.*
a) Unterstreichen Sie die verschiedenen Teile der Einleitung mit unterschiedlichen Farben.
b) Notieren Sie die Funktion dieser Teile am Rand.

In den Medien wird häufig berichtet, dass Eltern und Kinder in der modernen Gesellschaft kaum miteinander sprächen und das Verständnis füreinander immer weniger werde. Wohin kann solch eine „Sprachlosigkeit" führen? Helga Maria Novaks Kurzgeschichte „Schlittenfahren" aus dem Jahr 1968 hat genau diese Problematik zum Thema. Es lohnt sich deshalb, den Text gründlicher zu betrachten.
Der Inhalt der Geschichte ist dabei schnell umrissen
...

5 *Entwerfen Sie eine eigene Einleitung, in der Sie die einzelnen Teile anders als im Beispiel anordnen.*

6 *Sammeln Sie in Ihrem Heft Formulierungen, die Ihnen helfen, die Einleitung mit dem Hauptteil zu verknüpfen.*

Den Schluss formulieren
Der Schluss kann unterschiedlich gestaltet sein, z. B.:
- eine abschließende, persönliche Bewertung des Textes,
- die Einordnung der Ergebnisse in einen textübergreifenden Zusammenhang,
- ein weiterführender Gedanke etc.

Gehen Sie im Schluss nicht mehr auf die einzelnen Erschließungsergebnisse ein.

7 *Formulieren Sie einen weiterführenden Schlussgedanken. Sie können aus den folgenden Ideen zur Gestaltung eines Schlusses auswählen oder einen eigenständigen Schlussgedanken ausarbeiten.*

Frage, ob für Eltern ein „Erziehungsführerschein" eingeführt werden sollte

Literatur kann auf Gegenwartsprobleme aufmerksam machen

Kurzgeschichte ist gelungen, da der Stil des Textes sich als ideales Mittel erweist, um ...

8 a) *Verfassen Sie mit Hilfe Ihrer Ergebnisse von Seite 14–23 einen Aufsatz zur Themenstellung von Seite 22. Sie können die folgenden Notizen zu Hilfe nehmen:*

neutrales Erzählverhalten | Gliederung in viele kurze Absätze | wirkt wie Polizeibericht | prägt Stil

ähnlich einer Filmszene ohne Kommentar | Bilder entstehen | wird konsequent durchgehalten

beim Lesen Pausen | Unterbrechung des Handlungsflusses | keine Anteilnahme beim Leser

Bild einer Idylle kann nicht entstehen | 19 Absätze | Stil eher mechanisch-unpersönlich

b) *Überarbeiten Sie Ihren Aufsatz: Überprüfen Sie, ob der Ausdruck angemessen ist, die Formulierungen abwechslungsreich sind und die Grammatik, die Rechtschreibung sowie die Zeichensetzung korrekt sind.*

c) *Vergleichen Sie Ihre Gliederung (▷ S. 20, Aufgabe 1) mit Ihrem Aufsatz und nehmen Sie gegebenenfalls Ergänzungen oder Korrekturen der Gliederung vor.*

Eine Sachtextanalyse verfassen

Ausgangspunkt jeder Textuntersuchung ist die gründliche Analyse der Textvorlage:
Arbeiten Sie den **Informationsgehalt** heraus. Sinnvoll sind folgende Arbeitsschritte:

1. Sich einen **Überblick verschaffen**: Vorwissen klären, Text überfliegen, Schlüsselwörter markieren, Thema erfassen.
2. **Genau lesen**: Unverstandenes klären, Randbemerkungen notieren.
3. **Gedanklichen Aufbau** erarbeiten: in Sinnabschnitte einteilen, Informationen und ggf. Argumente strukturiert erfassen.
4. **Sprachliche Besonderheiten** und ihre Funktion analysieren.
5. **Intention** des Autors und **Kommunikationszusammenhang** bzw. Adressaten klären, ggf. Textsorte einbeziehen (z. B. Reportage, Bericht, Kommentar).

1 *Überfliegen Sie den folgenden Leitartikel aus der Wochenzeitung „Die Zeit".*

Vom Luxus langen Lernens

Wie viel Lebenszeit darf ein Mensch auf Bildung verwenden?

Von Klaus Klemm [1]

Ende des 18. Jahrhunderts formulierte Rousseau als „oberste, wichtigste und nützlichste Regel aller Erziehung", dass es nicht gelte, Zeit zu gewinnen, sondern Zeit zu verlieren. Dieser Leitgedanke konnte für die Schulgeschichte Deutschlands ein Leitmotiv werden: Die Schulentwicklung des 19. und 20. Jahrhunderts lässt sich als die Geschichte einer fortwährend gesteigerten Inanspruchnahme von Lebenszeit durch institutionalisierte Bildung und Erziehung beschreiben. Zeitverbrauch durch Bildung wurde im Verlauf der Geschichte als Fortschritt, als Emanzipation begriffen. Denn wer Bildungszeit in Anspruch nahm, war von Erwerbsarbeit befreit. Schule trat an die Stelle von Kinderarbeit. Zugleich wurde die Teilhabe an Bildung in einer eigens dafür reservierten Zeit zur Voraussetzung persönlicher Freiheit und Selbstbestimmung. Drei Faktoren hatten diese Erfolgsgeschichte ermöglicht:

- Die herkömmliche Schulbildung war gekennzeichnet durch auf alte Sprachen ausgerichtete Gymnasialbildung für wenig Jungen (!), für die breite Masse jedoch durch Bildungsbegrenzung (Lesen, Rechnen, Katechismus). Dieses System konnte im Verlauf des 19. Jahrhunderts den Anforderungen der sich entwickelnden Industriegesellschaft nicht mehr genügen.
- Das Schulsystem erwies sich als geeignetes Instrument, die Menschen an einen neuen Umgang mit Zeit heranzuführen. Die Zeitordnung der Schule stützte und förderte den Wechsel von der sprunghaften Zeitgestaltung einer Agrargesellschaft zur fortlaufenden Zeit der Industriegesellschaft.
- In den einhundert Jahren von 1816 bis 1915 hatte sich im Deutschen Reich die Bevölkerung von 24 auf 68 Millionen Menschen vermehrt. Dieses enorme Wachstum bot den Spielraum, Schule und Ausbildung zeitlich auszudehnen. Gut ausgebildete Industriearbeiter und hoch qualifizierte Akademiker wurden gebraucht und standen zur Verfügung.

Auf dem hier skizzierten Hintergrund haben sich Pädagogen daran gewöhnen können, den weltlichen Prozess der Ausdehnung von Bildungszeiten als Bestandteil der Modernisierung und auch der Humanisierung der Gesellschaft zu

[1] **Klaus Klemm** lehrte seit 1977 Bildungswissenschaften an der Universität Duisburg-Essen. Er gilt als einer der profiliertesten deutschen Schulforscher. Seit kurzem ist er emeritiert.

begreifen. Bildungszeit war den Einrichtungen der öffentlichen Erziehung gleichsam vor die Füße gefallen, musste nicht eigens legitimiert werden, war geschenkte Zeit. Das Ergebnis ausgiebiger Zeitnutzung ist bemerkenswert: Als Bismarck 1836 sein juristisches Referendarexamen ablegte, war er 21. Heute beginnt der durchschnittliche Student sein Studium mit 22 und schließt es mit 28 Jahren ab! Ähnliches gilt für die duale Ausbildung: Noch in den Fünfzigerjahren des 20. Jahrhunderts war ein Lehrling bei Ausbildungsbeginn 14, beim Abschluss 16 Jahre alt. Heute beginnt ein Auszubildender seine „Lehre“ mit 19 und beendet sie mit 22 oder 23 Jahren! Das in diesen wenigen Daten zum Ausdruck kommende Ausmaß des Verbrauchs von Lebens- durch Bildungszeit wird in jüngster Zeit kaum mehr als Fortschritt gedeutet, sondern zusehends kritisch gesehen: Aus der Perspektive junger Menschen verliert die Bildung, die so viel Zeit in Anspruch nimmt, Teile ihres emanzipativen Charakters. Bildungszeit, die ja auch eine Zeit der Disziplinierung und der wirtschaftlichen Abhängigkeit ist, türmt sich bedrückend auf in einer Lebensphase, in der junge Menschen eigentlich längst selbstständig sein sollen und auch wollen. Solch eher individuell begründete Kritik an der Länge der Bildungszeit wird durch die Bevölkerungsentwicklung gestützt. Folgt man der aktuellen Bevölkerungsprognose, so wird die Zahl der 20- bis unter 60-Jährigen, die überwiegend die Erwerbstätigen stellen, innerhalb der kommenden 25 Jahre von jetzt 45 auf 36 Millionen sinken. Diese Verringerung um 9 Millionen wird begleitet sein von einem Anstieg der Zahl der über 60-Jährigen von 20 auf 28 Millionen. Zukünftig müssen also immer weniger Erwerbstätige den Wohlstand des Landes sichern und die Ruhestandsbezüge einer deutlich gestiegenen Zahl älterer Menschen erwirtschaften. Verschärft wird diese demografische Schrumpfung dadurch, dass das Beschäftigungssystem seine Nachfrage nach Erwerbstätigen mit mindestens einer mittleren oder einer höheren Qualifikation weiter steigert.

Dem sich abzeichnenden Mangel an qualifizierten und hoch qualifizierten Erwerbstätigen steuert das deutsche Bildungssystem seit kurzem durch Verdichtung vieler Bildungsgänge entgegen. In nahezu allen Bundesländern wurde das Einschulungsalter um ein Jahr nach vorn gezogen. Ferner haben mit Ausnahme von Rheinland-Pfalz inzwischen alle Bundesländer die Schulzeit bis zur Erlangung der allgemeinen Hochschulreife um ein Schuljahr verkürzt. Und die Bachelor-Master-Struktur des Studiums in Verbindung mit der Modularisierung der Studiengänge soll weitere Bildungszeit einsparen. Diese drei Maßnahmen haben das Potenzial, das Eintrittsalter, mit dem ein akademisch qualifizierter Erwerbstätiger in das Beschäftigungssystem geht, um drei Jahre von derzeit etwa 28 auf 25 abzusenken. Die Lebensarbeitszeit wird entsprechend erhöht. Dazu, dass die Gruppe der Hochqualifizierten dauerhaft im Beschäftigungssystem verbleibt, sucht die Politik beizutragen. Sie baut Krippenplätze und Kindergärten ebenso aus, wie sie durch die Ausweitung der Ganztagsschulen Frauen mit Kindern die Erwerbsarbeit erleichtert.

Bemerkenswert an diesem von der deutschen Politik eingeschlagenen Weg ist die Konzentration auf die Bereiche der mittleren und höheren Qualifikationen. Während dort die Zeitsparpolitik zu greifen beginnt, sind keine aussichtsreichen Strategien zu erkennen, um die Gruppe der gering oder gar nicht Qualifizierten, für die der Arbeitsmarkt von morgen allenfalls gefährdete Beschäftigungsverhältnisse bieten wird, zu verkleinern: Das Abschieben dieser Jugendlichen – in den Pisa-Studien „Risikogruppe“ genannt – in anspruchs- und förderungsarme Lernumgebungen der Haupt- und Sonderschulen wird kaum in Frage gestellt. Ihr Potenzial wird nicht gehoben, sondern vergeudet. So kann es auch nicht verwundern, dass das Übergangssystem, das mit berufsvorbereitenden Maßnahmen, mit dem Berufsvorbereitungsjahr oder dem Berufsgrundbildungsjahr ein Auffangbecken für

all die bietet, die keinen Platz gefunden haben, auf dem sie einen Beruf erlernen könnten, stetig wächst. Hier hat sich ein System ausgebildet, das nicht auf Zeitgewinn, sondern auf das Aufsaugen überschüssiger Zeit angelegt ist.
Offensichtlich setzt die deutsche Bildungspolitik darauf, dem heraufziehenden Mangel an mittleren und höher qualifizierten Arbeitskräften durch eine bessere „Zeitausbeutung" und nicht auch – wie andere Länder es erfolgreich vormachen – durch Ausschöpfung der Leistungsmöglichkeiten aller jungen Menschen, auch der schwächeren, zu begegnen.

Dieser deutsche Weg ist verbunden mit bemerkenswerten Auswirkungen der Zeitsozialisation: Die in den höheren Qualifikationsbereichen Heranwachsenden lernen früh, dass Zeit ein knappes Gut ist und dass sie wirtschaftlich mit der eigenen Lebenszeit umgehen müssen. Sie werden damit für eine Arbeitswelt sozialisiert, in der man wenig Zeit hat und zumeist unter Zeitdruck steht. Ganz anders werden die Risikoschüler und die Ausbildungslosen sozialisiert: Diese jungen Leute werden nach Abschluss der Schulpflicht in den schier endlosen Warteschleifen des Übergangssystems aufgehoben, von Maßnahme zu Maßnahme befördert. Auch sie lernen fürs Leben: Sie lernen, ihre Zeit totzuschlagen.
So wird den Kellerkindern des Bildungssystems nutzlose Muße in Fülle gewährt, während die Kinder in den Vorzeigeetagen des Systems ohne Rast und Muße in weniger Zeit mehr zu leisten haben.

DIE ZEIT, Nr. 32 v. 02.08. 2007

2 *Notieren Sie kurz, was Sie bereits zum Thema „Bildung und Lebenszeit" wissen.*

3 *Markieren Sie im Text auf S. 24–26 Schlüsselwörter.*

4 *Klären Sie Ihnen unbekannte Wörter, indem Sie ihre Bedeutung nachschlagen.*

institutionalisierte Bildung = Bildung im Rahmen gesellschaftlich anerkannter Organisationen; Humanisierung =

5 *Fassen Sie das Thema des Textes in Ihrem Heft kurz zusammen.*

6 *Erarbeiten Sie den Text auf S. 24–26 Abschnitt für Abschnitt. Gehen Sie vor wie folgt:*
a) Gliedern Sie den Text in Sinnabschnitte (z. B. durch Trennlinien im Text), z. B. nach erkennbaren Teilthemen.
b) Unterstreichen Sie die wichtigen Informationen.
c) Formulieren Sie zu jedem Abschnitt Überschriften. Arbeiten Sie im Heft.

1. (Z. 1–3) Philosophische Maxime zur Erziehung: „Erziehung heißt, Zeit zu verlieren" (Aufklärung/Rousseau); 2. (Z. 3–26) Historischer Rückblick: ...

!

Die **sprachlich-stilistische Gestaltung** des Textes kann folgende Bereiche umfassen:

Sprach- und Stilebene	**Beispiele**
Satzebene	z. B. auffallende Häufung bestimmter Satzarten, komplizierte Satzgefüge oder Reihung einfacher Hauptsätze
Wortwahl/Wortschatz	z. B. Fremdwörter, Fachbegriffe, Umgangssprache, Anglizismen, Jugendsprache, schildernde Elemente
rhetorische Stilmittel	z. B. Metaphern, rhetorische Fragen, Hyperbel (starke Übertreibung), etc. (▷ Umschlagklappe hinten)
Formen der Redewiedergabe	z. B. Zitate, indirekte Redewiedergabe im Konjunktiv
Stilebene/Schreibweise	z. B. sachliche, emotionale, ironische, polemische, erzählende, schildernde, argumentierende, wertende Textpassagen

7 a) *Untersuchen Sie die sprachlich-stilistische Gestaltung des Textes auf S. 24–26 genau. Arbeiten Sie mit verschiedenen Farben am Text und halten Sie Ihre Ergebnisse stichwortartig in der Randspalte fest.*
b) *Beschreiben Sie die Funktion der sprachlich-stilistischen Gestaltung im Hinblick auf die Intention des Autors.*

!

Neben den reinen Sachinformationen beinhalten Texte oft auch Teile, in denen der Verfasser/die Verfasserin kommentiert, argumentiert oder kritisiert. An diesen Passagen kann man seinen oder ihren Standpunkt gegenüber dem dargestellten Problem oder Sachverhalt erkennen.

- Auf sprachlich-stilistischer Ebene lassen sich Tendenzen an Aufwertungen oder Abwertungen, Klischees, Ironie o. Ä. ablesen.
- Im Hinblick auf die Argumentation können folgende Leitfragen hilfreich sein:
  - Welche These wird formuliert?
  - Mit welchen Argumenten und Beispielen wird diese These gestützt?
  - Ist die Argumentation überzeugend oder spiegelt sie ausschließlich eine persönliche Meinung wider?

8 *Für den Text auf S. 24–26 wurden in einer Schulaufgabe Thesen herausgearbeitet. Kreuzen Sie an, welche These die Textaussage am besten trifft.*

☐ A *Bildung muss stärker strukturiert werden, damit Schülerinnen und Schüler effektiver lernen.*

☐ B *Im Rahmen einer vergleichsweise langen Bildungszeit erfolgt Bildung wegen der hohen Verdichtung der Inhalte unter zunehmendem Zeitdruck.*

☐ C *Das deutsche Bildungssystem ist ungerecht, weil es zum Nachteil beider Seiten die Leistungsfähigeren überfordert und die Leistungsschwächeren unterfordert.*

TIPP

Ein **Strukturdiagramm** stellt die innere Logik und Struktur eines Sachverhaltes in verzweigter Form dar. Es hilft, den gedanklichen Aufbau bzw. die Argumentationsstruktur eines Textes zu erschließen.

9 *Arbeiten Sie das folgende Strukturdiagramm im Heft aus, indem Sie die Argumente und Beispiele aus dem Text ergänzen.*

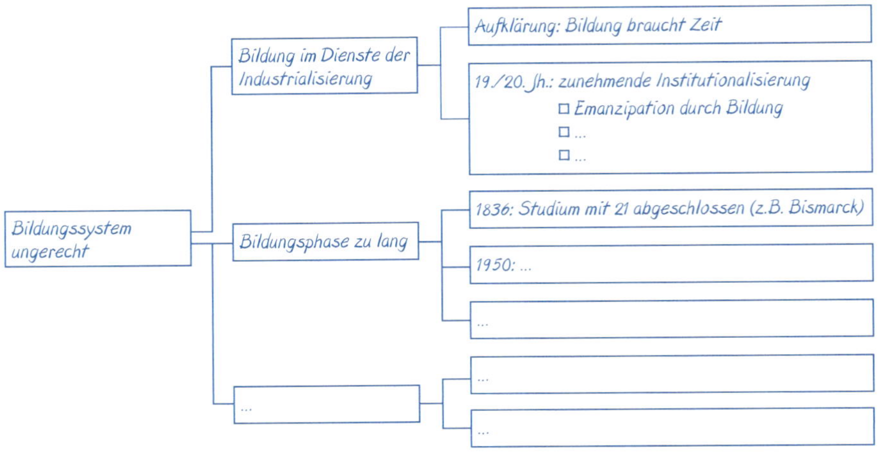

!

Eine Gliederung für die Sachtextanalyse erstellen

Die Gliederung muss einheitlich erstellt werden: entweder traditionell oder nummerisch, z. B.:

traditionelle Gliederung

A. Einleitung: Basisinformationen zum Text (Angaben über Autor, Titel, Textsorte, ggf. Herkunft und Erscheinungsdatum sowie Benennung des Themas des Textes)

B. Hauptteil: Analyse des Sachtextes
- I. Inhalt und Textaufbau
  1. Einstieg über ...
  2. Überleitung ...
  3. ...
- II. Sprachliche Besonderheiten (einschließlich Funktionen)
  1. Darstellung der hist. Entwicklung
  2. Individ. Auswirkungen des Bildungssystems
  3. ...
- III. Absicht und Zielgruppe
  1. Entwicklung der aktuellen Situation (Einordnung)
  2. Bewertung des Status quo
  3. Kommentar ...

C. Schlussgedanke: abrundend oder weiterführend

nummerische Gliederung

1 Einleitung

2 Hauptteil
- 2.1 Inhalt und Textaufbau
  - 2.1.1 Einstieg ...
  - 2.1.2 Überleitung ...
  - 2.1.3 ...
- 2.2 Sprachliche Besonderheiten
  - 2.2.1 Sachliche Darstellung ...
  - 2.2.2 Wertende Darstellung ...
  - 2.2.3 ...
- 2.3 Absicht und Zielgruppe
  - 2.3.1 ...

3 Schluss

10 *Analysieren Sie den Text „Vom Luxus langen Lernens“ von Klaus Klemm (▷ S. 24–26). Gehen Sie dabei auf Aspekte ein, die Sie für wichtig halten, und zeigen Sie auf, durch welche sprachlich-stilistischen Gestaltungsmittel die Absicht des Verfassers zum Ausdruck kommt. Nehmen Sie Stellung zu der von Klaus Klemm vorgetragenen These.*

Die Aufgabenstellung zur Sachtextanalyse ist: Verfassen Sie eine Gliederung mit ergebnisorientierten Formulierungen. Berücksichtigen Sie das Strukturdiagramm aus Aufgabe 9. Arbeiten Sie in Ihrem Heft.

!

Eine Sachtextanalyse verfassen
Beim Aufbau des Aufsatzes orientiert man sich grundsätzlich an der Dreiteilung Einleitung, Hauptteil und Schluss:

- Die **Einleitung** macht Angaben über Autor, Titel, Textsorte, ggf. Herkunft und Erscheinungsdatum, und benennt das Thema des Textes.
- Im **Hauptteil** werden die Ergebnisse der Textanalyse dargelegt und mit Textbeispielen (Zitaten) belegt. Je nach Aufgabenstellung werden folgende Aspekte entfaltet:
  - Inhalt und Textaufbau,
  - Textsorte,
  - sprachliche Besonderheit,
  - Absicht/Intention und Zielgruppe,
  - ggf. weiterführende Aufgaben (z. B. Stellungnahme, Erörterungsauftrag).
- Der **Schluss** kann unterschiedlich gestaltet sein, z. B.: weiterführender Gedanke oder abschließende Bewertung des Gesamttextes oder der dargelegten Position.

Die einzelnen **Untersuchungsergebnisse** müssen so miteinander **verknüpft** werden, dass der Leser oder die Leserin die Analyse Schritt für Schritt nachvollziehen kann.

Die Ergebnisse der Textanalyse im Hauptteil werden **mit Textbeispielen** (Zitate, ▷ S. 36) **belegt**.

11 *Formulieren Sie eine Einleitung für Ihre Sachtextanalyse. Schreiben Sie in Ihr Heft.*

12 *Arbeiten Sie auf der Grundlage des Gliederungsentwurfes, den Sie für Aufgabe 10 erstellt haben, den Hauptteil der Sachtextanalyse aus. Arbeiten Sie in Ihrem Heft.*

13 *Für eine Schulaufgabe zum Text auf S. 24–26 wurden verschiedene Schlussgedanken verfasst. Kreuzen Sie an, welcher Schluss Ihnen geeignet zu sein scheint, und begründen Sie, warum.*

☐ A *Klaus Klemm argumentiert sehr überzeugend, dass das deutsche Schulsystem nur Bildungsverlierer produziert: Die Starken werden überfordert, die Schwachen bekommen keine Chance. Es ist zu hoffen, dass seine Bedenken auf Seiten der Politik Gehör finden.*

☐ B *Die Darlegung des Autors, dass in immer weniger Zeit immer mehr gelernt werden muss, deckt sich mit meiner Wahrnehmung. Es wäre an der Zeit, dass die Gesellschaft des Informationszeitalters klärt, welches Wissen wirklich notwendig und welches verzichtbar ist. So bekäme Bildung wieder die Chance, den Menschen für das Leben zu stärken, statt ihn nur auf eine wirtschaftliche Verwendung vorzubereiten.*

☐ C *Professor Klemm stellt die Situation zu negativ dar. In unserer hochkomplexen Welt können wir gar nicht genug lernen, um allen Anforderungen gerecht zu werden. Wer gleich in der Schule erfährt, was es heißt, unter Druck zu arbeiten, der wird sich im Beruf besser bewähren. Wir leben eben nicht mehr im beschaulichen 18. Jahrhundert des Herrn Rousseau, sondern in der Wissensgesellschaft des 21. Jahrhunderts.*

Begründung: ______________________________

____

TIPP

Überarbeiten Sie Ihren Aufsatz abschließend. Überprüfen Sie, ob
- der Aufsatz mit den Punkten der Gliederung übereinstimmt,
- die Aussagen ausreichend belegt sind,
- die sprachliche Gestaltung abwechslungsreich ist und
- der Text keine sprachlichen Fehler oder Rechtschreibfehler enthält.

Eine steigernde Erörterung verfassen

!

Das Thema erschließen

Bei der steigernden Erörterung liegt eine **Sachfrage** zu Grunde, die beantwortet werden soll, z. B.: „Warum sollte der Fernsehkonsum Jugendlicher begrenzt werden?"
Steigernde Erörterungen können **eingliedrig** (z. B. Aufzeigen von Gründen) oder **mehrgliedrig** (z. B. Aufzeigen von Ursachen, Verlauf und Folgen) sein.

Eine Erörterung behandelt eine vorgegebene Themenstellung. Da sich der Aufbau und der Inhalt der Erörterung nach der Themenformulierung richten, müssen Sie diese genau untersuchen.

1 *Untersuchen Sie die folgende Themenstellung.*
a) Markieren Sie die Angabe des Themas (Themabegriff).
b) Unterstreichen Sie die Schlüsselbegriffe.
c) Unterschlängeln Sie die Sachfrage.
d) Kreuzen Sie an: Die geforderte Erörterung ist ... ☐ eingliedrig, ☐ zweigliedrig, ☐ dreigliedrig.
e) Formulieren Sie die Themafrage.

____

Der österreichische Dramatiker Peter Turrini schrieb über die moderne Informationsgesellschaft: „Ich glaube, wir sind die informierteste und gleichzeitig ahnungsloseste Gesellschaft, die je existiert hat." Legen Sie dar, warum Information nicht gleichbedeutend mit Wissen ist.

2 *Wenn zur Erörterung eines Themas zentrale Schlüsselbegriffe wichtig sind, müssen Sie diese vorab inhaltlich genau klären.*
a) Lesen Sie die folgenden Definitionen und unterstreichen Sie wichtige Aspekte.

Wissen heißt Erfahrungen und Einsichten zu besitzen, aus denen Urteile und Schlüsse gezogen werden können. Wissen ist für den Menschen nutzbar und verfügbar, indem er dieses z. B. als Mitteilung oder Handlung weitergibt.

Informationen sind Mitteilungen oder Daten, die nicht des menschlichen Verstehens bedürfen. Folgerichtig gibt es Informationen *verarbeitende* Maschinen, die dem Information *verstehenden* Menschen an Effizienz vollkommen überlegen sind. Von der Information zum Wissen gelangt der Einzelne erst, wenn er sich vorhandene Informationen gezielt und sinnvoll verfügbar machen kann.

b) Was unterscheidet Wissen von Information? Notieren Sie.

____

____

3 *Formulieren Sie die These zur Themafrage.* ____________________

____

TIPP

Folgende Tipps helfen Ihnen, eine **Stoffsammlung** anzulegen:
- Stellen Sie W-Fragen zum Thema, z.B.: „Wer ...?", „Was ...?", „Wo ...?", „Warum ...?", „Welche Ursachen ...?", „In welchen Bereichen ...?", „Welche Folgen ...?", „Welchen Nutzen/Schaden ...?" usw.
- Arbeiten Sie mit Hilfe einer Mind-Map oder eines Clusters.
- Fragen Sie den Themabegriff ab nach Definition, Wortfeld, Ursachen, Folgen.

4 *Legen Sie zur These „Information ist nicht gleichbedeutend mit Wissen" eine Stoffsammlung in Ihrem Heft an.*

These: Information ist nicht gleichbedeutend mit Wissen.

- Ein Zuviel an Information können wir nicht verarbeiten, Gehirn streikt.
- Informationen können unzuverlässig sein.
- Wissen muss aufgebaut werden, um Informationen zu verstehen.
- Informationen sind ungeordnet ...

TIPP

Stoffordnung: Um die Stoffsammlung nach inhaltlich zusammengehörenden Gesichtspunkten zu ordnen, können Sie folgendermaßen vorgehen:
- Streichen Sie Begriffe, die nicht genau zum Thema passen.
- Fassen Sie Punkte, die sich inhaltlich überschneiden, zusammen.
- Kennzeichnen Sie zusammengehörende Stichpunkte.

5 *Ordnen Sie Ihre Stoffsammlung nach inhaltlich zusammengehörigen Gesichtspunkten. Sie können die Tabelle im Heft fortsetzen.*

Oberbegriffe	Unterpunkte
Zu viel an Informationen können wir nicht verarbeiten.	- Gehirn ist überfordert. - Viele Informationen sind unverständlich. - Wissen ist nötig, um Informationen zu filtern. ...
Informationen sind zum Teil unzuverlässig.	- Informationen können einseitig sein. - Informationen können falsch sein. ...
Wissen muss aufgebaut werden.	- Wissen ordnet Informationen. - Wissen beurteilt Informationen. ...

TIPP

Steigernde Erörterung: Die Gliederung erstellen
Bei der steigernden Erörterung wird im Hauptteil zur Themafrage eine **These** aufgestellt und die **Argumente** werden dann **steigernd angeordnet**, d. h.: das weniger wichtige Argument zuerst, das wichtigste am Schluss. Die Argumente müssen durch **Beispiele** gestützt werden.

Die Gliederung muss in jedem Teil mit der Ausführung der Erörterung übereinstimmen.
- ☐ Formulieren Sie einheitlich: im Nominalstil oder im Verbalstil.
- ☐ Entscheiden Sie, ob Sie nummerisch oder traditionell gliedern wollen, ▷ S. 20 und 28.
- ☐ Achten Sie bei der Untergliederung auf mindestens zwei Gesichtspunkte.
- ☐ Entfalten Sie Ihre Argumente gleichgewichtig.

6 *Erarbeiten Sie für den Hauptteil eine Erörterung. Entscheiden Sie, ob Sie nummerisch oder traditionell gliedern wollen (▷ ein nummerisches und ein traditionelles Gliederungsschema finden Sie auf S. 28).*
a) Greifen Sie auf Ihre Stoffordnung zurück. Ordnen Sie die Punkte nach Wichtigkeit.
b) Schreiben Sie im Verbalstil (d. h. in ganzen Sätzen oder Satzteilen).

B. Information ist nicht gleichbedeutend mit Wissen
I. Informationsmasse ist nicht verarbeitbar
1. Menge der Informationen nimmt stetig zu
2. ...
...
II. Informationen sind zum Teil unzuverlässig
1. Informationen können einseitig oder falsch sein
2. Informationen müssen gefiltert werden
...
III. Wissen ermöglicht Informationsverarbeitung
1. Wissen ordnet Informationen
...

Der Hauptteil: Die Argumentation ausgestalten

!

Nicht die Zahl der Beispiele überzeugt, sondern ihr exemplarischer Charakter. **Arten von Beispielen**: überprüfbare Fakten oder Tatsachen, analoge Schlussfolgerungen, Heranziehen einer Autorität, ein Zitat eines Experten, eigene Beobachtungen oder Erfahrungen (sofern sie Allgemeingültigkeit beanspruchen können), Berufung auf allgemein anerkannte Werte und Normen.

7 *a) Kreuzen Sie an, worum es sich bei diesen Beispielen handelt.*

A Ich schaue jeden Tag die Nachrichten und informiere mich auch im Internet über das aktuelle Geschehen. Anfangs habe ich Vieles nicht richtig verstanden oder gleich wieder vergessen. Zunehmend konnte ich aber die Namen, Fakten und Zusammenhänge besser einordnen und heute verstehe ich auf Anhieb, worüber berichtet wird. Deshalb merke ich es auch, wenn die angebotenen Informationen etwas fragwürdig sind.

☐ überprüfbare Fakten/Tatsachen ☐ eigene Beobachtungen oder Erfahrungen (mit Allgemeingültigkeit)

B In den Zeitungen ist dieser Tage zu lesen, dass nach einer Studie des amerikanischen Marktforschungsinstitutes Nemertes voraussichtlich schon im Jahr 2010 die weltweiten Serverknotenpunkte unter der Last der Informationen zusammenbrechen werden, die dort weitergeleitet werden. Ein ungesteuertes Zuviel bewirkt Stillstand. Ähnlich kann man sich dies auch in einem Gehirn vorstellen, das ohne zielgerichtete Auswahl von einer Masse von Informationen überfordert wird.

☐ analoge Schlussfolgerung ☐ Berufung auf allgemein anerkannte Werte und Normen

b) Notieren Sie in Stichworten ein weiteres Beispiel.

TIPP

Für die Überzeugungskraft einer Argumentation ist eine angemessene sprachliche Umsetzung eines Gedankenganges wichtig. Der innere Zusammenhang der argumentativen Schritte muss als **Argumentationskette** zum Ausdruck kommen.
Rückführungen zum Thema oder Folgerungen sowie Überleitungen verdeutlichen die Zusammenhänge der Argumentation.

- **Erweiternde Anschlüsse**, z. B.: „daraus folgt", „ein weiterer Gesichtspunkt ist", „das gilt auch", „des Weiteren", „dazu kommt noch", „eng damit verknüpft ist", „darüber hinaus", „dazu kommt noch", „aus diesem Grund", außerdem lässt sich anführen, dass ...", „das zeigt", „wie das Beispiel zeigt", „Tatsache ist, dass ...".
- **Steigernde Anschlüsse**, z. B.: „zunächst steht außer Frage, dass ...", dazu kommt noch, dass ...", „noch wichtiger ist, dass ...", „besonders schwierig ist ...".
- **Anschlüsse von Gegenargumenten**: „sicherlich ist es ein berechtigter Einwand, dass ...", „wenn ..., dennoch ...", „dem kann man entgegenhalten, dass ...", „obwohl", „zwar", „allerdings", „trotzdem", „dennoch".

Weitere sprachliche Verknüpfungen ▷ S. 38.

8 *Der folgende Textauszug aus dem Hauptteil einer steigernden Erörterung wirkt zusammenhanglos. Die Argumentation ist kaum nachvollziehbar, weil die Bezüge sprachlich nicht zum Ausdruck kommen.*
Verbessern Sie den Text, indem Sie geeignete Konjunktionen und sprachliche Anschlüsse (z. B. aus dem Tipp oben) auswählen. Schreiben Sie den verbesserten Text in Ihr Heft.

VORSICHT FEHLER!

Eine Information kann alles Mögliche sein: eine Nachricht, ein Hinweis, eine Gebrauchsanweisung. Vereinzelte Informationen sind wenig aussagekräftig, wenn man sie nicht verknüpft. Unsere Welt wird immer komplizierter. Die Informationstechnologien werden immer vielfältiger und schneller. Die Informationen, die auf uns einwirken, werden immer mehr. Unser Gehirn kann nicht alle Informationen verarbeiten. Wir müssen angesichts dieser Informationsflut eine zielgerichtete Auswahl an Informationen treffen, die für uns nutzbar sind. In den Zeitungen war dieser Tage zu lesen, dass nach einer Studie des amerikanischen Marktforschungsinstitutes Nemertes voraussichtlich schon im Jahr 2010 die weltweiten Serverknotenpunkte unter der Last der Informationen zusammenbrechen werden, die dort weitergeleitet werden. Ein ungesteuertes Zuviel bewirkt Stillstand. Man kann sich dies auch in einem Gehirn vorstellen, das ohne zielgerichtete Auswahl von einer Masse von Informationen überfordert wird. Eine Masse an Informationen ist nicht gleichbedeutend mit einer Masse an Wissen. Sie kann im Gegenteil dazu führen, dass wir vollkommen abschalten, weil wir überfordert sind. Über viele Dinge wird einseitig oder gar falsch berichtet. Um Richtiges vom Falschen zu unterscheiden, ist Wissen nötig. Das beste Beispiel dafür sind Wahlkampfzeiten, in denen die Medien dann Unterschiedlichstes über ein und denselben Sachverhalt berichten. Wissen schafft den Hintergrund, in den man neue Informationen einordnen und bewerten kann.

Eine Einleitung schreiben
Die Einleitung soll das Interesse der Leserin oder des Lesers für das Thema wecken und gezielt zur behandelten Fragestellung oder Problematik hinführen, jedoch keine Argumente aus dem Hauptteil vorwegnehmen. Eine Einleitung beginnt mit dem Einleitungsgedanken und leitet dann zur Themafrage über, die die Einleitung abschließt.
Für die Einleitung gibt es verschiedene Möglichkeiten: ein aktuelles Erlebnis, ein persönliches Erlebnis, eine allgemeine Feststellung, eine Annäherung über ein verwandtes Thema oder das Gegenteil, einen historischen Rückblick, ein Zitat eines Experten, eine Definition des Themas oder des zentralen Schlüsselbegriffs.

9 *Formulieren Sie weitere Einleitungsmöglichkeiten zum Thema: „Information ist nicht gleichbedeutend mit Wissen".*

„Wissen (selbst) ist Macht", philosophierte Francis Bacon im 16. Jahrhundert.

Den Schluss formulieren
Der Schluss soll das Thema abrunden, indem die dargelegten Gedanken in einen größeren zeitlichen oder thematischen Zusammenhang eingeordnet werden. Er darf allerdings keine neuen Argumente enthalten.
Zur Gestaltung des Schlusses gibt es folgende Möglichkeiten:
- ein persönlicher Wunsch oder eine Forderung,
- Ausblick auf künftige Entwicklungen oder ein weiterführender Gedanke,
- ein Hinweis auf ein verwandtes Thema,
- Aufgreifen des Einleitungsgedankens, sodass Einleitung und Schluss einen Rahmen bilden,
- die eigene Stellungnahme zum Thema.

10 *Formulieren Sie einen eigenen Schlussgedanken zum Thema. Nutzen Sie ggf. die folgenden Anregungen.*

Nur gut informierte und aufgeklärte Bürgerinnen und Bürger sind in der Lage, kompetente Entscheidungen zu treffen.

Sicheres Wissen ist überaus wichtig, um in der Flut der Informationen Orientierung zu bewahren.

Breit angelegte Bildung schon im Kindergartenalter legt den Grundstein für einen kompetenten Umgang mit der Informationsflut.

11 *Formulieren Sie eine steigernde Erörterung zur These „Information ist nicht gleichbedeutend mit Wissen".*

Eine antithetische Erörterung verfassen

!

Das Thema erschließen
Bei der genauen **Untersuchung der Themenstellung** helfen folgende Fragen:
1. Welche(r) Themabegriff(e) und welche(r) Schlüsselbegriff(e) stecken in dem Thema?
2. Wonach fragt das Thema genau?
3. Welche Einschränkung gibt es bei dem Thema?
4. Welche Art der Erörterung liegt vor (steigernd, ▷ S. 38 ff., oder antithetisch)?

Je nachdem, wie das Thema der Erörterung formuliert ist, ist es zunächst wichtig, zentrale **Schlüsselbegriffe** inhaltlich **genau zu klären**. Dazu gibt es verschiedene Möglichkeiten:
- ☐ Begriffe definieren,
- ☐ zu den Begriffen dazugehörige Ober- oder Unterpunkte suchen (z. B. mit Hilfe einer Begriffspyramide),
- ☐ Gegenbegriffe (Antonyme) finden oder
- ☐ Begriffsoppositionen (Begriff und seinen Gegenbegriff) erstellen.

Bei der Analyse von Schlüsselbegriffen werden bereits verschiedene Aspekte des Themas angeschnitten, die dann für die Stoffsammlung und -ordnung verwendet werden können.

Eine Erörterung behandelt eine vorgegebene Themenstellung. Da sich der Aufbau und der Inhalt der Erörterung nach der Themenformulierung richten, müssen Sie diese genau untersuchen.

1 *Untersuchen Sie die folgende Themenstellung.*
a) Markieren Sie die Angabe des Themas (Themabegriff).
b) Unterstreichen Sie die Schlüsselbegriffe.
c) Unterschlängeln Sie Hinweise zur Behandlung des Themas.
d) Formulieren Sie die Themafrage.

Hat das Traditionsmodell Familie Zukunft?

Stichworte wie Scheidungsraten, Patchworkfamilien oder Pflegenotstand richten den Blick auf das gesellschaftliche Traditionsmodell „Familie“. Hat es überhaupt noch Zukunft? Diskutieren Sie Grenzen und Möglichkeiten der traditionellen Familie in unserer Gesellschaft.

2 *a) Klären Sie den Themabegriff.*

Eine Familie ist eine Lebensgemeinschaft aus Eltern und Kindern...

b) Klären Sie die Schlüsselbegriffe.

Scheidungsraten = Raten, in denen sich Menschen scheiden

Pflegenotstand: Familie hat schlechte Versorgung und braucht Hilfe etc...

TIPP

Bei einem antithetischen Erörterungsthema bietet es sich an, die **Stoffsammlung** (▷ S. 31) als zweispaltiges Brainstorming (z. B. Vorteile – Nachteile, Chancen – Gefahren, etc.) anzulegen.

3 *Legen Sie im Heft eine Tabelle nach folgendem Muster an. Erarbeiten Sie darin eine Stoffsammlung zu den Möglichkeiten und Grenzen von Familie.*

TRADITIONELLE FAMILIE	
Möglichkeiten	**Grenzen**
…	…

4 *Ordnen Sie Ihre im Heft angelegte tabellarische Stoffsammlung nach inhaltlich zusammengehörenden Punkten. Ergänzen Sie die Stoffordnung um weitere Aspekte.*

TRADITIONELLE FAMILIE	
Möglichkeiten	**Grenzen**
Wirtschaftliche Situation	
Lebenshaltungskosten werden durch Zusammenleben gesenkt	Kinder schränken Erwerbstätigkeit der Eltern ein
Größerer Wohnort durch höheres Einkommen	Weniger Privatsphäre durch z. B. Partner
Erziehungsfunktion	
Jedes Elternteil kann erziehen.	Eltern sind Vorbild für Kinder

Die Gliederung erstellen

Auch die antithetische Erörterung besteht aus Einleitung, Hauptteil und Schluss. Anders als bei der steigernden Erörterung gliedert sich die Darlegung der Argumente im Hauptteil in zwei Blöcke (einen Pro- und einen Kontra-Teil bzw. einen Teil, der die Vorteile, und einen Teil, der die Nachteile abhandelt).

Die Argumente für die eigene Position stellt man ans Ende des Hauptteils, weil die zuletzt genannten Begründungen dem Leser besser im Gedächtnis bleiben.

traditionelle Gliederung		**nummerische Gliederung**
A. Einleitung	Aktualität/Bedeutsamkeit der Problematik	**1 Einleitung**
B. Hauptteil I. These (Gegenposition) 1. Argument 2. Argument 3. Argument II. These (eigene Position) 1. Argument 2. Argument 3. Argument III. Fazit (Ergebnis, Urteil)	Stützung aller Argumente durch Beispiele, Belege, Zitate wichtigstes Argument zuletzt Meinung, die Sie durch die schriftliche Auseinandersetzung mit beiden Positionen gewonnen und argumentativ erarbeitet haben.	**2 Hauptteil** 2.1 These (Gegenposition) 2.1.1 Argument 2.1.2 Argument 2.1.3 Argument 2.2 These (eigene Position) 2.2.1 Argument 2.2.2 Argument 2.2.3 Argument 2.3 Fazit (Ergebnis, Urteil)
C. Schluss: Ausblick, weiterführende oder ungeklärte Fragen		**3 Schluss**

5 a) *Klären Sie auf der Grundlage Ihrer Stoffsammlung und -ordnung zur Themafrage „Hat das Traditionsmodell Familie Zukunft?“, welche eigene Position Sie einnehmen wollen.*

b) *Markieren Sie in der Tabelle auf S. 36 die Argumente, die Ihre Position stützen.*

c) *Ordnen Sie die Argumente, die Ihre eigene Position stützen, nach Wichtigkeit. Das überzeugendste Argument gehört an den Schluss des Gliederungspunktes (B. II. oder 2.2).*

6 *Erarbeiten Sie für den Hauptteil Ihrer Erörterung eine Gliederung im Nominalstil (Stichworte).*

!

Der Hauptteil der Erörterung: Die Argumentation schreiben
Damit die genannten Argumente nicht den Anschein einer Aufzählung erwecken, müssen sie inhaltlich und sprachlich sinnvoll verknüpft und zu einer Argumentationskette ausgestaltet werden. Folgende Formulierungsbausteine können Ihnen dabei helfen:

- **Reihung und Steigerung**, z. B.: „darüber hinaus", „im Übrigen sollte man nicht vergessen, dass ...", „ein weiterer Gesichtspunkt ist", „außerdem", „noch wichtiger aber ist", „zum Schluss möchte ich anmerken".
- **Begründungszusammenhänge**, z. B.: „das liegt daran, dass ...", „verantwortlich dafür ist", „deshalb", „aus diesem Grund", „da", „weil", „denn".
- **Folgen und Auswirkungen**, z. B.: „infolgedessen", „folglich", „daraus ergibt sich", „schließlich".
- **Bedingungen und Voraussetzungen**, z. B.: „geht man davon aus, dass ...", „im Falle von", „wenn", „falls", „sofern".
- **Einschränkungen, Einwände, Gegenargumente**, z. B.: „andererseits", „auf der anderen Seite", „dagegen", „dem kann man entgegenhalten, dass ...", „sicherlich ist es ein berechtigter Einwand", „wenn ... dennoch", „obwohl".
- **Überleitungen zu Gegenpositionen**, z. B.: „nachdem nun die negativen Aspekte des ... deutlich geworden sind, möchte ich genauer auf die positiven Aspekte eingehen", „den dargelegten Nachteilen steht eine Reihe von Vorteilen gegenüber".

Weitere sprachliche Verknüpfungen ▷ S. 33.

7 *a) Verknüpfen Sie die folgenden Argumente sprachlich sinnvoll.*
b) Begründen Sie die Wahl Ihrer sprachlichen Verknüpfung.

Ⓐ Die Stabilität zumindest der Familienform „Ehe" scheint in der modernen Gesellschaft rückläufig zu sein. Im Jahr 2003 lag die Scheidungsrate bei 43 Prozent, nur 57 von 100 Ehen blieben also bestehen. Auf der anderen Seite ❶ ermittelte das Statistische Bundesamt für das Jahr 2006, dass es sich bei drei Vierteln (74 Prozent) aller Familien in Deutschland um Ehepaare mit Kindern handelte.

Begründung für sprachliche Verknüpfung: ❶ ______

Ⓑ Der Begriff „Familie" umfasst mehr als nur die traditionelle Ehe, in der Kinder großgezogen werden. ______ ❶ wir alle sind auch Kinder von Eltern, was diesen gegenüber eine Fürsorgeverpflichtung einschließt. Werden Eltern alt und gebrechlich, stellt sich die Frage nach einer angemessenen Pflege. ______ ❷ die Beziehungen intakt und positive Gefühle füreinander gegeben sind, ist eine Pflege durch die Kinder sicher wünschenswert.

Begründung für sprachliche Verknüpfung: ❶ ______ ❷ ______

Ⓒ Kinder großzuziehen, ist eine sehr teure Angelegenheit. ______ ❶ sollte man Verständnis dafür haben, dass sich immer mehr Menschen dagegen entscheiden, ______ ❷ Kinder viel Freude machen und Glück schenken.

Begründung für sprachliche Verknüpfung: ❶ ______ ❷ ______

8 *Verbinden Sie die Textbausteine so miteinander, dass eine überzeugende Argumentationskette über die Möglichkeiten der traditionellen Familie entsteht. Die Zusammenhänge zwischen den Gedankengängen müssen deutlich werden. Verwenden Sie sprachliche Verknüpfungen und schreiben Sie die Argumentation auf.*

Seit jeher lernen Kinder im Familienverband auf unkomplizierte Weise Regeln für das soziale Zusammenleben kennen, die sie durch ihr ganzes Leben begleiten.

Leben zwei oder mehr Menschen in einer Wohnung, zahlen sie nur einmal Miete und nicht mehrfach.

Entwicklungspsychologen betonen, dass es sehr wichtig ist, dass Kinder in einem stabilen und emotional verlässlichen Rahmen aufwachsen. Dabei spielt es keine Rolle, wie groß die Familie ist, in der sie leben.

Der Gesetzgeber hat für die traditionelle Familie Steueranreize geschaffen, die ein Zusammenleben als Ehepaar finanziell begünstigt.

Das Zusammenleben von Menschen als Familie hat wirtschaftliche Vorteile.

Die traditionelle Familie vermittelt Werte und Normen, die die Gesellschaft tragen.

Familien sind in der Regel größere soziale Systeme, die Onkel, Tanten, Großeltern und deren Familien einschließen. Solche verwandtschaftlichen Beziehungen sichern, so haben Soziologen herausgefunden, eine belastbarere Unterstützung in Notlagen als zum Beispiel die Freunde eines Menschen. Das gilt selbst dann, wenn die gefühlsmäßigen Bindungen belastet sind.

Die Erziehung von Kindern bedeutet eine hohe finanzielle Investition. Verteilt man diese auf mehrere Schultern, sei es durch doppeltes Einkommen, sei es durch Betreuung zu Hause ohne zusätzliche Kosten, so wird es leichter, diese Verpflichtungen über viele Jahre hinweg zu bewältigen.

9 *Die folgende Argumentationskette über die Grenzen der traditionellen Familie ist wenig überzeugend. Überarbeiten Sie sie, indem Sie geeignete Argumente und Beispiele einfügen. Berücksichtigen Sie dafür Ihre Stoffsammlung und -ordnung von S. 36 sowie Ihre Gliederung auf S. 37. Achten Sie auf logische sprachliche Begründungszusammenhänge.*

Die traditionelle Familie hat sich überlebt. Junge Menschen haben zunehmend weniger Interesse daran, sich auf starre Rollenverteilungen festlegen zu lassen. Traditionell familiäre Pflichten wie die Kindererziehung oder die Pflege kann man ebensogut in die Hände ausgebildeter Fachkräfte geben. Verantwortungsbewusste Menschen, die in Beziehungen auf Zeit miteinander leben, können viel flexiblere soziale Netze aufbauen, als das eine Familie könnte. Von Vorteil ist, dass man sich soziale Bindungen selbst aussucht, während man die Familie unwiderruflich „in die Wiege" gelegt bekommt – unabhängig von Sympathie oder Antipathie.

Ein persönliches Fazit formulieren
Bei der antithetischen Erörterung setzt man sich mit einer Fragestellung auseinander, um dann eine Entscheidung pro oder kontra herbeizuführen. Aus diesem Grund wird am Ende des Hauptteils ein Fazit (Ergebnis, Urteil) gezogen, in dem der eigene Standpunkt deutlich formuliert wird.

- Das Fazit sollte **knapp** gehalten werden.
- Der **Standpunkt** des Verfassers wird deutlich formuliert.
- Das Fazit bezieht sich auf **bereits genannte Aspekte** und nennt keine neuen.

Inhaltlich können Sie entweder

- **eindeutig pro oder kontra** Stellung nehmen oder Sie können eine
- **Einschränkung formulieren**, d. h., dass Sie sich nur unter bestimmten Voraussetzungen für eine Position entscheiden.

10 *Ist das folgende Fazit gelungen? Berücksichtigen Sie bei Ihrer Beurteilung den Inhalt und die Ausdrucksweise des Fazits und begründen Sie dann Ihre Einschätzung.*

Wie man es auch dreht und wendet, an der Familie kommt keiner vorbei. Darum bin auch ich der Meinung, dass die traditionelle Familie eine gute Sache ist. Ich habe ja eh eine, egal ob ich heirate oder nicht. Meine Eltern und meine Geschwister sind immer für mich da.

Begründung: ______________________________

____

____

____

TIPP

Mögliche **Formulierungen, die zum Fazit überleiten:**
„Zusammenfassend ist zu sagen, dass ...", „damit wird deutlich, dass ...", „es ist deutlich geworden, dass ...", „wenn ich aus dem Für und Wider einen Schluss ziehen soll, so muss ich feststellen, dass ...", „es muss sicher zugegeben werden, dass ...", „aber gerade die Tatsache, dass ..., beweist ...".

11 *Verfassen Sie ein Fazit mit einleitender Überleitung aus Ihrem Hauptteil, in dem Sie schriftlich und in vollständigen Sätzen darlegen, zu welcher eigenen Meinung Sie nach der Auseinandersetzung mit beiden Positionen gekommen sind.*

____

____

____

____

____

____

____

____

Die Einleitung schreiben

Die Einleitung soll das Interesse der Leserin oder des Lesers für das Thema wecken und gezielt zur behandelten Fragestellung oder Problematik hinführen, jedoch keine Argumente aus dem Hauptteil vorwegnehmen. Eine Einleitung beginnt mit dem Einleitungsgedanken und leitet dann zur Themafrage über, die die Einleitung abschließt.

Für die Einleitung gibt es verschiedene Möglichkeiten:

- ☐ ein aktuelles Erlebnis,
- ☐ ein persönliches Erlebnis,
- ☐ eine allgemeine Feststellung,
- ☐ eine Annäherung über ein verwandtes Thema oder das Gegenteil.
- ☐ ein historischer Rückblick,
- ☐ ein Zitat eines Experten,
- ☐ eine Definition des Themas oder des zentralen Schlüsselbegriffs,

12 *Formulieren Sie eine Einleitung. Anregungen finden Sie mit großer Sicherheit in der aktuellen Tagespresse.*

Den Schluss formulieren

Der Schluss soll das Thema abrunden, indem die dargelegten Gedanken in einen größeren zeitlichen oder thematischen Zusammenhang eingeordnet werden. Er darf allerdings keine neuen Argumente enthalten.

Zur Gestaltung des Schlusses gibt es folgende Möglichkeiten:

- ☐ ein persönlicher Wunsch oder eine Forderung,
- ☐ Ausblick auf künftige Entwicklungen oder ein weiterführender Gedanke,
- ☐ ein Hinweis auf ein verwandtes Thema,
- ☐ Aufgreifen des Einleitungsgedankens, sodass Einleitung und Schluss einen Rahmen bilden,
- ☐ die eigene Stellungnahme zum Thema.

13 *Formulieren Sie den Schluss Ihrer Erörterung.*

☆ **14** *Erarbeiten und schreiben Sie eine antithetische Erörterung zu folgender Themenstellung:*

> Wirtschaftlicher Erfolg versus Umwelt- und Klimaschutz:
> Handelt es sich hier um einen unüberbrückbaren Zielkonflikt?

Notieren Sie erste Aspekte. Führen Sie weitere Arbeiten in Ihrem Heft aus.

Genaue Fragestellung:

Schlüsselbegriffe für die Stoffsammlung:

These:

Gegenthese:

Freiere Formen des Erörterns

Die **Erörterung** als Aufsatzform ist eine Textart, die in ihrer Reinform nur selten im Alltag vorkommt. Die freieren Formen des Erörterns sind der Alltagskommunikation erheblich näher. Von dem Meinungsbeitrag für eine Schülerzeitung über den Leserbrief bis hin zu Zeitungskommentaren und Aufrufen oder anderen meinungsbildenden Schreibformen gibt es viele Formen freien Argumentierens bzw. Erörterns. Auch diese freien Formen setzen die Fähigkeit voraus, klar zu gliedern, Thesen zu formulieren und eine überzeugende Argumentation aufzubauen, in der Beispiele angeführt und Gegenargumente berücksichtigt werden.

1 *Formulieren Sie ein Plädoyer für eine Schulfahrt, die, aus Kostengründen und um keinen Unterricht ausfallen zu lassen, gestrichen werden soll.*

a) Stellen Sie Ihre Argumente zusammen.
b) Sammeln Sie mögliche Gegenargumente, die Eltern, Lehrkräfte und die Schulleitung gegen diese Fahrt anführen könnten, und versuchen Sie, diese sinnvoll und überzeugend zu entkräften.
c) Schließen Sie mit einem Appell, in dem Sie an die eigene Schulzeit erinnern, und bieten Sie Zusammenarbeit und Entgegenkommen, zum Beispiel bei Dauer, Ziel usw. an.
d) Passen Sie Ihr Plädoyer an die Adressaten an. Für die Schulleitung stehen andere Bedenken im Vordergrund als für den Elternbeirat.

Eigene Argumente:

Wir kennen Ihre Bedenken:

Wir glauben, dass wir sie entkräften können:

Schlussappell:

2 *Helfen Sie einem jüngeren Mitschüler, der sich für einen Ferienjob bei einer großen Firma bewerben möchte. Erklären Sie ihm schriftlich (z. B. in einer E-Mail), worauf er achten muss, um erfolgreich zu sein, und begründen Sie Ihre Tipps.*

Informiere dich über die Firma und deren Anforderungen, damit du ...

Überzeuge die Personalchefin davon, dass du ihre Anforderungen erfüllen kannst, indem du ...

Gib Gründe an: Du willst in diesem Unternehmen arbeiten, weil ...

Beweise Zukunftsverantwortung für deinen Lebensweg, indem du ...

Erörtern im Anschluss an einen Sachtext

!

Eine Erörterung im Anschluss an einen Sachtext (textgebundene Erörterung) entsteht in Anlehnung z. B. an einen Zeitungsartikel, der eine strittige Frage behandelt oder ein Problem diskutiert. Im Unterschied zur reinen Sachtextanalyse liegt der Schwerpunkt auf der **eigenständigen kritischen Auseinandersetzung** mit den dargelegten Argumenten, verbunden mit einer **eigenständigen gedanklichen Weiterverarbeitung**.

Die Erörterung im Anschluss an einen Text verlangt zunächst eine gründliche Textanalyse (▷ S. 24–29). Der Erörterungsaufsatz erfolgt in der Regel in zwei Schritten:

1. **Argumentationsgang** des Textes **zusammenfassend wiedergeben**: behandeltes Problem/Thema, zentrale These(n) und Argumentationskette.
2. **Eigene Position entwickeln**: Position des Autors/der Autorin durch weitere Argumente stützen oder die vorgebrachten Behauptungen argumentativ entkräften oder weiter differenzieren.

1 *a) Lesen Sie die folgende Themenstellung genau.*
b) Unterstreichen Sie die darin enthaltenen Einzelaufträge mit unterschiedlichen Farben.

Erarbeiten Sie die Argumentationsstruktur des Textes von Umberto Eco und klären Sie die Position des Autors. Berücksichtigen Sie auffällige sprachlich-stilistische Mittel des Textes.

Formulieren Sie eine persönliche Stellungnahme zu der von Eco entwickelten Einschätzung.

c) Formulieren Sie mit eigenen Worten die in der Themenstellung enthaltene weiterführende Aufgabe.

2 *Lesen Sie den folgenden Text genau.*

Umberto Eco
Das Buch, ein technisch vollendetes Meisterwerk (Oktober 1994)

Im Juli 1994 gab es in San Marino einen Kongress über die neuen elektronischen Technologien, die angeblich – Hoffnung der einen und Schrecken der anderen – das Buch obsolet machen könnten. Das Thema wurde dann auf der Film-Biennale in Venedig wieder aufgegriffen, wo man die Frage diskutierte, ob die neuen Techniken der visuellen Simulation das traditionelle Kino obsolet machen könnten. Die beiden Themen, Buch und Film, überschnitten sich natürlich. Ich gehöre zu denen, die nicht glauben, dass das Buch ein obsoleter Gegenstand werden kann. Es bleibt ein technisch vollendetes Meisterwerk (wie der Hammer, das Fahrrad oder die Schere), das sich, so viel man auch noch erfinden mag, nicht mehr verbessern lässt. Und eine unersetzliche Funktion erfüllt. Mit einem Boot auf hoher See oder auf dem Rücken eines Kamels in der Sahara kann ich keinen Computer anschließen, mit dem Buch aber transportiere ich die gesamte Information, die ich haben will, von der göttlichen Komödie bis zum Lexikon.

Ich entflamme auch nicht vor Begeisterung, wenn ich von Hypertexten auf Diskette höre, mit denen man die Entwicklung einer Geschichte verändern oder gleichzeitig in zwei Spalten den Anfang und das Ende lesen kann. Wer zu lesen versteht, hat das längst getan, sowohl mit der Odyssee wie dem Ulysses, und zwar in der Taschenbuchausgabe. Und wer bitte würde sich auf den Hügel von Recanati setzen, um Leopardis Gedicht vom „Unendlichen" auf einem Computerbildschirm zu lesen! Dann doch lieber in einem so entzückenden Bändchen wie jenem, das Raffaels Madonna del Cardellino in der Hand hält. Und das war wirklich Science-fiction, denn zu jener Zeit (zur Zeit der Madonna, nicht der von Raffael) las man in Pergamentrollen, nicht in Büchern.

Andererseits wäre es überaus praktisch, wenn man vielbändige Enzyklopädien auf CD-ROM hätte. Das sind keine Bücher, die man sich mit ins Bett nimmt oder unter einen Baum. Per CD lassen sich auf einen Blick beispielsweise die Artikel über Platon und über Aristoteles miteinander vergleichen, ohne dass man sich einen Tennisarm holt, indem man zwei dicke Wälzer auf einmal an den Schreibtisch schleppt, der womöglich zu klein dafür ist. Außerdem könnte man sich einen beträchtlichen Platz im Regal frei machen – und man bedenke, dass viele sich auch deshalb keinen großen Brockhaus oder Meyer leisten können, weil sie nicht wissen, wohin damit. Nun höre ich, dass diese Möglichkeit bei der Enciclopedia Treccani – dem italienischen Äquivalent zu Brockhaus und Meyer – schon seit einiger Zeit erwogen wird. Es gibt Bücher und Bücher: Lyrikbände in den Computer zu geben ist sinnlos, aber warum nicht Enzyklopädien?

Zudem gibt es Innovationen (über die Forschungen und Experimente durchgeführt werden), von denen wir noch recht wenig wissen, aber die unsere Art zu leben (nicht die zu lesen) ziemlich verändern könnten. Eine davon wird derzeit an der Stanford University in Kalifornien mit Unterstützung durch Rank Xerox studiert. Ich will hier nicht erzählen, wie die Lage heute ist, sondern wie sie in Zukunft sein könnte, wenn es gelingt, einige nicht unbeträchtliche technische Schwierigkeiten zu lösen. Wie wenn man vor ein paar Jahrzehnten eine Herztransplantation beschrieben hätte. Technisch war sie noch nicht machbar, aber unmöglich war sie nicht, wie wir inzwischen gesehen haben.

Nehmen wir also an, alle Bücher aller großen Bibliotheken würden mit einem Scanner aufgenommen (und man könnte mit einer einzigen gut bestückten Bibliothek beginnen). Das würde heißen, ihr ganzer Inhalt, samt Typografie und Seitenumbruch, würde in das Gedächtnis eines zentralen Computers eingespeist. Erstes Ergebnis: Diese Bücher würden vor der totalen Zersetzung des Papiers bewahrt, das bei manchen heutigen Ausgaben binnen weniger Jahrzehnte zu Staub zerfallen sein wird. Wer ein bestimmtes Buch braucht, geht einfach in die örtliche Stadtbibliothek, es kann auch eine Dorf- oder Schulbibliothek sein, sieht im Katalog nach, findet das gewünschte Buch, der Computer gibt es an einen Hochleistungsdrucker aus (ein ziemlich teurer Apparat, ohne den es freilich nicht geht) und der druckt es in wenigen Minuten exakt so, wie es im Original war, und heftet oder bindet es. War das Original in kleiner gotischer Schrift und man will es mühelos lesen können, gibt man einen Befehl und die Maschine druckt einem das Buch in jeder gewünschten Schrift. Man zahlt den Preis für den Ausdruck, plus einen Prozentsatz für die Rechte des Autors und des Verlages, der automatisch aufgeschlagen wird (auf diese Weise gibt es keine Raubdrucke mehr), und nimmt das Buch mit nach Hause. Bei einem vielbändigen Nachschlagewerk kann man sich auch die gewünschten Seiten oder Abschnitte separat ausdrucken lassen. Hat man nach der Lektüre keinen Platz für das Buch oder betrachtet man es als erledigt, wirft man es weg. Man kann sich ja jederzeit ein neues drucken lassen.

Ein einziger Raum wird Säle, Regale, Personal und Kontrollen ersetzen. Wer seltene Bücher und Erstausgaben liebt, wird weiter in Antiquariate, zu Bouquinisten oder in große Bibliotheken gehen. Und wer die neueste Neuerscheinung oder die Taschenbuchausgabe eines Klassikers haben will, begibt sich nach wie vor in die Buchhandlung. Aber wer ein vergriffenes oder schwer auffindbares Werk lesen oder nachschlagen will, bekommt das Äquivalent eines Faksimile-Drucks. Ins Haus geliefert, ohne sich in Lesesäle bemühen zu müssen. Mithin werden die Bücher nicht verschwinden, im Gegenteil, sie werden leichter zugänglich sein.

3 *Lesen Sie den Text auf S. 46–48 ein zweites Mal und arbeiten Sie ihn durch wie auf S. 24–29 beschrieben.*

4 *Der Text ist eine Glosse. Er weist einige gattungstypische Merkmale auf, ist also subjektiv geprägt, enthält aber auch argumentativ-erörternde Elemente. Unterschlängeln Sie die subjektiv-wertenden Textpassagen.*

5 *Ecos Argumentation nimmt sowohl Stellung für die Nutzung des Buches als auch für die Nutzung moderner elektronischer Medien (hier: CD-ROM).*
- *a) Markieren Sie die Argumente und ggf. Beispiele, die die Hauptthese begründen, das Buch sei ein „technisch vollendetes Meisterwerk" in Grün.*
- *b) Markieren Sie die Argumente und ggf. die Beispiele für die Nutzung elektronischer Medien in Blau.*
- *c) Arbeiten Sie die folgende Tabelle in Ihrem Heft aus. Fassen Sie die Argumente mit den zugehörigen Beispielen mit eigenen Worten zusammen.*

Argumente pro Buch	Argumente pro CD-ROM/Computer
Bücher sind unersetzlich, …	CD-ROMs oder Computer sind praktisch und leicht …

6 a) *Fassen Sie mit eigenen Worten die Absicht zusammen, die Umberto Eco mit seinem Text verfolgt.*

b) *Charakterisieren Sie den Autor. Wie stellt er sich selbst dar?*

7 a) *Untersuchen Sie die sprachlich-stilistische Gestaltung des Textes. Gehen Sie nur auf wirklich auffällige Gestaltungsmittel ein. Übersehen Sie dabei nicht die ironischen Wendungen der Glosse. Arbeiten Sie dazu am Text.*

b) *Tragen Sie Ihre Arbeitsergebnisse in die Tabelle ein. Führen Sie Textbeispiele mit Zeilenangaben an und beschreiben Sie auch die Wirkung der jeweiligen Gestaltungsmittel.*

	Textbeispiel/Zeilenangabe	Wirkung
Satzbau		
Wortwahl		
Sprach- und Stilebene		

TIPP

Sich mit den Argumenten der Textvorlage auseinandersetzen
Grundsätzlich gibt es verschiedene Möglichkeiten, auf die Argumente eines Textes einzugehen:

1. **Man kann einem Argument völlig zustimmen.**
   - Mit eigenen Erkenntnissen/Erfahrungen die Argumente des Autors/der Autorin abstützen.
   - Mögliche Gegenpositionen zu Argumenten des Autors/der Autorin entkräften, auch wenn sie im Text gar nicht thematisiert sind.
2. **Man kann einem Argument teilweise zustimmen.**
   - Wenn Sie das Argument für unvollständig halten, können Sie zusätzliche Aspekte zur Sprache bringen.
   - Sie können das Argument auch problematisieren („Das-kommt-darauf-an-Methode“).
3. **Man kann einem Argument vollkommen widersprechen.**
   - Die Stichhaltigkeit der Argumente durch Gegenargumente und -beispiele in Zweifel ziehen.
   - Die Schlüssigkeit der Argumentation auf ihre Logik hin prüfen und in Zweifel ziehen, z. B.: eine Verallgemeinerung problematisieren.

8 *Die Erörterung im Anschluss an einen Text verlangt, dass Sie sich mit den Argumenten des Textes auseinandersetzen. Überprüfen Sie die Überzeugungskraft der Argumente aus dem Text „Das Buch, ein technisch vollendetes Meisterwerk“ von Eco. Nehmen Sie dazu Ihre Ergebnisse aus Aufgabe 5 (▷ S. 48) zu Hilfe und entscheiden Sie, welchem Argument Sie zustimmen und welchem Sie widersprechen. Erläutern Sie Ihre Positionen und halten Sie Ihr Ergebnis in Stichworten fest. Der Tipp oben hilft Ihnen dabei.*

9 *Überlegen Sie, zu welchem Ergebnis Sie nach der Auseinandersetzung mit den Argumenten der Textvorlage (vgl. Aufgabe 8) gekommen sind. Schreiben Sie Ihr Ergebnis auf.*

Die Erörterung im Anschluss an einen Text (textgebundene Erörterung) erfolgt in der Regel in zwei Schritten: **A** Textanalyse; **B** kritische Stellungnahme.

Der Aufbau einer textgebundenen Erörterung

Einleitung:
- □ Benennung des im Text behandelten Problems und der Hauptthese
- □ Hinweis auf die Textvorlage (Titel, Verfasser, Textart, Kontext)

Hauptteil:
- □ **A Analyse der Textvorlage**
  - Darstellung der zentralen Thesen und der Argumentation des Verfassers
  - Analyse der sprachlich-stilistischen Mittel des Textes und seiner Intention
- □ **B Kritische Stellungnahme**
  - Kritische Stellungnahme zu den Hauptargumenten des Textes (▷ Auseinandersetzung mit den Argumenten der Textvorlage S. 50)
  - Fazit: Ergebnis der kritischen Auseinandersetzung mit dem Text zusammenfassen.

Schluss:
- □ Ausblick, Prognose, weiterführende oder ungeklärte Frage(n)

Um Gedanken aus der Textvorlage wiederzugeben, verwendet man das direkte oder indirekte **Zitat** (▷ S. 52). Prüfen Sie abschließend, ob Ihre Erörterung mit Ihrer Gliederung übereinstimmt.

10 *Erstellen Sie auf Grundlage Ihrer Ergebnisse von den Seiten 46–50 eine Gliederung für den Hauptteil Ihrer Erörterung. Entscheiden Sie sich für die traditionelle oder die nummerische Anordnung (▷ ein traditionelles und ein nummerisches Gliederungsbeispiel finden Sie auf S. 28).*

TIPP

Bei der Darstellung der im Text vertretenen Meinung sollte man deutlich machen, dass es sich um die Wiedergabe fremder Äußerungen handelt. Dabei ist es möglich, die Gedanken des Autors/der Autorin in eigenen Worten wiederzugeben (indirektes Zitat) oder die Aussagen wörtlich zu übernehmen (direktes Zitat).

1. Das **indirekte Zitat** gibt den Inhalt des Textes mit eigenen Worten wiedergibt. Hier werden keine Anführungszeichen gesetzt, sondern nur die Textstellen genannt, auf die man sich bezieht. Das indirekte Zitat muss als solches erkennbar sein. Dies geschieht vor allem durch den **Gebrauch des Konjunktivs** in der indirekten Rede **oder man macht** durch Zusätze wie „nach ihrer/seiner Meinung"; „nach Auffassung seiner Auffassung" **deutlich, dass es sich um die Wiedergabe fremder Äußerungen handelt.**
   - ***Nach Ecos Meinung*** *wird das Buch nicht obsolet werden (vgl. Z. 6–7).*
   - *Eco glaubt nicht, dass das Buch je obsolet* ***werden könne*** *(vgl. Z. 6–7).*
2. Das **wörtliche (direkte) Zitat** übernimmt ein Wort, eine Textstelle oder einen ganzen Satz wörtlich aus dem Text. Das Zitat steht in Anführungszeichen. Auslassungen, Ergänzungen oder Veränderungen werden mit eckigen Klammern markiert, z. B.:
   - *Eco glaubt, das Buch könne nie „obsolet" werden (Z. 6–7)*
   - *Eco zählt zu den Menschen, „die nicht glauben, dass das Buch ein obsoleter Gegenstand werden kann." (Z. 6–7)*
   - *Eco betont, „[...], dass das Buch [kein] obsoleter Gegenstand werden kann." (Z. 6–7)*

11 *Arbeiten Sie auf Grundlage Ihrer Gliederung (▷ Aufgabe 10) den Hauptteil der Erörterung aus. Arbeiten Sie in Ihrem Heft. Gehen Sie wie folgt vor:*

a) *Beginnen Sie mit der Analyse der Textvorlage. Nehmen Sie hierzu Ihre Ergebnisse von Seite 48/49 zu Hilfe und berücksichtigen Sie folgende Punkte:*
   - *Darstellung der zentralen Thesen und der Argumentation des Verfassers.*
   - *Analyse der sprachlich-stilistischen Mittel des Textes und seiner Intention.*

b) *Kontrollieren Sie, ob Sie bei der Wiedergabe der im Text vertretenen Meinung dies durch die Verwendung des indirekten oder des direkten Zitats kenntlich gemacht haben. Prüfen Sie auch, ob Sie die wörtlich übernommenen Textstellen richtig zitiert haben.*

c) *Arbeiten Sie auf Grundlage Ihrer Ergebnisse von Seite 50 den zweiten Teil der Ihrer Erörterung aus. Schreiben Sie in Ihr Heft und berücksichtigen Sie hierbei:*
   - ***Kritische Stellungnahme*** *zu den Hauptargumenten des Textes (▷ Auseinandersetzung mit den Argumenten der Textvorlage S. 50).*
   - ***Fazit****: Ergebnis der kritischen Auseinandersetzung mit dem Text zusammenfassen.*

Formulierungen, die den Bezug zur Textvorlage herstellen:

- ☐ „Wie die Autorin/der Autor im Text ausführt ..."
- ☐ „Mit der These ... behauptet der Autor/die Autorin ..., wohingegen für mich feststeht ..."
- ☐ „Meine Meinung lässt sich anhand der folgenden Aussagen belegen: ... (wörtliches Zitat)"
- ☐ „Der Autor/die Autorin behauptet, dass ..."
- ☐ „Der Autor/die Autorin hebt hervor ..."
- ☐ „Außerdem führt der Autor/die Autorin an ..."

Sprachliche Wendungen für die Argumentation:

„daraus folgt";
„ein wichtiger Gesichtspunkt ist";
„das gilt auch";
„damit eng verknüpft ist";
„darüber hinaus";
„aus diesem Grund";
„wie das Beispiel zeigen soll";
„daraus ergibt sich ...";
„geht man davon aus, dass";
„noch wichtiger ist, dass";
„besonders schwerwiegend ist";
„Zum Schluss möchte ich noch anmerken, dass";
„im Übrigen sollte man nicht vergessen, dass" ...

12 *a) Formulieren Sie eine* ***Einleitung*** *für Ihre Erörterung.*
b) Prüfen Sie anhand des Merkwissens auf Seite 51, ob Ihre Einleitung alle im Merkwissen genannten Angaben umfasst.

TIPP

Der **Schluss** soll das Thema abrunden, indem die dargelegten Gedanken in einen größeren zeitlichen oder thematischen Zusammenhang eingeordnet werden. Auch der Schluss muss sich auf das Thema beziehen, darf aber keine neuen Argumente beinhalten.
Einleitung und Schluss sollten sich vom Umfang her ungefähr entsprechen.

13 *Formulieren Sie einen* ***Schluss*** *zu Ihrer Erörterung, der die Gedanken der Einleitung aufnimmt und einen Ausblick auf die weitere mögliche Entwicklung gibt.*

Die sprachliche Gestaltung von Texten untersuchen

TIPP

Um die **Struktur und die Wirkung eines Textes** beschreiben zu können, sind sicheres Wissen über Grammatik sowie die Beherrschung der Fachterminologie wichtig.

Lyrik: Wortwahl und Satzbau untersuchen
Insbesondere bei lyrischen Texten ist die Analyse von Wortwahl und Satzbau sinnvoll:
- ☐ Welche Bilder bzw. welche Atmosphäre erzeugen bestimmte Wörter? Um die Bedeutung und Wirkung bestimmter Wörter zu beurteilen, können Sie diese probeweise weglassen, ergänzen oder ersetzen.
- ☐ Wie wirkt der Satzbau? Um den Satzbau zu analysieren, können Sie Satzglieder oder Satzteile umstellen.

1 *Lesen Sie das folgende Gedicht.*

Günter Kunert
Unterwegs nach Utopia II (1980)

Auf der Flucht
vor dem Beton
geht es zu
wie im Märchen: wo du
auch ankommst
er erwartet dich
grau und gründlich

Auf der Flucht findest du
vielleicht
einen grünen Fleck
am Ende
und stürzest selig
in die Halme
aus gefärbtem Glas.

Flucht: gewaltsam, heimlich, erzwungen im Gegensatz zu z.B. Reise, Suche

erwartet er dich (Inversion – Betonung auf er + auf dich)

2 *Worum geht es? Fassen Sie den Inhalt des Gedichts mit eigenen Worten kurz zusammen.*

3 *Analysieren Sie die markierten Stellen des Gedichts.*
a) Notieren Sie für die Wörter Ihre Beobachtungen in der Randspalte.
b) Tragen Sie dort auch Ihre Analyse des Satzbaus und dessen Wirkung ein.

4 *Beschreiben Sie die Wirkung der sprachlichen Gestaltung des Gedichts. Arbeiten Sie im Heft.*

TIPP

Verben untersuchen: Aktiv und Passiv

Bei der Darstellung von Handlungen und Vorgängen unterscheidet man Aktiv und Passiv:

- Sätze, in denen die Handlungsträger als Subjekt erscheinen, stehen in der Verbform Aktiv, z. B.: „Der Vormann *führte* uns."
- Sätze, in denen mit dem Subjekt des Satzes etwas geschieht, stehen in der Verbform Passiv, z. B.: „Wir *wurden* vom Vormann *geführt.*"

1 *Der folgende Textauszug ist Peter Weiss' Roman „Fluchtpunkt" entnommen, der im Jahr 1962 erschienen ist. Lesen Sie den Text.*

Peter Weiss

Fluchtpunkt (1962)

Es war noch dunkel, als wir, vom Vormann geführt, den Weg zum Arbeitsplatz antraten. Über meinem Rücken hing die Bogensäge, im Gürtel steckte die Axt, in den Händen trug ich den Fuchsschwanz, die Schaufel und das Kerbeisen. Hintereinander stapften wir durch den hohen Schnee. Die Sägeblätter hakten sich an den Kleidern fest. Der Schnee drang in die Stiefel ein. Manchmal gab der Boden unter mir nach und ich sackte bis zur Brust in den Schnee. Beim Hervorkriechen geriet die Axt zwischen meine Beine und die Bogensäge rutschte über die Arme herab. Wir wühlten uns bergauf. Die Kleider waren von Schnee und Eis verkrustet. Über den Körper floss der Schweiß. Als wir die Anhöhe erreicht hatten, begann der Morgen zu grauen. Am Waldrand wurden die Arbeitsreviere, deren Grenzen an Kerben in Stämmen kenntlich waren, verlost. Aus den Büschen am Abhang hatte jeder sich einen drei Meter langen Zweig zu schneiden, nach dessen Maß die gefällten Stämme zu zersägen waren. Der Vormann zeigte mir, wie ich die Säge am Baum anzusetzen hatte. Er schaufelte den Schnee zur Seite, ließ sich aufs Knie nieder und führte die Säge mit gleichmäßigen, mühelosen Bewegungen hin und her. Als der Stamm zur Hälfte angesägt war, erfuhr ich den Sinn des kleinen Eisenkeils, den man mir gegeben hatte und der an einer Schnur wie ein Amulett um meinen Hals hing. Der Keil wurde mit einem Axthieb in den Spalt getrieben und verhinderte, dass die Säge vom Gewicht des Baumes festgeklemmt wurde. Der Vormann erklärte mir, wie der gefällte Baum abzuholzen sei, erinnerte mich daran, dass ich darauf zu achten habe, dass das Sägeblatt sich nicht bog, und ließ mich allein. Die übrigen Arbeiter hatten sich weithin über den Waldrand verteilt. Sie waren im verschneiten Gehölz nicht zu sehen, nur das Schaben ihrer Sägen war zu hören, auch das erste Aufschlagen eines gefällten Stammes. Schneeflocken fielen weich und leise klingend. Bald musste ich beide Hände benutzen, um die Säge hin- und herzutreiben. Ständig wollte sich das Sägeblatt abbiegen. Als es im Holz festsaß, schlug ich den Keil tiefer ein. Mit Hilfe des angestemmten Fußes und unter Anspannung aller Muskeln gelang es mir, das Blatt zu lockern, doch nach einiger Zeit war es wieder festgefahren und der Keil musste weiter in den Spalt getrieben werden. Ein stöhnender Laut drang plötzlich aus dem Stamm, als wäre eine Sehne gerissen, und ein Zittern war im Holz zu vernehmen. Halb liegend ließ ich die Säge hin- und herfahren, der Schweiß strömte mir aus allen Poren, das Blut hämmerte mir in den Schläfen und ich fauchte zum Takt der Armbewegungen. Es krachte im Baum. Dröhnend schlug er auf, das Geäst bohrte sich tief in den Schnee. Der zerfledderte Stumpf, dieses Schandbild des Laien, musste glattgesägt werden. Die tief eingerissenen Kerben am Stamm drohten mit Lohnabzug.

2 *Worum geht es in diesem Romanauszug von Peter Weiss? Fassen Sie kurz zusammen.*

3 *Vergleichen Sie: Wie beschreibt der Ich-Erzähler die Tätigkeit des Vormanns, wie seine eigene?*

4 *a) Markieren Sie im Text alle Passivkonstruktionen.*
b) Formen Sie diese Sätze ins Aktiv um.

Z. 1 f.: Es war noch dunkel, als wir [...] antraten. Der Vormann führte uns.

Aktiv:

c) Vergleichen Sie die Aktiv- mit den Passivkonstruktionen. Beschreiben Sie kurz die Wirkung der Verbformen für die Textaussage.

Deutschbuch
Arbeitsheft
Lösungen 10

Seite 3

2 a) ***Wichtige Textstellen Text 1:***
Komiker, Jakobsweg, Pyrenäen, 800 Kilometer, „Ich bin dann mal weg“, erfrischend anders, sechs Wochen, Tour, amüsant, Tagebucheinträge, Strapazen, kein Blatt vor den Mund, 320 Seiten, detaillierter Reiseführer, 2001, Trip, spiritueller Ratgeber
Wichtige Textstellen Text 2:
Erscheinen 2006, deutschen Bestsellerlisten, Talkshows, Autorenlesung, Juli 2007, Auflage zwei Millionen

Sinnabschnitte u. Wichtiges in Text 1:
Z. 1–14: Wer ist Kerkeling, was ist der Jakobsweg, und passen beide zusammen?
Z. 15–31: Was zeichnet Kerkelings Buch aus? Wie unterscheidet es sich von den vielen anderen, die bereits über den Jakobsweg geschrieben wurden?
Z. 32–57: Details zum Buch, seinem Thema und seinen Funktionen
... in Text 2:
Erscheinungsjahr und Erfolg des Buches, Auflagenhöhe

Seite 4

3 *Publikum: Mitschüler/-innen, Lehrer/-in; sie kennen Hape Kerkeling wahrscheinlich als Komiker und werden sich dafür interessieren, warum er überhaupt eine Pilgerreise gemacht hat und aus welchem Grund sein Buch ein Bestseller geworden ist*

4 *Als Schwerpunkt denkbar sind A, C und D; Möglichkeit B ist weniger geeignet, weil die Recherchemöglichkeiten begrenzt sind (um stichhaltige Aussagen über den Menschen Hape Kerkeling treffen zu können, müsste man ihn persönlich kennen).*

Seite 5

5 *Lösungsvorschlag:*

Reihenfolge	***Inhalt***	***Anschauungsmaterial/ Medien***
1	*Historisches Bild von Pilgerreise*	*Folie „Historische Ansicht einer Pilgerreise“, Bildergalerie*
2	*Überblick über die Präsentation geben*	*Folie Gliederung*
3	*Vorstellen des Autors Hape Kerkeling*	*Plakat mit Lebensdaten und künstlerischen Stationen*
4	*Das Thema des Buches*	*Folie „Buchcover“*
5	*Zum Inhalt des Buches*	*Flussdiagramm Reisestationen/ innere Einkehr*
6	*Sicherung der Inhalte*	*Karte Pilgerweg als Plakat*
7	*Komische Aspekte des Buches*	*Zitat aus dem Buch/ironische Brechung*
8	*Erfolg auf dem Buchmarkt*	*Verkaufszahlen, Medienpräsenz des Autors*

Seite 6

6 *c)*
1. *Das Buch ist vielschichtig und befriedigt unterschiedliche Leseinteressen.*
2. *Das Buch kommt dem Bedürfnis vieler Menschen nach Orientierung entgegen.*
3. *Reale Erlebnisse und spirituelle Einsichten sind geschickt verwoben.*
4. *Der Autor ist ein bekannter Entertainer und Komiker.*
5. *Das Buch hat bereits Medieninteresse gefunden.*
6. *Reisebücher haben Konjunktur.*

Seite 7

7 a) *A: ja; B: Komiker/Entertainer/Parodist, erfolgreich, Journalisten; C: Reise, 800, Santiago de Compostela, 2001, 2006*

b) *Dass der Autor ein bekannter Entertainer und Komiker ist und das Buch zu einem Medienereignis wurde, erklärt, dass sich „Ich bin dann mal weg“ auch über etablierte Leserschichten hinaus gut verkauft. Nicht zuletzt hat gewiss die seit einigen Jahren herrschende Konjunktur für Reisebücher zu Kerkelings Erfolg beigetragen.*

Seite 8

1 *Lösungsvorschlag:*
im Schulforum, in der Klasse; in allen Einrichtungen der Legislative (Bundestag, Landtag, Kreistag, Stadt-, Landkreis-, Gemeindeverwaltungen); bei Wettbewerben

wie „Jugend debattiert"; in den Medien zu politischen, sozialen oder kulturellen Themen
(Die Regeln, nach denen die jeweiligen Debatten ablaufen, sind dabei sehr unterschiedlich. Häufig sind sie formal kaum von [Podiums-]Diskussionen zu unterscheiden.)

2 *b) Mögliche Themen:*
Projekte der Stadt-/ Gemeindesanierung (Umbau von Stadtplätzen, ...), Einrichtung von Kindertagesstätten entsprechend den neuen Bundesgesetzen, ...

3 *a) Lösungsvorschlag:*
Werden Diskotheken, Sportplätze etc. als öffentliche Plätze verstanden und damit überwacht? Darf also ein Jugendlicher während eines Diskothekenbesuchs überwacht werden? Wem werden die Daten zur Verfügung gestellt (Polizei/private Wachdienste)? Können andere darauf zugreifen (z. B. das Jugendamt)?

b) ***öffentliche Plätze sind:*** *Straßen, Stadtplätze, Parks und Grünanlagen, öffentliche Gebäude wie Ämter, Volksfestplätze, Bahnhöfe, Schulen*
... sind nicht: *Privathäuser, Privatgärten, Felder*
... sind vielleicht auch: *Diskotheken, Sportplätze, große Mietshauskomplexe mit Innenhofbereichen, Parkplätze*
Videoüberwachung bedeutet: *ständige Überwachung mittels fest stehender Kamera durch die Polizei, Beobachtung von Orten durch Kameras*
... nicht: *gezieltes Beschatten einer Person*
... vielleicht auch: *Videoüberwachung durch von öffentlichen Stellen beauftragte Wachdienste, Speicherung der Daten über lange Zeiträume, Verwendung der Daten für gezielte Personensuche (z. B. Rasterfahndung)*

Seite 9

4 *a) Lösungsvorschlag, aus Platzgründen nur Stichworte:*
Sollen öffentliche Plätze videoüberwacht werden? ***Was*** *soll geschehen? Was geschieht mit den Aufnahmen? /* ***Wer*** *handelt? Wer ist betroffen? Wer profitiert von der Regelung? Wer hat Nachteile? /* ***Wo*** *soll die Überwachung stattfinden? Wo werden die Kameradaten ausgewertet/gespeichert? /* ***Wie*** *soll die Überwachung vor sich gehen? Wie werden die Daten ausgewertet? Wie wird im Fall einer Straftat verfahren? /* ***Womit*** *wird überwacht? Womit wird die Maßnahme finanziert? /* ***Wann*** *wird überwacht? Wann werden die Daten gelöscht? /* ***Wozu*** *wird überwacht?*

b) Lösungsvorschlag (hier aus Platzgründen nur Stichworte):
Was soll geschehen? *Überwachung öffentlicher Plätze durch fest installierte Kameras; im Notfall Benachrichtigung der Polizei; Ermittlung von Tätern mithilfe der Videoaufnahmen /* ***Was geschieht mit den Aufnahmen?*** *keine bundeseinheitlichen Regeln, was die Speicherung und Löschung der Aufnahmen betrifft /* ***Wer handelt?*** *öffentliche Stellen wie Stadtverwaltungen, Landtag, Bundestag; durchführende Organe: Polizei, Wachdienste /* ***Wer ist betroffen?*** *alle Bürger, die sich im öffentlichen Raum bewegen /* ***Wer profitiert von der Regelung?*** *Anwohner, Geschäftsbesitzer, Passanten an diesen Orten /* ***Wer hat Nachteile?*** *kriminelle und potenzielle Straftäter (z. B. Taschendiebe), gewalttätige Unruhestifter; alle Bürger, die auf Privatsphäre hohen Wert legen und keine Dauerüberwachung erdulden wollen /* ***Wo soll die Überwachung stattfinden?*** *an ausgesuchten Orten, wo es immer wieder zu Problemen wie Randale, Diebstählen usw. kommt (z. B. an Bahnhöfen, Stadtplätzen) /* ***Wo werden die Kameradaten ausgewertet/gespeichert?*** *in der Regel in Polizeidienststellen /* ***Wie soll die Überwachung vor sich gehen?*** *Kameras senden Bilder in Überwachungszentren, werden dauernd überprüft; Monitore stehen in Polizeidienststellen /* ***Wie werden die Daten ausgewertet?*** *Polizeibeamte beobachten und beurteilen die Daten, eine 24-Stunden-Beobachtung durch einen Beamten ist nicht möglich /* ***Wie wird im Fall einer Straftat verfahren?*** *Polizeieinsatz am Tatort oder spätere Aufklärung durch die Bilder /* ***Womit wird überwacht?*** *Kameras /* ***Womit wird die Maßnahme finanziert?*** *öffentliche Gelder der Städte, Kommunen ... /* ***Wann wird überwacht?*** *unterschiedlich, rund um die Uhr oder während der Geschäfts-, Hauptverkehrszeiten /* ***Wann werden die Daten gelöscht?*** *unterschiedlich /* ***Wozu wird überwacht?*** *Vermeidung von Vorfällen aufgrund der abschreckenden Wirkung; Hilfe bei gerade sich ereignenden Vorfällen wie Raufereien; Aufklärung eines Vorfalles mit Hilfe der Videobilder*

5 *b)* ***Hinweise:*** *Die Einordnung ist abhängig davon, welche Informationen gewonnen wurden und wie diese von Ihnen persönlich in ihrer Aussagekraft eingestuft werden. Grundsätzlich gilt, dass diejenigen Argumente über besondere Überzeugungskraft verfügen, die auf einem grundsätzlichen und als hochrangig angesehenen moralischen Wert beruhen (z. B. Schutz der Menschenwürde, der Meinungsfreiheit, der Familie, ...; vgl. dazu die Artikel 1 bis 10 des Grundgesetzes der Bundesrepublik Deutschland). Aber Achtung: Fragen minderer Bedeutung (Pausenregelungen in der Schule, ...) sollten nicht immer auf derartige Grundwerte reduziert werden, das wirkt überzogen und eher lächerlich.*
Das häufigste Argument gegen die Einführung/Durchführung einer Maßnahme ist die Frage der Finanzierbarkeit. Da es universell ist und auf einer sehr niedrigen moralischen Grundlage steht, hat es meist eine geringe Überzeugungskraft. Wer z. B. wollte die Sicherheit von Kindern (hoher moralischer Wert) mit der Frage der Bezahlbarkeit von Videokameras (sehr niedrige Wertigkeit) aufwiegen?

Seite 10

6 *a) Grundsätzlich: Der Artikel bietet keine ausgesprochene Aufrechnung von Pro- und Kontra-Argumenten, sondern stellt die aktuelle Problemlage dar. Sie müssen die Aussagen also bewerten und in das Schema einordnen. In manchen Punkten kann dies selbst unterschiedlich geschehen.*

Argumente dafür (Beispiele)...
- *Videokameras schrecken potenzielle Täter ab*
- *von der Polizei betriebene Kameras konzentrieren sich auf genau ausgewählte Brennpunkte (Verordnung im Polizeiaufgabengesetz)*
- *Schutz der Bürger vor Kriminalität (Erfahrung zeigt Reduzierung der Straftaten an videoüberwachten Plätzen, z. B. in Nürnberg, Regensburg)*

Argumente dagegen (Beispiele)...
- *Überwachungskameras filmen nicht nur Straftäter, sondern überwiegend unbescholtene Bürger (Urteil des Bundesverfassungsgerichts, Aussage des bayerischen Datenschutzbeauftragten Karl Michael Betzl)*
- *Eingriff in Persönlichkeitsrechte, Bürger hat Recht darauf, sich unbeobachtet im öffentlichen Raum zu bewegen (Richterspruch des Bundesverfassungsgerichts)*

Seite 11

7 ***Sprecher B:*** *Du bist also der Meinung, dass eine Videoüberwachung nur eine örtliche Verlagerung der Kriminalität zur Folge hätte. Ich meine hingegen, dass schon viel erreicht ist, wenn man beispielsweise auf Bahnhöfen vor Diebstählen sicher ist.*
Sprecher A: *Du siehst es demnach bereits als Fortschritt an, wenn einige wenige Bereiche frei von Kriminalität sind. Ich persönlich möchte jedoch nicht ständig überwacht werden. Vor allem, da ich nicht weiß, was mit den Aufnahmen geschieht und wie lange sie gespeichert werden.*
Sprecher B: *Natürlich sind deine Bedenken im Hinblick auf den Umgang mit den Aufnahmen wichtig. Wichtiger ist jedoch, dass ...*

8 *a) Du bist also der Meinung, ...; Du siehst es demnach ...; Natürlich sind deine Bedenken ... wichtig*

b) Wenn man deinen Standpunkt zusammenfasst, zeigt sich, dass du ...; zusammengefasst möchtest du also aussagen/betonen/hervorheben/kritisieren/...; du trittst also/demnach/demzufolge/... dafür ein, dass ...; dein Hinweis/Argument/Kritikpunkt/..., dass ... ist relevant/erwähnenswert/..., dennoch ...

9 ***Hinweis:*** *Die Bearbeitung dieser Aufgabe hängt von der Gesprächssituation ab. Achten Sie darauf, dass Ihr Gegenüber Ihre Meinung genau so wiedergibt, wie Sie sie zum Ausdruck gebracht haben. Lassen Sie keine Abstufungen oder Relativierungen zu.*

Seite 12

10 ***Hinweise:*** *Achten Sie bei der Beantwortung der Frage darauf, dass Sie Ihren Standpunkt in sich logisch begründen – auch wenn es sich um unsinnige Themen handelt. Wichtig ist ein nachvollziehbarer Aufbau der Argumentation. So können Sie mit einem erdachten Beispiel anfangen, dann zur eigentlichen Argumentation überleiten und schließlich die Darlegung mit Hilfe eines der angegebenen Sätze beenden.*

Seite 14

1 *b) Erschließen Sie Inhalt und [...]. Setzen Sie sich anschließend kritisch mit dem Blick auseinander, [...].*

c) Lösungsvorschlag:
Ich soll untersuchen, wie in der Geschichte die Beziehungen zwischen den Familienmitgliedern dargestellt und bewertet werden, mir dazu eine eigene Meinung bilden und diese begründen.

2 *Lösungsvorschlag:*
Z. 1–4 : Einleitung: Ausgangssituation wird gezeigt (Ort, Kinder, Schlittenfahren, Streit)
Z. 5–6 : 1. Auftritt des Vaters, kein Eingehen auf Kinder
Z. 7–11: 2. Auftritt des Vaters, Aufforderung („komm rein") wird nicht befolgt und auch nicht durchgesetzt
Z. 12–17: 3. Auftritt des Vaters, inkonsequentes Handeln (Kind schreit dauernd), Argumente / Probleme der Kinder werden abgewiegelt
Z. 18–25: 4. Auftritt des Vaters, Vater zwingt älteres Kind, Schlitten herzugeben, das jüngere Kind darf (immer) fahren; Problemlösung für Vater erfolgreich, er hat seine Ruhe, betrachtet Natur, nicht Kinder
Z. 26–28: 5. Auftritt des Vaters, Beschwerden des älteren Kindes sind ihm gleichgültig, er verlässt nicht einmal mehr das Haus
Z. 29–32: Katastrophe ereignet sich (Andreas fällt in den Bach); 6. Auftritt des Vaters (schreit bloß durch Türspalt): er hört gar nicht zu, was das Kind ruft, wiederholt nur seine leere Drohung, lebensgefährliche Situation wird nicht erkannt

Seite 15

3 *a)* ***Wer?*** *Vater: Name: ?, Alter: ?; zwei Kinder: erstes Kind: Name: ?, Alter: ?; zweites Kind: Andreas, Alter: ? (jünger als erstes Kind)*
Wo? *Ort: nicht bezeichnet, Eigenheim mit Garten, Bach*
Wann? *Winter*
Was? *Kinder fahren Schlitten, streiten sich, rufen wiederholt nach dem Vater, Vater kümmert sich nicht, reagiert auch nicht, als Unglück passiert*

b) Verhältnis Vater – Kinder: Vater will ungestört bleiben, kümmert sich nicht um seine Kinder; die Kinder benötigen ihn nur als Streitschlichter

Seite 16

4 *Lösungsvorschlag:*
Das Thema der Kurzgeschichte ist die fehlende Beziehung des Vaters zu den Kindern, seine Gleichgültigkeit und deren Folgen.

5 *vgl. Lösung zu Seite 14, Aufgabe 2*

6 *Lösungsvorschlag:*
Fünfmal gleiches Handlungsmuster: kleineres Kind will Schlitten, älteres will auch fahren, kleineres Kind weint, um ihn nicht hergeben zu müssen, Vater kommt, mahnt Ruhe an, ohne auf die Kinder einzugehen, weswegen kleineres Kind den Schlitten behalten darf; Vater öffnet nur die Tür oder tritt höchstens vor die Tür, geht aber nicht in den Garten; Höhepunkt und zugleich Ende: Andreas fällt in den Bach, älteres Kind ruft den Vater zu Hilfe, Vater hört nicht richtig zu, schreit nur durch Türspalt und verschwindet; Ausgang ist offen

7 a) *Die Äußerungen und Handlungen der Kinder und des Vaters stehen jeweils in eigenen Absätzen.*

b) *Lösungsvorschlag:*
Die Gliederung in viele Absätze bewirkt Pausen und Unterbrechungen im Lesefluss, sodass der Handlungsablauf abgehackt, unterbrochen erscheint. Die Wiederholung der (beinahe) immer gleichen Szene wird betont. Die formale Gestaltung verstärkt den Eindruck, dass das Verhältnis zwischen dem Vater und seinen Kindern gestört ist. Sie sind voneinander abgegrenzt, der Vater geht nicht auf die Kinder ein. Die formale Gestaltung wird damit zum wichtigen Gestaltungsmittel.

Seite 17

8 a) *neutral; Er-Form*

b) ***Mögliche Belegstellen:***
Absatz 1: Nennung von Ort, Ausgangssituation, Personen erfolgt in kurzen, einfachen Sätzen ohne Wertung. Stil erinnert eher an neutralen Polizeibericht.
Absatz 3: Handlung erschließt sich anhand der bloßen Wiedergabe von Dialogen. (Allgemein ist die Geschichte von Dialogen geprägt.)

9 *Die Art der Textdarbietung lässt den Leser/die Leserin an einen kühlen Polizeibericht denken. Die neutrale, sachliche Darbietung wirft einen schonungslosen Blick auf die fehlende Zuneigung und die fehlenden familiären Bindungen. Die Szenerie wirkt auf Grund dieser Erzählweise abweisend und unpersönlich.*

10 *Vorherrschende Mittel der Textdarbietung sind die Figurenrede und der unkommentierte Erzählbericht, der sich auf ein bloßes Registrieren und Nennen beschränkt. Damit wird gezeigt, wie der Vater und seine Kinder aneinander vorbeireden. Die knappen Darbietungen zur Situation unterstreichen die Gefühllosigkeit und das Desinteresse des Vaters gegenüber seinen Kindern. Bestes Beispiel sind die Zeilen 22–23 („Der Himmel ist blau ..."), in denen nicht Gefühle zum Ausdruck kommen, sondern über das Wetter gesprochen wird, obwohl hier die Sinneseindrücke des Mannes geschildert werden.*

Seite 18

11 *Die Namen des Vaters und des älteren Kindes werden nicht genannt, das jüngere Kind heißt Andreas.*
Funktion: *Die Namenlosigkeit der Figuren unterstreicht das unpersönliche Verhältnis zwischen Vater und Kindern. Das ältere Kind nennt seinen Bruder beim Namen, das jüngere kann noch nicht sprechen, also auch keine Namen nennen.*
Wichtig ist auch, dass der Vater vom Erzähler stets nur neutral als „der Mann", die Kinder als „das größere" bzw. „das kleinere" bezeichnet werden. Distanz und Neutralität herrschen vor. Die Familienbindungen werden nicht herausgestellt. Am Ende verschwindet der Vater als greifbare, individuelle Person völlig, da nur noch von „eine[r] Männerstimme" (Z. 31) gesprochen wird.

12 + **13** a)

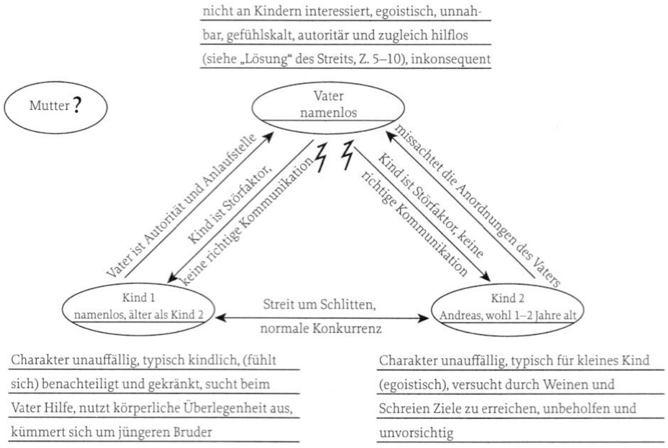

13 b) *Das Fehlen der Mutter in der Figurenkonstellation kann auf verschiedene Weise gedeutet werden:*
– die Mutter arbeitet;
– die Mutter hat die Familie verlassen (Scheidung oder Tod?), der Vater ist überfordert und überlässt die Kinder sich selbst

c) *Lösungsvorschlag:*
Erziehungsversuche des Vaters sind halbherzig, er will nur seine Ruhe, schottet sich im Verlauf der Geschichte immer mehr von Kindern ab, erfüllt Vaterrolle nicht, versagt am Ende völlig

Seite 19

14 b)

	Textbeispiel/ Zeilenangabe	***Wirkung***
Wortebene *– kaum Adjektive, wenn Adjektive, dann nur zur sachlichen Beschreibung* *– keine Fremdwörter*	*– das größere Kind (Z. 15), das kleinere Kind (Z. 3 f.), der Himmel ist blau (Z. 22)*	*– Sprache wirkt sachlich, einfach, nüchtern, subjektive Stimmungen werden vermieden;*

– *Reduktion auf geringe Anzahl wenig anschaulicher Verben, Wiederholungen*	– *sagt (Z. 5, 8, 13, 15, 16, 27), brüllt/brüllen (Z. 5, 9, 13, 14, 16, 27, 32)*	*Vermeidung von gefühlvoller Darstellung, Leser soll sich nicht identifizieren können*
Satzebene		
– *Parataxen* – *einfache Aussagesätze, häufig parallel gebaut (Subjekt – Prädikat – Objekt / Adverbiale)*	– *Abs. 1: 11 Sätze, nur einer mit Objektergänzungssatz, ansonsten einfache Hauptsätze*	– *Eindruck der Einförmigkeit entsteht, Situation erscheint auf den ersten Blick einfach zu überblicken (bloß Streit zwischen Kindern), spiegelt Langeweile bzw. Desinteresse des Vaters wider, Vorgang erscheint nebensächlich, Katastrophe am Ende wiegt umso schwerer*
– *Anaphern*	– *Abs. 1: „Das Eigenheim steht ...“, „Der Garten ist ...“, „Das eine der Kinder kann ...“* – *Abs. 3: „Der Mann erscheint ...“, „Der Mann geht hinein.“*	
Sprach- und Stilebene		
– *spannungsarm und neutral darstellend* – *bewusstes Vermeiden von Dramatik oder Ironie* – *mittlere Stilebene (Umgangston)*	– *vorletzter und letzter Abschnitt (keinerlei spannungssteigernde oder dramatisierende Elemente, Antwort des Vaters wird unkommentiert, neutral wiedergegeben)*	– *realistisches Bild entsteht* – *wie bei Wortwahl und Satzbau: Widerspiegelung von Desinteresse, scheinbarer Belanglosigkeit* – *Neutralität der Betrachtung stellt Katastrophe besonders drastisch dar*
– *Namenlosigkeit der Figuren*	– *Vater, das kleinere/das größere Kind*	– *Ausdruck der Kälte und Anonymität, die herrschen*
– *viermalige Wiederholung von „Garten“ (Repetitio)*	– *erster Abschnitt*	– *Garten: ursprünglich Raum mit positiver Bedeutung, Tragik des weiteren Textverlaufs wird umso deutlicher*
– *Klimax*	– *Kind sagt – weint – schreit (Z. 4)*	– *Ausmaß des Konflikts wird deutlich*
– *Asyndeton (Reihung ohne Konjunktion)*	– *„Kind schluchzt, quietscht, jault, quengelt“ (Z. 18 f.)*	– *Verzweiflung des Kindes wird deutlich*
– *Refrainartige Wiederholung von „Wer brüllt, kommt rein.“*	– *z. B. Z. 5, 9, 14 usw.*	– *Hinweis auf Interesselosigkeit und Unfähigkeit des Vaters*
– *Anaphern (siehe Satzbau)*	– *z. B. Z. 7–13*	– *wie oben: Eindruck der Einförmigkeit, berichtähnlicher Charakter entsteht, oben beschriebene Wirkung wird unterstützt*
– *Ironie/Zynismus*	– *Z. 26–31 (Unglück, das Vater nicht erkennt)*	– *Schlusswendung voll beißender Kritik an den Zuständen*

15 a) ***Leitmotive:*** *Aussage „Wer brüllt, kommt rein“, das Erscheinen des Vaters in der Tür und sein Rückzug ins Haus*
Die Leitmotive werden ständig wiederholt, prägen dadurch die Geschichte und gliedern sie. Sie zeigen die Unfähigkeit / den Unwillen des Vaters, sich mit den Kindern auseinanderzusetzen. Der Vorgang ist scheinbar immer gleich, variiert aber doch entscheidend: Beim 5. Erscheinen des Vaters heißt es lediglich „Die Haustür geht auf“, beim 6. Erscheinen hört man nur noch eine „Männerstimme“. Der Vater wird immer weniger greifbar, die Entfremdung immer deutlicher sichtbar.

b) *Schlittenfahren: Spaß für die Kinder, das kindliche Spiel steht im Gegensatz zur harten Realität in der Familie und kontrastiert mit der Katastrophe am Ende*

Seite 20

1 *Gliederungsvorschlag:*
1. *Nüchtern-sachliche Gestaltung*
2. *Spannungsarme Darstellung auf mittlerer Stilebene*
3. *Fehlen bildlicher Gestaltungsmittel*
4. *Strukturierung der Handlung durch mehrere Motive*
V. *Vom Versagen eines Vaters – Wie Desinteresse in die Katastrophe führt*
VI. *Zur Funktion der Überschrift für die Textdeutung*
C. *Zur Aktualität der Kurzgeschichte*

Seite 21

2 *Lösungsvorschlag:*
Dass die Geschichte im Präsens verfasst ist, trägt in erheblichem Ausmaß zur unterkühlten Stimmung bei. Wie später noch gezeigt werden soll, ist dieser Stil der Aussageabsicht besonders angemessen. Der gesamte Text ist parataktisch angelegt: Hauptsatz reiht sich an Hauptsatz. Die Sätze sind häufig parallel gebaut: Die Abfolge von Subjekt, Prädikat, Objekt bzw. adverbialer Bestimmung beherrscht fast alle Sätze. Häufig tritt die Stilfigur der Anapher hinzu, indem aufeinanderfolgende Sätze mit dem gleichen Wort beginnen. Beispiele finden sich bereits am Anfang der Kurzgeschichte in der Beschreibung des Ortes und der handelnden Personen: „Das Eigenheim steht in einem Garten. Der Garten ist groß. [...] Im Garten stehen zwei Kinder.“ (Z. 1 f.). Die Aneinanderreihung von Parataxen erweckt den Eindruck der Einförmigkeit, der durch die Wiederaufnahme des Verbs „steht“ im vierten Satz noch verstärkt wird; die (spielenden) Kinder wirken genauso statisch wie das Haus, in dem sie wohnen.

Noch deutlicher wird die Monotonie der Situation, als der Vater zum ersten Mal erscheint: „Aus dem Haus tritt ein Mann. Er sagt, wer brüllt, kommt rein. Er geht in das Haus zurück. Die Tür fällt hinter ihm zu." (Z. 5 f.). Die kurzen, im Präsens stehenden Sätze und die Anaphern („Er sagt, [...]", „Er geht [...]") unterstreichen an dieser Stelle das Desinteresse des Vaters für seine Kinder, dessen einzige Handlung darin besteht, seine Drohung „Wer brüllt, kommt rein" auszusprechen und wieder im Haus zu verschwinden.

3 *Lösungsvorschlag:*
Dargestellte Beziehung zwischen Vater und Kindern ist gestört. Vater geht nicht auf weinendes Kind ein, Kind reagiert nicht auf Aufforderung „Komm rein" (Z. 10). Vater verschwindet wieder im Haus, ohne etwas erreicht zu haben. Versuch, Wunsch nach Ruhe mit Drohung „Wer brüllt, kommt rein" (Z. 5) durchzusetzen, scheitert mehrfach. Desinteresse endet tragisch, als kleineres Kind in den Bach fällt. Kurzgeschichte ermahnt Leser, sich um gelungene Beziehung zu Kindern zu bemühen. Idealerweise ist Familie ein Ort harmonischen Zusammenseins, in dem Kinder auf Unterstützung und Vorbild der Eltern angewiesen sind und darauf vertrauen können.

Seite 22

4

In den Medien wird häufig berichtet, dass Eltern und Kinder in der modernen Gesellschaft kaum miteinander sprächen und das Verständnis füreinander immer weniger werde.	*Zum Thema hinführender Gedanke (Anknüpfen an aktuelle Gegebenheit), Begründung für nachfolgende Untersuchung*
Wohin kann solch eine „Sprachlosigkeit" führen?	*Aufwerfen einer übergreifenden Themenfrage, die Leseanreiz bietet.*
Helga Maria Novaks Kurzgeschichte „Schlittenfahren" aus dem Jahr 1968 hat genau diese Problematik zum Thema.	*Anreißen des Themas von Novaks Kurzgeschichte, Nennung von Textart, Titel und Erscheinungsjahr*
Es lohnt sich deshalb, den Text gründlicher zu betrachten.	*Begründung der Textauswahl*
Der Inhalt der Geschichte ist dabei schnell umrissen:	*Überleitung zum Erschließungsteil*

5 *Lösungsvorschlag:*
Aufschwung, Konsum und heile Welt – war in den 1960er-Jahren alles in Ordnung? Dass sich schon damals Risse in der bürgerlichen Familie zeigten, beweist Helga M. Novaks Kurzgeschichte „Schlittenfahren" aus dem Jahr 1968. Sie hat die Frage zum Thema, was aus Familien wird, in denen Sprachlosigkeit und fehlendes Verständnis herrschen.

6 *Beispiele für Verknüpfungen:*
Bereits ein Blick auf den Inhalt der Geschichte belegt dies.
Dabei erscheint die Geschichte auf den ersten Blick recht einfach.
Die Handlung verläuft dabei wie folgt/ist dabei wie folgt aufgebaut.
Um dies zu zeigen, entwirft die Autorin folgende Handlung ...
Die Kurzgeschichte erreicht dies mit Hilfe einer durchdacht entworfenen Handlung ...

Seite 23

7 *Beispiele für Schlussgedanken:*
- *Die „Erziehungsmethoden" des Vaters in der Geschichte werfen die Frage auf, ob es nicht sinnvoll wäre, Menschen, die Eltern werden wollen, erst einmal einen „Erziehungsführerschein" machen zu lassen.*
- *Die Kurzgeschichte regt zum Nachdenken an und beweist, dass Literatur Gegenwartsprobleme aufzeigen und zu öffentlichen Diskussionen beitragen kann.*
- *Es handelt sich hier um eine Kurzgeschichte von hoher literarischer Qualität, da sich die einfache, beinahe primitive sprachliche Gestaltung als ideales Mittel erweist, um die behandelte Problematik zu unterstreichen.*

8 *Lösungsvorschlag:*
Berücksichtigen Sie beim Ausformulieren des Aufsatzes Ihre Lösungen zu den Aufgaben auf Seite 16 bis 21, für die Sie bereits alle inhaltlich erforderlichen Teile erarbeitet haben.

Seite 26

3 *Mögliche Schlüsselwörter:*
Regel aller Erziehung; Zeit ... verlieren; Schulgeschichte Deutschlands; Zeitverbrauch durch Bildung; Befreiung von Erwerbsarbeit; tradierte Schulbildung; kleine Zahl; Jungen; breite Masse; Bildungsbegrenzung; Industriegesellschaft; 1816 bis 1915; Ausdehnung von Bildungszeiten; zusehends kritisch gesehen; demografische Entwicklung; immer weniger Erwerbstätige; deutsche Bildungssystem; Vorverlagerung des Einschulungsalters; Modularisierung; Studiengänge; Eintrittsalter; abzusenken; Lebensarbeitszeit; erhöhen; Zeitsparpolitik; „Risikogruppe"; Hauptschul- und Sonderschulen; Potenzial; vergeudet; Bildungspolitik; Ausschöpfung der Potenziale aller

4 *institutionalisierte Bildung = Bildung im Rahmen gesellschaftlich anerkannter Organisationen / Humanisierung = die menschenwürdigere, sozialere Gestaltung / Katechismus = christlicher Glaubensunterricht; Lehrbuch für denselben / Akademiker = jemand mit abgeschlossener Universitäts- oder Hochschulausbildung / legitimieren = für gesetzmäßig/berechtigt erklären / Demografie = Bevölkerungswissenschaft / Bachelor-Master-Struktur = Bachelor: niedrigster Universitätsabschluss in angelsächsischen Ländern, Master: auf dem Bachelor aufbauender, nächsthöherer Universitätsabschluss (zunehmend in Deutschland etabliert) / Modularisierung = Einteilung (hier: der Studieninhalte) in Elemente, die geschlossene Einheiten sind und untereinander ausgetauscht werden können / Sozialisation = Prozess der Einordnung des Individuums in die Gesellschaft, Übernahme gesellschaftlich bedingter Verhaltensweisen*

5 *Der Text thematisiert die Ausdehnung der Bildungszeit in Deutschland seit dem 19. Jahrhundert, die aktuellen Gegenmaßnahmen der Bildungspolitik angesichts demografischer Probleme und deren Folgen für hoch qualifizierte und gering qualifizierte junge Menschen.*

6 *a) – c) (c) = unterstrichen*

1. (Z. 1–3) Philosophische Maxime zur Erziehung: „Erziehung heißt, Zeit zu verlieren" (Aufklärung/ Rousseau)

2. (Z. 3–26) Historischer Rückblick: 19. und 20. Jahrhundert, Verlängerung der Schulzeit gilt als Fortschritt, bedeutet weniger Kinderarbeit, mehr Freiheit und Selbstbestimmung; drei Faktoren wichtig für Entwicklung: 1: altes, elitäres Schulsystem genügt nicht mehr, Industrie benötigt breite Masse gut ausgebildeter Arbeiter; 2: neuer Umgang mit Zeit nötig, Schule gewöhnt Menschen an veränderte (lineare) Zeitstruktur der Industriegesellschaft; 3: extreme Bevölkerungszunahme zwischen 1816 und 1915 schafft Spielraum

3. (Z. 27–38) Beispiele für Ausdehnung der Bildungszeit: Bismarck schloss Studium mit 21 ab, heutiger Student im Schnitt mit 28, in 1950er Jahren beendete Lehrling Lehre mit 16, heute mit 22/23 Jahren

4. (Z. 38–45) Kritik an langer Bildungszeit: heißt lange wirtschaftliche Abhängigkeit, weniger Selbstständigkeit für das Individuum

5. (Z. 45–55) Demografische Entwicklung: laut Bevölkerungsprognose bis 2032 immer weniger Erwerbstätige, immer mehr Rentner, wachsende Nachfrage nach Menschen mit mittlerer bis hoher berufl. Qualifikation, daher lange Bildungszeit problematisch

6. (Z. 56–70) Maßnahmen der deutschen Politik: frühere Einschulung, Verkürzung der Schulzeit, Einführung v. Bachelor-Studiengängen u. Modulen, mehr Krippenplätze, Kindergartenplätze, Ganztagsschulen, sollen Mangel an qualifizierten Erwerbstätigen entgegenwirken, Lebensarbeitszeit von Qualifizierten verlängern

7. (Z. 71–89) Einseitige Bildungspolitik: beschränkt sich auf Zeitsparen bei mittleren u. höheren Bildungswegen, Sonder- u. Hauptschüler bleiben ohne Perspektiven, ihre Möglichkeiten werden nicht ausgeschöpft

8. (Z. 90–101) Folgen der politischen Maßnahmen: Jugendliche müssen sich zwei völlig verschiedenen Welten anpassen: Qualifizierte stehen unter ständigem Zeit- und Leistungsdruck, Nichtqualifizierte können ihre überschüssige Zeit nicht nutzen

Seite 27

7 *a)*

Textstelle	***Sprach- und Stilebene***	***Wirkung***
	Satzebene: *überwiegend hypotaktischer Satzbau, lange Sätze, viele Satzgefüge*	*Text wirkt anspruchsvoll, wissenschaftlich, für elitäre Leserschaft gedacht*
„lässt sich ... beschreiben" (Z. 4–6); „wurde ... begriffen" (Z. 7 f.); „war gekennzeichnet" (Z. 13); „wurden gebraucht" (Z. 25 f.); „wird ... gedeutet" (Z. 39 f.); „wird ... gestützt" (Z. 46); „wird begleitet sein" (Z. 49 f.); „Verschärft wird ..." (Z. 53); „wurde ... gezogen" (Z. 58 f.); „wird ... gestellt" (Z. 78); „wird ... gehoben, ... vergeudet" (Z. 79 f.); „werden ... sozialisiert" (Z. 93 f., 94 f.); „werden ... aufgehoben, ... befördert" (Z. 96 f.); „wird ... gewährt" (Z. 99)	*viele Passiv-Konstruktionen*	*vor allem die weniger qualifizierten Jugendlichen erscheinen nicht mehr als handelnde Individuen, sondern als passive Opfer der Umstände*
„fortwährend gesteigerten" (Z. 5); „reservierten" (Z. 10); „sich entwickelnden" (Z. 16 f.); „zum Ausdruck kommende" (Z. 38); „sich abzeichnenden" (Z. 56); „eingeschlagenen" (Z. 71); „heraufziehenden" (Z. 85)	*viele Partizipkonstruktionen*	*Information wird komprimiert, Sätze sind nicht leicht zu lesen*
vgl. Lösung zu S. 26 Aufg. 4	***Wortwahl/ Wortschatz:*** *viele Fremdwörter und Fachbegriffe*	*Text wirkt wissenschaftlich fundiert, Zielgruppe ist gebildete Leserschaft*

„Vom Luxus langen Lernens“ (Überschrift)	***rhetorische Stilmittel:*** *Alliteration*	*deutet Antwort auf die daran anschließende rhetorische Frage an: lange Bildungszeiten sind Luxus, d. h. nicht lebensnotwendig; es stellt sich die Frage, ob sich die Gesellschaft einen derartigen Luxus überhaupt leisten kann/sollte*
„Wie viel ... verwenden?“ (Untertitel)	*rhetorische Frage*	*impliziert, dass es Obergrenze geben sollte, dass ein Mensch die Länge seiner Bildungszeit (z. B. Studium) nicht völlig autonom bestimmen dürfen sollte*
„Bildungszeit war ... vor die Füße gefallen, musste nicht eigens ..., war geschenkte Zeit“ (Z. 30–32)	*Metapher* *Parallelismus*	*Entwicklung hatte nichts mit Verdiensten oder Bemühungen der Bildungsinstitutionen zu tun*
„Bildungszeit ... türmt sich bedrückend ... auf“ (Z. 43–45)	*Metapher* *Personifikation*	*negativer Eindruck von Bildungszeit als Hindernis, das junge Menschen erdrückt*
„Auffangbecken“ (Z. 81) *„in den schier endlosen Warteschleifen des Übergangssystems“ (Z. 96 f.);* *„von Maßnahme zu Maßnahme befördert“ (Z. 97)*	*Metapher* *Hyperbel* *Metapher* *Metapher*	*das Übergangssystem erscheint als reine Verwahranstalt für „überflüssige“ junge Menschen* *verstärkt negativen Eindruck* *System bietet kein Vorankommen, nur unproduktive Zeitverschwendung; Menschen erscheinen wie austauschbare Massenware auf einem Förderband*
„Auch sie lernen fürs Leben: *Sie lernen, ihre Zeit totzuschlagen.*“ *(Z. 98)*	Ironie *Parallelismus* *Umgangssprache*	*Bezug auf Sprichwort „Nicht für die Schule, sondern für das Leben lernen wir“: scharfe Kritik daran, dass das System bestimmte Menschen zur Nutzlosigkeit, zu einem unbefriedigenden Leben verdammt*
„Kellerkindern des Bildungssystems“ (Z. 99); *„Kinder in den Vorzeigeetagen des Systems“ (Z. 100)*	*Metapher* *Metapher*	*Kritik am Bildungssystem, das ganze Gruppe jg. Menschen vernachlässigt und ein Zwei-Klassen-System ist*
„Zeit zu gewinnen, sondern Zeit zu verlieren“ (Z. 2 f.); „herkömmliche Schulbildung ... Gymnasialbildung für wenige Jungen (!), für die breite Masse ... Bildungsbegrenzung“ (Z. 14 f.); „sprunghaften Zeitgestaltung einer Agrargesellschaft ... fortlaufenden Zeit der Industriegesellschaft“ (Z. 20 f.); „Bismarck ... 21. Heute ... 28 Jahren“ (Z. 32–34); „Fünfzigerjahren ... Lehrling ... 14, ... Heute ... 19 ...“ (Z. 35–37); „kaum mehr als Fortschritt gedeutet, sondern zusehends kritisch gesehen“ (Z. 39 f.); „wirtschaftlichen Abhängigkeit ... längst selbstständig“ (Z. 43 f.); „Verringerung ... Anstieg ... immer weniger Erwerbstätige ...gestiegenen Zahl älterer Menschen“ (Z. 49–53); „Ihr Potenzial wird nicht gehoben, sondern vergeudet“ (Z. 78 f.); „... nicht auf Zeitgewinn, sondern auf das Aufsaugen überschüssiger Zeit“ (Z. 83 f.); „Sie werden damit ... Ganz anders werden ...“ (Z. 93–95); „So wird den Kellerkindern ... zu leisten haben“ (Z. 99–101)	*Häufung von Gegensätzen*	*Problemstellung wird besser greifbar, Kritik verschärft*
„[...] formulierte Rousseau als ‚oberste, wichtigste und nützlichste Regel aller Erziehung‘, dass es nicht gelte, Zeit zu gewinnen, sondern Zeit zu verlieren“ (Z. 1–3)	***Formen der Redewiedergabe:*** *Zitat* *indirekte Redewiedergabe im Konjunktiv*	*provokante These einer historischen Persönlichkeit weckt das Interesse, Diskussion wird in historischen Rahmen eingebettet, Zitat unterstreicht wissenschaftlichen Anspruch*

Text ist durch viele Substantive gekennzeichnet	***Stilebene/ Schreibweise:*** *Nominalstil*	*Text wirkt wissenschaftlich, sachlich, objektiv, aber auch statisch und trocken*
Z. 1–26	*sachliche Passage*	*Daten, Zahlen und Fakten belegen die Aussage und untermauern den wissenschaftlichen Anspruch*
Ausrufungszeichen (Z. 34, 38)	*wertende Passage (vor allem Z. 27–45)*	*rüttelt den Leser auf, unterstreicht den Kontrast zwischen früher und heute*
Z. 45–70	*sachliche Passage*	*Zahlen und Fakten stützen die Argumentation, Aufzählung von pol. Maßnahmen wirkt objektiv*
Z. 71–89	*argumentierend-wertende Passage*	*Einseitigkeit der pol. Maßnahmen wird herausgestellt u. kritisiert*
Z. 90–101	*ironisch-wertende Passage*	*Kritik des Autors an den gesellschaftl. Folgen der Maßnahmen wird besonders deutlich*

b) Lösungsvorschlag:
Die Intention des Autors ist es, den Lesern seine Sichtweise des Sachverhalts nahezubringen, seine Schlussfolgerungen nachvollziehbar zu machen und die Leser letztendlich von seiner Meinung zu überzeugen. Die sprachlich-stilistische Gestaltung des Textes hat die Funktion, die Leser im Sinne der Autorintention zu beeinflussen.

8 *These C*

Seite 28

9 *Lösungsbeispiel:*

- **Bildungssystem ungerecht**
  - **Bildung im Dienste der Industrialisierung**
    - Aufklärung: Bildung braucht Zeit
    - 19./20. Jh.: zunehmende Institutionalisierung
      - Bildung als Emanzipation
      - Befreiung von Erwerbsarbeit
      - Schule statt Kinderarbeit
  - **Bildungsphase zu lang**
    - 1836: Studium mit 21 abgeschlossen (z. B. Bismarck)
    - 1950: Lehre mit 16 abgeschlossen
    - heute: im Durchschnitt Studienabschluss mit 28, Abschluss der Ausbildung mit 22/23
    - absehbarer Mangel an qualifizierten Erwerbstätigen, demografische Entwicklung: weniger Erwerbstätige, mehr Rentner
    - Nachfrage nach qualifizierten Erwerbstätigen steigt
  - **Zwei-Klassen-Bildungssystem**
    - Zeitsparpolitik bei Menschen mit mittlerer und höherer Qualifikation
      - frühere Einschulung
      - Abitur nach Klasse 12
      - Verkürzung des Studiums
      - Ausbau von Krippen, Kindergärten, Ganztagsschulen
    - keine Strategien für gering oder gar nicht Qualifizierte
      - schwache Schüler werden in Haupt- und Sonderschulen abgeschoben
      - geraten in Mühlen des Übergangssystems

10 *Lösungsbeispiel (traditionelle Gliederung)*

A. ***Das deutsche Bildungssystem unter der Lupe: Klaus Klemms Artikel „Vom Luxus langen Lernens" in der ZEIT (02. 08. 2007)***

B. ***Warum das Bildungssystem ungerecht ist – eine Analyse***

I. Vergangenheit, Gegenwart und Folgen des dt. Bildungssystems – Inhalt und Textaufbau
1. *Einstieg über Rousseaus „Regel aller Erziehung"*
2. *Bildung im Dienste der Industrialisierung*
3. *Ausdehnung der Bildungszeit von 1836 bis heute – Beispiele*
4. *Folgen der Ausdehnung für das Individuum*
5. *Bevölkerungsprognose und Bildungszeit*
6. *Verkürzung der Bildungszeit, Verlängerung der Lebensarbeitszeit – Maßnahmen der Politik*
7. *Mangel an politischen Strategien für gering und nicht Qualifizierte – Potenzialvergeudung im Übergangssystem*
8. *Folgen des Bildungssystems für Qualifizierte und gering/nicht Qualifizierte*

II. Wissenschaftlich-sachlicher Stil und wertende Ironie – die sprachlichen Besonderheiten und ihre Funktion
1. *Sachliche Darstellung der historischen Entwicklung und der politischen Maßnahmen*
2. *Wertende Darstellung der Auswirkungen des Bildungssystems auf das Individuum*
3. *Strukturierung des Textes durch Gegensätze*
4. *Satzbau, Wortwahl und Nominalstil bestärken wissenschaftlichen Anspruch*
5. *Wertung durch rhetorische Mittel*

III. Appell an den gebildeten Leser
1. *Die historischen Wurzeln der Misere und ihre demografische Verschärfung*
2. *Nachteile für alle Seiten – die aktuelle Lage*
3. *Deutsche Bildungspolitik als Zwei-Klassen-Politik*

C. ***Welche Maßnahmen sind denkbar, um das System wieder gerechter zu machen?***

Seite 29

11 *Lösungsvorschlag:*
A. *In seinem Artikel „Vom Luxus langen Lernens" aus der ZEIT vom 02.08. 2007 zeichnet der Schulforscher Klaus Klemm nach, wie historische und demografische Entwicklungen in Deutschland zusammen mit politischen Maßnahmen zu einem ungerechten Bildungssystem führten.*

12 *Lösungsvorschlag:*
B. I. *Klemm schlägt in acht Abschnitten den Bogen vom Ende des 18. Jahrhunderts bis zur Jetztzeit. Rousseaus Maxime, dass Erziehung bedeute, „Zeit zu verlieren" (Z. 2 f.), leitet einen historischen Rückblick auf das 19. und 20. Jahrhundert ein, Jahrhunderte, in denen Bildung im Dienste der Industrialisierung stand. Die Industrie benötigte gut ausgebildete Arbeiter, daher mussten das traditionell-elitäre Schulsystem erweitert und die Schulzeit verlängert werden (Z. 13–17). Die Bildungszeit dehnte sich fortan immer weiter aus, sodass ein Universitätsabsolvent heute im Durchschnitt sieben Jahre älter ist als zu Bismarcks Zeiten (Z. 33 f.). Diese Ausdehnung bringt für das Individuum allerdings verlängerte wirtschaftliche Abhängigkeit und Unselbstständigkeit mit sich (Z. 44 f.). Aber die demografische Prognose für die nächsten 25 Jahre lässt lange Bildungszeiten als problematisch erscheinen: Immer weniger Erwerbstätigen werden immer mehr Rentner gegenüberstehen, während auf dem Beschäftigungsmarkt die Nachfrage nach Menschen mit mittlerer bis höherer Qualifikation kontinuierlich steigen wird (Z. 47–55). Die deutsche Politik versucht, dieser Entwicklung durch die Verkürzung der Bildungszeit und Verlängerung der Lebensarbeitszeit entgegenzusteuern (Z. 56–66). Diese Maßnahmen schließen jedoch, wie Klemm konstatiert, die Gruppe der gering oder nicht Qualifizierten, der Sonder- und Hauptschüler aus, die in Überbrückungsmaßnahmen abgeschoben werden (Z. 74–81). Die Folge ist ein ungerechtes Zwei-Klassen-System, in dem Qualifizierte unter ständigem Zeit- und Leistungsdruck stehen, während kaum Qualifizierte lediglich ein Übermaß an Zeit „totschlagen" (Z. 93–98) müssen.*
II. *Sprachlich bewegt sich Klemms Artikel zwischen wissenschaftlicher Sachlichkeit und wertender Ironie. Die Abschnitte zur historischen (Z. 3–26) und demografischen (Z. 46–55) Entwicklung sowie zu den politischen Maßnahmen (Z. 56–70) wirken durch die Aufzählung von Zahlen, Daten und Fakten objektiv, sie untermauern den wissenschaftlichen Anspruch und stützen Klemms Argumentation. Sie wechseln sich mit Passagen ab, in denen der Autor seine Sichtweise des Sachverhalts auf ironisch-wertende Weise darstellt. So sind die im dritten Abschnitt (Z. 27–37) angeführten Beispiele für das zunehmende Alter von Hochschulabsolventen und Auszubildenden schon allein durch die Ausrufungszeichen (Z. 34, 38) wertend. Im vierten Abschnitt (Z. 38–45) verdeutlicht der Autor durch den Einsatz von Metaphern und Personifikationen die negativen Auswirkungen einer langen Bildungszeit auf das Individuum, im siebten (Z. 71–89) und achten (Z. 90–101) Abschnitt kritisiert er die Einseitigkeit der politischen Maßnahmen und bringt die Folgen des ungerechten Bildungssystems für die Gesellschaft mithilfe von Metaphern und Ironie scharf auf den Punkt. Dank der Ausgewogenheit zwischen sachlichen und wertenden Passagen erscheint Klemms Abhandlung wissenschaftlich fundiert, bezieht aber zugleich eindeutig Position. Dabei sind es vor allem Gegensatzpaare, die sich wie ein roter Faden durch den Text ziehen und ihn strukturieren. Schon das Zitat von Rousseau, mit dem Klemm seinen Artikel einleitet, stellt einen Gegensatz auf, nämlich denjeni-*

gen zwischen verlorener und gewonnener Zeit, der für den weiteren Verlauf der Argumentation so wichtig ist. Im zweiten Abschnitt wird die elitäre Bildung für eine Minderheit (altphilologisches Gymnasium für Jungen, Z. 13 f.) mit der Bildungsbegrenzung für die Mehrheit (Volksschule, in der nur Lesen, Rechnen und der Katechismus gelehrt werden, Z. 15) kontrastiert. Die Agrargesellschaft steht der Industriegesellschaft, die sprunghafte Zeit der fortlaufenden Zeit gegenüber. Gegensätze dienen dazu, die Problemstellung herauszuarbeiten und für den Leser besser greifbar zu machen. So heben die Gegensätze „Bismarck – heutiger Student" und „Lehrling der 1950er Jahre – Auszubildender heute" im dritten Abschnitt die Ausdehnung der Bildungszeit hervor, während der Kontrast zwischen „wirtschaftliche[r] Abhängigkeit" (Z. 43) und „fehlender Selbstständigkeit" (Z. 44) im vierten Abschnitt die negativen Konsequenzen für den Einzelnen verdeutlicht. Klemm nutzt besonders im siebten und achten Abschnitt Gegensätze, um die Folgen der bildungspolitischen Maßnahmen der letzten Jahre zu kritisieren: Das „Potenzial" der weniger qualifizierten Jugendlichen wird „nicht gehoben, sondern vergeudet" (Z. 79), weil das gegenwärtige System „nicht auf Zeitgewinn, sondern auf das Aufsaugen überschüssiger Zeit angelegt ist" (Z. 83 f.). Auf diese Weise entsteht eine zweigeteilte Gesellschaft: hier die „Kellerkinder" (Z. 99), denen beigebracht wird, dass ihre Zeit ohne Wert ist, dort die „Kinder in den Vorzeigeetagen des Systems" (Z. 100), die „ohne Rast und Muße" (Z. 100) ständig Leistung bringen sollen. Die einen haben zu viel Zeit, die anderen zu wenig, aber beide Seiten verlieren Lebensqualität.

Klemms Artikel ist sprachlich anspruchsvoll, er enthält viele Fremdwörter und Fachbegriffe (z. B. „Leitmotiv", „institutionalisierte Bildung" u.v.a.m.) und wirkt dadurch wissenschaftlich fundiert. Der überwiegend hypotaktische Satzbau (z. B. Z. 42–45, 63–65, 72–76, 85–89) mit langen Sätzen und Satzgefügen sowie vielen Partizipien (Z. 5, 10, 16 f., 38, 56, 71, 85) komprimiert die Informationen, sodass beim Lesen erhöhte Aufmerksamkeit nötig ist. Eine Häufung von Passiv-Konstruktionen (z. B. Z. 4 ff.: „lässt sich ... beschreiben", Z. 13: „war gekennzeichnet", Z. 39 f.: „wird ... gedeutet") lässt den Eindruck von Objektivität entstehen. Dazu trägt auch der Nominalstil bei – Klemm verwendet auffallend viele Substantive. Durch die gehobene Wortwahl, den komplizierten Satzbau und den gelehrten Stil wird nicht nur in den sachlichen Abschnitten, sondern auch in den wertenden Passagen der Eindruck erweckt, dass es sich um einen gründlich recherchierten, wissenschaftlichen Artikel handelt.

Um seine Sichtweise des Problems darzulegen, verwendet Klemm vor allem in den wertenden Abschnitten rhetorische Stilmittel. Doch bereits die Überschrift des Artikels ist eine Alliteration. „Vom Luxus langen Lernens" weist darauf hin, wie der Verfasser die sich anschließende rhetorische Frage „Wie viel Lebenszeit darf ein Mensch auf Bildung verwenden?" beantworten würde: Luxus ist nicht lebensnotwendig, sondern etwas, das über das normale Maß hinausgeht. Wenn Klemm lange Bildungszeiten als Luxus bezeichnet, stellt er damit auch die Frage, ob sich der Einzelne und die Gesellschaft dieses Übermaß leisten können oder sollten.

Nach den ersten beiden, weitgehend sachlichen Abschnitten fasst Klemm im dritten Abschnitt die Ausdehnung der Bildungszeit im 19. und 20. Jahrhundert folgendermaßen zusammen: „Bildungszeit war den Einrichtungen der öffentlichen Erziehung gleichsam vor die Füße gefallen, musste nicht eigens legitimiert werden, war geschenkte Zeit" (Z. 30 ff.). Die Metapher „vor die Füße gefallen" und der Parallelismus („Bildungszeit war ..., musste ..., war ...") betonen, dass diese Entwicklung nicht das Ergebnis aktiver Bemühungen der Erziehungsinstitutionen war, sondern diesen sozusagen in den Schoß fiel. Wie die „Beschenkten" mit der geschenkten Zeit verfuhren und weiterhin verfahren, macht Klemm in den folgenden Vergleichen zwischen Bismarck und einem heutigen Studienabsolventen bzw. zwischen einem Lehrling der 1950er Jahre und einem Auszubildenden heute deutlich. Die Altersverschiebung um sechs bis sieben Jahre erscheint ihm offenbar so ungeheuerlich, dass er sie mit Ausrufungszeichen versieht (Z. 34 u. 38).

Seine Kritik an langer Bildungszeit verstärkt Klemm im vierten Abschnitt. Die Formulierung „Das [...] Ausmaß des Verbrauchs von Lebens- durch Bildungszeit" (Z. 38 f.) erweckt den Eindruck, dass die Bildungszeit das Leben beeinträchtigt und man während dieser Zeit nicht wirklich lebt. Dann nimmt Klemm die „Perspektive junger Menschen" (Z. 40 f.) ein und stellt die Folgen langer Bildungszeiten für das Individuum aus ihrer Sicht dar. „Bildungszeit [...] türmt sich bedrückend auf in einer Lebensphase, in der junge Menschen eigentlich längst selbstständig sein [...] wollen" (Z. 42–45). Eine Metapher („türmt sich ... auf") und eine Personifikation („bedrückend") lassen Bildungszeit hier als Hindernis erscheinen, das junge Menschen erdrückt und ihrer Selbstständigkeit im Weg steht. Klemm kritisiert allerdings nicht nur lange Bildungszeiten, sondern auch die politischen Maßnahmen, durch die sie verkürzt werden sollen. Im siebten und achten Abschnitt prangert er die Einseitigkeit dieser Maßnahmen an, die zu einem ungerechten Bildungssystem geführt haben. Während bei den Bildungsgruppen mit mittlerer und höherer Qualifikation eine „Zeitsparpolitik" (Z. 73) angewendet wird, um der „demografische[n] Schrumpfung" (Z. 53) und der steigenden Nachfrage nach qualifizierten Erwerbstätigen zu begegnen, mangelt es der Politik nach Klemms Meinung an geeigneten Konzepten für die Gruppe der gering oder gar nicht Qualifizierten. Sie landen im „Auffangbecken" (Z. 81) des Übergangssystems. Diese Metapher deklariert das Übergangssystem zu einer reinen Verwahranstalt, in der die betroffenen jungen Menschen zu einer gesichtslosen Masse werden und wie der „nutzlose" Beifang in einem Fischernetz erscheinen. Die Kritik an dieser Situation steigert Klemm im achten Abschnitt noch einmal deutlich, wenn er von den „schier endlosen Warteschleifen des Übergangssystems" (Z. 96 f.) schreibt, in denen junge Menschen „von Maßnahme zu Maßnahme befördert" (Z. 97) werden. Die Hyperbel „schier endlosen" verstärkt zusammen mit den Metaphern „Warteschleifen" und „befördert" den Eindruck, dass in diesem System kein Vorankommen, sondern nur unproduktive Zeitverschwendung möglich ist. Vor dem Auge des Lesers entsteht das Bild von austauschbarer, völlig passiver Menschenware, die von einem Förderband durch die verschiedenen Abteilungen einer Fabrik geschleust wird. Dabei geht es jedoch nur darum, „überschüssige [...] Zeit" (Z. 84) zu absorbieren, nicht darum, etwas Sinnvolles zu schaffen. Voller Ironie stellt Klemm fest: „Auch sie [diejenigen, die die Warteschleifen durchlaufen] lernen fürs Leben: Sie lernen, ihre Zeit totzuschlagen" (Z. 97 f.). Damit greift er das Sprichwort „Nicht für die Schule, sondern für das Leben lernen wir" auf und stellt mittels Parallelismus („sie lernen", „Sie lernen") und der Verwendung von Umgangssprache die Frage: Was ist das für ein Leben, in

dem es nur darum geht, auf irgendeine Weise die nutzlos gewordene eigene Lebenszeit „totzuschlagen"?
Im letzten Satz seines Artikels bringt Klemm seine Kritik durch einen Gegensatz und eine Metapher auf den Punkt. Das ungerechte deutsche Bildungssystem schafft eine Zwei-Klassen-Gesellschaft: hier die „Kellerkinder", denen zwar „nutzlose Muße in Fülle gewährt" (Z. 99) wird, die aber nichts damit anzufangen wissen, dort die „Kinder in den Vorzeigeetagen des Systems", die „ohne Rast und Muße in weniger Zeit mehr zu leisten haben" (Z. 100 f.). Die einen stehen in der Hierarchie ganz unten, werden vernachlässigt und unterfordert, die anderen gehören der Mittel- und Oberschicht an, werden gefördert – und überfordert.
***III.** An gebildete Leser der Mittel- und Oberschicht wendet sich auch Klemm mit seinem Artikel, wie nicht nur aus der sprachlich-stilistischen Gestaltung, sondern schon daraus ersichtlich ist, dass der Text mit einem Zitat von Rousseau beginnt, ohne zu erläutern, wer Rousseau war. Klemm setzt dieses Wissen bei der Leserschaft voraus und bettet seine Argumentation sogleich in einen historischen Kontext ein. Seiner Meinung nach liegen die Wurzeln des Problems in der Schulentwicklung des 19. und 20. Jahrhunderts, die im Zuge der Industrialisierung zu immer längeren Bildungszeiten führte. Diese Problematik wird durch die Bevölkerungsentwicklung verschärft. Klemm will die Leser aufrütteln und sie davon überzeugen, dass die aktuelle Lage für alle Seiten nur Nachteile hat. Er sieht die deutsche Bildungspolitik in der Verantwortung, weil sie einseitige Maßnahmen ergreift, statt die „Leistungsmöglichkeiten aller jungen Menschen" (Z. 88) auszuschöpfen. Durch die geschickte Mischung von sachlichen und wertenden Passagen und einen Sprachstil, der den Anspruch auf Wissenschaftlichkeit erhebt, versucht Klemm, die Leser so zu beeinflussen, dass sie sich auf seine Argumentation einlassen und letztendlich zu denselben Schlussfolgerungen kommen – nämlich, dass die deutsche Politik neue Konzepte entwickeln muss, damit alle jungen Menschen ihrem Leistungsvermögen gemäß gefördert werden und sich in die Gesellschaft und das Erwerbsleben einbringen können.*
***C.** Wie diese Konzepte aussehen könnten, machen uns die meisten anderen Länder vor. Ein derart undurchlässiges Schulsystem wie in Deutschland gibt es in kaum einem anderen Land. Wer hier erst einmal auf der Sonder- oder Hauptschule gelandet ist, hat so gut wie keine Chance mehr „aufzusteigen". Die starre Trennung in Hauptschule, Realschule und Gymnasium verlangt Eltern und Kindern schon früh eine Entscheidung ab, die nur schwer rückgängig zu machen ist. Die Einrichtung von Gesamtschulen seit den 1970er-Jahren war ein Schritt in die richtige Richtung, doch so lange es im Übrigen bei der Dreiteilung bleibt, wird es keine grundlegende Veränderung geben.*

13 *Schluss A*
Mögliche Begründung:
***Schlussvariante A** fasst im Gegensatz zu den anderen Varianten noch einmal klar und deutlich Klemms Position zusammen, bewertet sie in angemessen sachlichem Stil und enthält auch eine abrundende Bemerkung.*
***Schlussvariante B** ist sachlich falsch, da sie von einer Darlegung des Autors ausgeht, die dieser nie getroffen hat. Klemm behauptet in seinem Artikel keineswegs, dass „in immer weniger Zeit immer mehr gelernt werden muss".*
***In Schlussvariante C** wird der Artikel bewertet („Professor Klemm stellt die Situation zu negativ dar".), jedoch fehlt eine kurze Erläuterung, wie „die Situation" laut Klemm überhaupt aussieht. Außerdem geht es Klemm nicht um die Frage, wie viel und auf welche Weise gelernt werden muss, um den Anforderungen der Wissensgesellschaft zu genügen, sondern um die Auswirkungen des ungerechten deutschen Bildungssystems.*

Seite 30

1 *a) Informationsgesellschaft; b) Information, Wissen; c) Legen Sie dar, warum ...; d) eingliedrig; e) Warum ist Information nicht gleichbedeutend mit Wissen?*

2 *b) Erst durch Wissen sind allerorts verfügbare Informationen erschließbar.*

Seite 32

6

B. Information ist nicht gleichbedeutend mit Wissen
- *I. Informationsmasse ist nicht verarbeitbar*
  - *1. Menge der Informationen nimmt stetig zu*
  - *2. Gehirn ist überfordert*
  - *3. Informationen sind oft unverständlich*
- *II. Informationen sind zum Teil unzuverlässig*
  - *1. Informationen können einseitig oder falsch sein*
  - *2. Informationen müssen gefiltert werden*
  - *3. Hinter Informationen stehen Interessen*
- *III. Wissen ermöglicht Informationsverarbeitung*
  - *1. Wissen ordnet Informationen*
  - *2. Wissen beurteilt Informationen*
  - *3. Wissen macht Informationen erst verwertbar*

7 *a) A eigene Beobachtungen und Erfahrungen mit Allgemeingültigkeit*
B analoge Schlussfolgerung

Seite 33

8 *Mögliche Überarbeitung:*
Zunächst muss man vorausschicken, dass eine Information alles Mögliche sein kann: eine Nachricht, ein Hinweis, eine Gebrauchsanweisung etc. Festhalten muss man auch, dass vereinzelte Informationen wenig aussagekräftig sind, wenn man sie nicht verknüpfen kann.
Dazu kommt noch, dass unsere Welt immer komplizierter wird und die Informationstechnologien immer vielfältiger und schneller werden. Damit werden auch die Informationen, die auf uns einwirken, immer mehr. Weil unser Gehirn nicht alle Informationen verarbeiten kann, müssen wir angesichts dieser Informationsflut eine zielgerichtete Auswahl an Informationen treffen, die für uns nutzbar sind. Um die Folgen zu verdeutlichen, sei ein Vergleich erlaubt: In den Zeitungen war dieser Tage zu lesen, dass nach einer Studie des amerikanischen Marktforschungsinstitutes Nemertes voraussichtlich schon im Jahr 2010 die weltweiten Serverknotenpunkte unter der Last der Informationen zusammenbrechen werden, die dort weitergeleitet werden. Ein ungesteuertes Zuviel bewirkt Stillstand. Ähnlich kann man sich dies auch

in einem Gehirn vorstellen, das ohne zielgerichtete Auswahl von einem Zuviel an Informationen überfordert wird. Daraus folgt, dass eine Masse an Informationen keineswegs gleichbedeutend mit einer Masse an Wissen ist, sondern im Gegenteil auch dazu führen kann, dass wir vollkommen abschalten, weil wir überfordert sind.
Erschwerend wirkt, dass über viele Dinge einseitig berichtet wird oder auch falsche Informationen weitergegeben werden. Um trotzdem Richtiges vom Falschen zu unterscheiden, ist Wissen nötig. Das beste Beispiel dafür sind Wahlkampfzeiten, in denen die Medien dann Unterschiedlichstes über ein und denselben Sachverhalt berichten. Erst ein schon vorhandenes Wissen schafft den Hintergrund, in den man neue Informationen einordnen und bewerten kann.

Seite 34

9 *Stichworte zu möglichen Einleitungen:*
***aktuelles Erlebnis:** Jeder durchschnittliche Schultag überhäuft Schüler mit Informationen. Gerade heute Morgen habe ich wieder gespürt, dass ich manchmal, darin unterzugehen drohe. / **Annäherung über das Gegenteil:** Man könnte annehmen, dass man in unserer modernen Wissensgesellschaft gar nicht genug Informationen bekommen kann. Doch man benötigt nicht einfach viel, sondern das Richtige. Aber wie findet man das heraus? / **allgemeine Feststellung:** Bildung ist der Schlüssel zur Welt. / **Zitat eines Experten:** In der Psychologie meint Informationsverarbeitung die Prozesse, die den Zusammenhang zwischen Wahrnehmung, Gedächtnis, Denken und Handeln bei der Lösung von Problemen gewährleisten, klärt Professor Huber von der Universität Zürich auf. Informationen allein helfen dem Menschen also nicht weiter, wenn er ein Problem lösen will. / **Definition des Schlüsselbegriffs:** Als „Informationen" kann man alles bezeichnen, jede Art von zufälligem In- oder Output eines Systems. „Wissen" dagegen meint zielgerichtet erschlossene und nutzbar gemachte Information. Wie verhalten sich nun diese beiden Vorstellungen in unserer gesellschaftlichen Realität zueinander? / **historischer Rückblick:** In früheren Jahrhunderten, ja Jahrtausenden der Menschheitsgeschichte gab es keine Zeitung, kein Radio, kein Fernsehen – was man wusste, hatte man vom Nachbarn oder von Durchreisenden gehört. Oder man ging los und brachte selbst etwas in Erfahrung, das von Belang war.*

10 *Lösungsvorschläge:*
***persönlicher Wunsch oder Forderung:** Vor dem Hintergrund der entfalteten Argumente fände ich es mehr als angemessen, wenn der Staat ab sofort mehr Geld in die Bildung der Bürger investieren würde. / **Ausblick:** Weil Wissen so überaus wichtig ist, um in unserer an Informationen so reichen Welt zurechtzukommen, ist es mehr als sinnvoll, für eine vernünftige Schulbildung der nachwachsenden Generationen zu sorgen. / **Hinweis auf ein verwandtes Thema:** Ähnlich wie wir alle angesichts eines Zuviels an Informationen müssen sich kleine Kinder bei einem Überangebot an Spielzeug fühlen. / **Aufgreifen eines Einleitungsgedankens:** Abschließend kann man sagen, dass sich trotz Überangebot an Informationen gegenüber den Zeiten ohne Medien wenig geändert hat: Damals wie heute muss ein mündiger Mensch „losgehen" und selbst in Erfahrung bringen, was für ihn von Belang ist. (s. o. – historischer Rückblick) / **eigene Stellungnahme:** Ich finde es toll, dass wir heutzutage Zugriff auf ein schier unendliches Angebot an Informationen haben. Ich weiß, was mich interessiert, und ich bekomme schnell heraus, was mich weiterbringt.*

11 *In diesem Kapitel finden Sie Anregungen für die Ausformulierung eines jeden Teils einer steigernden Erörterung, von der Gliederung bis zum Schlussgedanken.*

Seite 35

1 *a) Familie; b) Scheidungsrate, Patchworkfamilie, Pflegenotstand, Traditionsmodell, Zukunft; c) Diskutieren Sie Grenzen und Möglichkeiten der traditionellen Familie in unserer Gesellschaft. d) Hat das Traditionsmodell „Familie" Zukunft?*

2 *a) „Familie" meint im engeren Sinne die Lebensgemeinschaft von Eltern mit unselbstständigen Kindern. Im weiteren Sinne schließt der Begriff auch die Verwandtschaft ein. Die Familie ist die verbreitetste soziale Gruppe im menschlichen Zusammenleben. Ihre Form und Einbettung ist abhängig von gesellschaftlichen Ordnungen. Die Familie ist der wichtigste Rahmen für die Sozialisation nachwachsender Generationen.*

*b) **Scheidungsrate:** Das Verhältnis zwischen geschlossenen und geschiedenen Ehen in einem bestimmten Zeitraum. / **Patchworkfamilie:** Familien, in denen Kinder leben, zu denen ein Elternteil keine biologische Verwandtschaft und auch kein Pflege- oder Adoptionsverhältnis hat (früher: Stieffamilie). / **Pflegenotstand:** Akuter Personalmangel, v. a. in der Altenpflege. / **Traditionsmodell:** Althergebrachtes, überliefertes Modell menschlichen Zusammenlebens. / **Zukunft:** Wird die Familie, in der beide Elternteile mit ihren gemeinsamen biologischen Kindern leben, auch weiterhin gesellschaftlich praktiziert werden?*

Seite 36

3 *Mögliche Aspekte für die Stoffsammlung:*

Möglichkeiten	***Grenzen***
– stabile emotionale Zuwendung – wichtigste Sozialisationsinstanz – Erwerb von sozialem Verhalten – Erziehung von Kindern – wirtschaftliche Erhaltung und Absicherung – Daseinsvorsorge bei Krankheit und Alter – Verteilung von Lebensrisiken – gesetzlicher Schutz	*– Gefühle vergänglich, Ehen zerrütten – Kinder lernen vom Vorbild der Eltern, das ist nicht immer ein förderliches – Eltern sind mit Erziehung alleingelassen – Kinder verursachen Kosten, verfügbares Einkommen sinkt – Lebenshaltungskosten so hoch, dass beide Eltern arbeiten müssen – Pflege behinderter, kranker oder alter Menschen schränkt ein – strukturelle Risiken (z. B. Arbeitslosigkeit) betreffen ganze Familie – ungerechte und ausufernde Versorgungsverpflichtungen*

4 *Mögliche Aspekte für die Stoffordnung:*

Möglichkeiten	*Grenzen*
Wirtschaftliche Situation	
– *wirtschaftliche Erhaltung und Absicherung* – *Daseinsvorsorge bei Krankheit und Alter* – *Verteilung von Lebensrisiken*	– *Kinder verursachen Kosten, verfügbares Einkommen sinkt* – *Lebenshaltungskosten so hoch, dass beide Eltern arbeiten müssen*
Erziehungsfunktion	
– *wichtigste Sozialisationsinstanz* – *Erwerb von sozialem Verhalten* – *Erziehung von Kindern*	– *Kinder lernen vom Vorbild der Eltern, das ist nicht immer ein förderliches* – *Eltern sind mit Erziehung alleingelassen*
Gesellschaftliche Situation	
– *die meisten Kinder wachsen in traditionellen Familien auf* – *Geschiedene gründen neue Familien: Patchworkfamilie* – *gesetzlicher Schutz der Familie*	– *Scheidungsrate steigt* – *Zahl der Alleinerziehenden steigt* – *Pflege behinderter, kranker oder alter Menschen schränkt ein* – *strukturelle Risiken (z. B. Arbeitslosigkeit) betreffen ganze Familie* – *ungerechte und ausufernde Versorgungsverpflichtungen* – *Fachkräfte übernehmen soziale Verpflichtungen kompetenter*
Soziale Funktion	
– *stabile emotionale Zuwendung* – *bewährte Rollenverteilung*	– *Gefühle vergänglich, Ehen zerrütten* – *Selbstbestimmungsrecht ohne Ehe höher* – *unflexible soziale Beziehungen* – *starre Rollenverteilung*

Seite 37

6 *Gliederungsvorschlag:*

B. Möglichkeiten und Grenzen des Traditionsmodells Familie

I. Grenzen des Traditionsmodells Familie
- *1. Steigende Scheidungsraten*
- *2. Wirtschaftliche Einschränkungen*
- *3. Soziale Alternativen*

II. Möglichkeiten des Traditionsmodells Familie
- *1. Wirtschaftliche Vorteile*
- *2. Stabile Erziehungsfunktion*
- *3. Gesellschaftliche Stabilität*

III. Traditionsmodell mit Zukunft

Seite 38

7 *A (1) Andererseits (Gegenargument)*
B (1) Denn (Begründung); (2) Wenn (Bedingung)
C (1) Folglich (Folgen); (2) obwohl (Gegenargument)

Seite 39

8 *Das Zusammenleben von Menschen als Familie hat wirtschaftliche Vorteile. Das beste Beispiel dafür ist ein sehr naheliegendes: Leben zwei oder mehr Menschen in einer Wohnung, zahlen sie nur einmal Miete und nicht mehrfach. Natürlich muss man einräumen, dass die Erziehung von Kindern eine hohe finanzielle Investition mit sich bringt. Verteilt man diese jedoch auf mehrere Schultern, sei es durch doppeltes Einkommen, sei es durch Betreuung zu Hause ohne zusätzliche Kosten, so wird es leichter, diese Verpflichtungen über viele Jahre hinweg zu bewältigen. Außerdem sollte man nicht vernachlässigen, dass der Gesetzgeber für die traditionelle Familie Steueranreize geschaffen hat, die ein Zusammenleben als Ehepaar finanziell begünstigen.*
Das herausragendste Argument für die Zukunft der Familie ist ihre gesellschaftliche Bedeutung, denn die traditionelle Familie vermittelt die Werte und Normen, die die gesamte Gesellschaft tragen. Seit jeher lernen Kinder im Familienverband auf unkomplizierte Weise Regeln für das soziale Zusammenleben kennen, die sie durch ihr ganzes Leben begleiten. Fachleute wie zum Beispiel Entwicklungspsychologen betonen, dass es sehr wichtig ist, dass Kinder in einem stabilen und emotional verlässlichen Rahmen aufwachsen. Dabei spielt es keine Rolle, wie groß die Familie ist, in der sie leben. Zudem sollte man abschließend als weiteren wichtigen Aspekt beachten, dass Familien in der Regel größere soziale Systeme sind, die Onkel, Tanten, Großeltern und deren Familien einschließen. Der Begriff Familie umfasst also weit mehr als nur die traditionelle Ehe, in der Kinder großgezogen werden. Schließlich sind wir alle auch Kinder von Eltern, was diesen gegenüber eine Fürsorgeverpflichtung einschließt. Werden Eltern alt und gebrechlich, stellt sich die Frage nach einer angemessenen Pflege. Sofern die Beziehungen intakt sind und positive Gefühle füreinander gegeben, ist eine Pflege durch die Kinder sicher wünschenswert. Zudem sollte man bedenken, dass alte Menschen viel Zuwendung benötigen, die sie in Pflegeheimen bisweilen nicht bekommen können. Verwandtschaftliche Beziehungen sichern, so haben Soziologen herausgefunden, eine belastbarere Unterstützung in Notlagen als zum Beispiel die Freunde eines Menschen. Das gilt selbst dann, wenn die gefühlsmäßigen Bindungen belastet sind. Der Volksmund hat dafür ein Sprichwort geprägt: „Blut ist dicker als Wasser."

Seite 40

9 *Die traditionelle Familie hat sich überlebt. Obgleich das Statistische Bundesamt für das Jahr 2006 ermittelte, dass drei Viertel (74 Prozent) aller Familien in Deutschland Ehepaare mit Kindern waren, scheint die Stabilität zumindest der Familienform „Ehe" in der modernen Gesellschaft rückläufig zu sein. Im Jahr 2003 lag die Scheidungsrate bei 43 Prozent, nur 57 von 100 Ehen blieben also bestehen. Kinder großzuziehen, schränkt die persönliche Entscheidungsfreiheit ein*

und ist außerdem eine sehr teure Angelegenheit. Darum sollte man Verständnis dafür haben, dass sich immer mehr Menschen dagegen entscheiden, obwohl Kinder natürlich andererseits viel Freude machen und Glück schenken. Aber man muss sich dieses Vergnügen auch finanziell leisten können. Betrachtet man zudem das Scheidungsrecht, wird einem schnell klar, wie weit man sich finanziell durch die Versorgungsverpflichtungen festlegt. Böswillig überspitzt könnte man zusammenfassen, dass man sich mit der Gründung einer Familie von jeder persönlichen Freiheit verabschieden kann – wirtschaftlich wie sozial.
Junge Menschen haben zudem zunehmend weniger Interesse daran, sich auf starre Rollenverteilungen festlegen zu lassen. Das belegt beispielsweise die regelmäßig erscheinende Shell-Jugendstudie. Und es gibt ja Alternativen zur traditionellen Familie: Die in der Vergangenheit eher familiären Pflichten wie die Kindererziehung oder die Pflege kann man zum Beispiel ebenso gut in die Hände ausgebildeter Fachkräfte legen. Das System „Familie“ legt den Einzelnen viel zu fest. Man muss sich doch klarmachen, dass verantwortungsbewusste Menschen, die in Beziehungen auf Zeit miteinander leben, viel flexiblere soziale Netze aufbauen können. Ein weiterer Vorteil ist nicht zu leugnen, nämlich, dass man sich soziale Bindungen selbst aussucht, während man die Familie unwiderruflich „in die Wiege“ gelegt bekommt – unabhängig von Sympathie oder Antipathie.

Seite 41

10 *Die persönliche Meinung des Verfassers (Standpunkt) wird deutlich formuliert. Aber das Fazit geht nicht auf bereits genannte Aspekte ein und es ist eher abschweifend ausformuliert. Insgesamt ist es nicht gelungen.*

11 *Lösungsvorschlag:*
Trotz aller einleuchtenden Gegenargumente steht für mich unwiderruflich fest, dass die dargelegten wirtschaftlichen, sozialen und gesellschaftlichen Vorteile des Traditionsmodells „Familie“ für seine Zukunft sprechen.

Seite 42

12 *Lösungsvorschlag:*
Familie und Familienpolitik tauchen ständig in den Schlagzeilen auf, ob es nun um die niedrige Geburtenrate und hohe Rentnerzahl in Deutschland oder um das Betreuungsgeld geht, das Eltern erhalten sollen, die sich zu Hause um ihre Kinder kümmern möchten, statt sie in eine Krippe zu schicken. In den Medien wird über Anreize zur Familiengründung und verbesserte Familienförderung diskutiert. Doch gehen die Maßnahmen des Staates und die öffentliche Diskussion nicht vielleicht an der Realität vorbei? Hat das Traditionsmodell „Familie“ überhaupt noch Zukunft?

13 *Lösungsvorschlag:*
Es gibt allerdings keinen Grund, warum die Politik weiterhin einseitig nur die traditionelle Familie fördern sollte. Auch die Alternativen, z. B. Seniorenwohngemeinschaften oder gleichgeschlechtliche Partnerschaften mit (Adoptiv-)Kindern, sollten an den finanziellen Vorteilen teilhaben. Erst dann hat jeder die freie Wahl, wie er sein soziales Umfeld gestalten will.

Seite 43

14 ***Genaue Fragestellung:** Schließen wirtschaftlicher Erfolg und Umwelt- und Klimaschutz einander aus?*
***Schlüsselbegriffe für die Stoffsammlung:** Autoindustrie, Energiehunger, Abholzung der Regenwälder für Viehfutteranbau, Billiglohnländer, Erdöl, Tanker, Umweltverseuchung, globale Erwärmung, regenerative Energien (Solarenergie, Wasser-, Windkraft), Recycling, umweltverträglich erzeugte Nahrung*
***These:** Wirtschaftlicher Erfolg geht stets zu Lasten von Umwelt und/oder Klima.*
***Gegenthese:** Wirtschaftlicher Erfolg und Umwelt-/Klimaschutz sind durchaus miteinander vereinbar.*

Seite 44

1 *Lösungsvorschlag:*
***Eigene Argumente:** Eine Schulfahrt bringt nicht nur Spaß, sondern fördert auch den Zusammenhalt und die soziale Kompetenz der Schüler. Zudem dient sie der Allgemeinbildung, da sie immer auch ein kulturelles Programm beinhaltet. Wir alle erhalten neue Impulse, die wir später im Unterricht aufarbeiten können.*
***Wir kennen Ihre Bedenken:** Natürlich ist eine Schulfahrt nicht ganz billig und führt zu Unterrichtsausfall. Außerdem fürchten viele Eltern, dass ihre Söhne und Töchter während dieser Zeit „über die Stränge schlagen“.*
***Wir glauben, dass wir sie entkräften können:** Die Fahrtkosten lassen sich auf ein für alle verträgliches Maß reduzieren, indem man ein nahegelegenes Reiseziel und eine preisgünstige Unterbringung wählt. Außerdem möchten wir einen Flohmarkt und/oder ein Benefizkonzert veranstalten und die Einnahmen für die Fahrt verwenden. Der Unterrichtsausfall wird durch den Erwerb von Lebenserfahrung und das kulturelle Programm wettgemacht. Wir können die Ängste der Eltern gut verstehen, bitten sie aber, uns zu vertrauen.*
***Schlussappell:** Sie erinnern sich bestimmt an die Fahrten, die Sie während Ihrer eigenen Schulzeit unternommen haben, und wissen, wie schön und wertvoll diese Erfahrung für Sie war. Lassen Sie uns gemeinsam eine Lösung finden, damit auch wir diese Erfahrung machen können.*

Seite 45

2 *..., damit du in deiner Bewerbung darauf eingehen kannst und bei einem eventuellen Vorstellungsgespräch weißt, wovon du redest.*
..., dass du ihre Anforderungen erfüllen kannst, indem du eine fehlerfreie, aussagekräftige Bewerbung einreichst,

pünktlich und angemessen gekleidet zu dem Vorstellungsgespräch erscheinst und auf höflich-freundliche Weise Selbstsicherheit demonstrierst.
..., weil dich die Branche schon immer interessiert hat, weil dein späterer Berufswunsch hier zu verwirklichen wäre, weil dein Hobby mit dem Produkt der Firma zu tun hat.
..., indem du dich erkundigst, ob und in welchen Berufen das Unternehmen ausbildet.

Seite 46

1 *b) Erarbeiten Sie [...] und klären Sie die Position des Autors. Berücksichtigen Sie [...] Formulieren Sie [...]*

c) Auf der Grundlage der Textanalyse soll man sich mit Ecos Vorschlag auseinandersetzen, überlegen, welche Folgen er hätte, und Stellung dazu nehmen.

Seite 48

3 *a) Zur Lösung dieser Aufgabe notieren Sie, was Sie bereits zum Thema wissen, führen die Schlüsselwörter auf und klären Ihnen unbekannte Wörter.*
***Thema des Textes** ist die Frage, ob die im Jahr 1994 als neu geltenden elektronischen Technologien gedruckte Bücher überflüssig machen könnten.*

4 *subjektiv-wertende Textpassagen:*
Z. 6–13, 14–23, 34 f.

5 *c)*

Argumente pro Buch	***Argumente pro CD-ROM/Computer***
– Bücher sind unersetzlich, z. B.: liefern sie Informationen auch dort, wo es keine Möglichkeit gibt, Computer zu benutzen (Boot/Kamel) – Bücher sind die angemessene Form für manche Inhalte und Situationen, z. B.: in der Natur Gedichtbände lesen, nicht auf dem Monitor (Leopardi)	*– CD-ROMs oder Computer sind praktisch und leicht, z. B. als Ersatz für mehrbändige Lexika (leicht, schnell, platzsparend, z. B.: philosophische Enzyklopädie, Brockhaus, Meyer) – dauerhafter als Papier, z. B.: nicht von Zersetzung betroffen – kann große Datenmengen speichern und bewahren (Inhalt und Form von Büchern) – kann Inhalt in jeder gewünschten Form aufbereiten, z. B.: gotische Schrift umwandeln – kann in kurzer Zeit ein Buch in Faksimile-Qualität ausdrucken und heften oder binden – Zentralcomputer kann Bücher speichern u. gegen Bezahlung ausdrucken – keine Raubdrucke mehr – zeit- und kostensparend, z. B.: man kann das ausdrucken, was man wirklich braucht (Seiten, Abschnitte); Computerraum ersetzt Büchereien u. Personal – macht Bücher leichter verfügbar, z. B.: vergriffene, seltene Bücher*

Seite 49

6 *a) Eco möchte die Leser von seiner Meinung überzeugen. Diese lautet, dass die Computertechnologie gedruckte Bücher nicht verdrängen, sondern im Gegenteil noch besser zugänglich machen wird.*

b) Der Autor bezieht gleich zu Anfang Position (Z. 6 f.), verkündet seine Meinung, als sei sie eine Tatsache (Z. 7–10, 34, 71 f., 18–20), und ist sehr präsent, weil er häufig von sich spricht (Z. 6, 11–14, 32, 40). Er stellt sich als gebildeten Menschen dar, der nicht nur in der europäischen Kunst und Kultur bewandert ist, sondern sich auch mit Computertechnologie auskennt, visionär denkt (Z. 40–42) und außerdem noch Humor hat (Z. 27–29).

7 *a) + b)*

	Textbeispiele/ Zeilenangaben	***Wirkung***
Satzbau *überwiegend Hypotaxe, viele Relativsätze*	*z. B. Z. 14–16, 26–29*	*Text wirkt gehoben, aber nicht wissenschaftlich*
viele Einschübe in Klammern und Gedankenstrichen	*Z. 2, 8 f., 22, 33, 36 f., 38, 46 f., 54, 60*	*Einschübe mit Beispielen und Erklärungen wirken auflockernd, als erzähle der Autor mündlich im Plauderton, sie verhindern, dass der Satzbau zu kompliziert wird*
Ellipsen	*Z. 10, 20 f., 42 f., 70 f.*	*verstärken den Eindruck des Mündlichen*
kaum Passiv- oder Partizipkonstruktionen		*Text erscheint lebendig statt sachlich-objektiv*
Wortwahl *einige Fremdwörter, die aber nur wie beiläufig eingeflochten werden, Standardsprache herrscht vor*	*„obsolet" (Z. 3, 5, 7), „Hypertext" (Z. 14), „Enzyklopädie" (Z. 24, 35), „Äquivalent" (Z. 33, 70), „Typografie" (Z. 47), „Antiquariat" (Z. 66), „Bouquinisten" (Z. 66), „Faksimile" (Z. 70)*	*Autor wirkt gebildet, Text bleibt aber verständlich*
Sprach- und Stilebene *Parallelismus*	*Z. 43 f.: „Technisch war sie noch nicht ... unmöglich war sie nicht" Z. 65-69: „Wer ... Und wer ... Aber wer ..."*	*verstärkt die Aussage, dass das scheinbar Unmögliche möglich ist hat Charakter einer steigernden Aufzählung*

viele subjektive, wertende Passagen	vgl. Lösung zu S. 48 Aufg. 4	Text wirkt nicht sachlich, sondern subjektiv, ist als Meinungsäußerung zu erkennen
Verbalstil	in diesem Text überwiegen hier die Verben	Text lässt sich leicht lesen
satirische Wendungen	„Ich entflamme auch nicht vor Begeisterung“ (Z. 14); „Und wer bitte ... zu lesen!“ (Z. 18–20); „[...] manchen heutigen Ausgaben [...] zu Staub zerfallen sein wird“ (Z. 50 f.); „[...] teurer Apparat, [...] geht“ (Z. 54); „Hat man nach der Lektüre [...], wirft man es weg. Man kann [...] neues drucken lassen“ (Z. 62–64)	Gegenposition wirkt lächerlich bekräftigt eigene Position Seitenhieb auf mangelnde Qualität Seitenhieb auf Wegwerf-Mentalität

Seite 50

8 *Lösungsvorschlag:*
Argumente pro Buch:
1. *Bücher sind unersetzlich,* ***Argument:*** *Buchverkaufszahlen sind in letzten Jahren kontinuierlich gestiegen (z. B. Popularität der „Harry-Potter“-Bände)*
2. *Bücher sind manchen Inhalten angemessener.* ***einschränkendes Argument:*** *hochkomplexe Inhalte besser z.B. als Hypertext strukturieren (Präsentation = CD oder Internet)*

Argumente pro CD-ROM/Computer:
1. *praktisch,* ***Argument:*** *gut verfügbar (z. B. in Bibliotheken)*
2. *dauerhaft,* ***Gegenargument:*** *CD-ROMs anfällig für Kratzer*
3. *erlaubt Speichern großer Daten,* ***Gegenargument:*** *Informationsüberflutung*
4. *Aufbereiten aller Formen möglich,* ***einschränkendes Argument:*** *dient nicht zwingend der Übersichtlichkeit*
5. *erlaubt Faksimile-Drucke,* ***Gegenargument:*** *technischer Aufwand ziemlich hoch,* ***Argument:*** *schafft Arbeitsplätze*
6. *keine Raubdrucke mehr,* ***Gegenargument:*** *Raubdrucke von CD-ROMs nehmen zu*
7. *zeit- und kostensparend,* ***Gegenargument:*** *Muße verliert an Wert, Entwicklung zur „Wegwerfgesellschaft“*
8. *erleichtert Verfügbarkeit rarer Exemplare,* ***einschränkendes Argument:*** *noch längst nicht jedes Buch ist digitalisiert*

9 *Lösungsvorschlag:*
Nach Abwägung aller Argumente komme ich zu dem Ergebnis, dass die von Eco im Jahr 1994 beschriebenen, neuen elektronischen Technologien die Welt der Bücher nicht ersetzt, sondern erweitert und bereichert haben. Bücher wie Lexika und Enzyklopädien mögen als CD/DVD praktischer und leichter verfügbar sein, das Buch an sich wird dadurch jedoch nicht infrage gestellt.

Seite 51

10 *Lösungsvorschlag (nummerische Gliederung):*

1 ***Einleitung:*** *Das Buch, ein technisch vollendetes Meisterwerk? Umberto Ecos Glosse gleichen Titels von 1994*
2 ***Hauptteil:***
- *2.1 Ecos Argumentation: Wiedergabe und Erläuterung*
  - *2.1.1 Warum Bücher technisch vollendete Meisterwerke sind*
    - *2.1.1.1 Bücher lassen sich nicht mehr verbessern*
    - *2.1.1.2 Bücher erfüllen eine unersetzliche Funktion*
    - *2.1.1.3 Bücher sind die angemessene Form für bestimmte Inhalte*
  - *2.1.2 Die Vorteile der neuen Technologien*
    - *2.1.2.1 Lexika auf CD-ROM: praktisch und dauerhaft*
    - *2.1.2.2 Speicherung und Bewahrung großer Datenmengen*
    - *2.1.2.3 Aufbereitung der Inhalte in jeder gewünschten Form*
    - *2.1.2.4 zeit- und kostensparend*
    - *2.1.2.5 erhöht die Verfügbarkeit seltener Bücher*
  - *2.1.3 Ecos Schlussfolgerung: neue Technologien verdrängen Bücher nicht, sondern erweitern die Nutzungsmöglichkeiten*
- *2.2 Ecos Position – nachvollziehbar und visionär?*
  - *2.2.1 Weitere Argumente für Ecos These (steigernd)*
    - *2.2.1.1 Bücher haben einen ästhetischen Wert*
    - *2.2.1.2 Die Buchform – seit 1455 unverändert*
    - *2.2.1.3 Keine Verdrängung – die Entwicklung seit 1994*
- *2.3 Fazit: Zustimmung zu Ecos These. Buch und elektronische Medien existieren nebeneinander, der Leser hat die Wahl und mehr Möglichkeiten*

3 ***Schluss:*** *Wie hat sich das Internet auf die Bücherwelt ausgewirkt?*

Seite 52

11 *a) Für eine beispielhafte Sachtextanalyse vergleichen Sie die Lösung zu Seite 29, Aufgabe 12.*

b) + c) Lösungsvorschlag:
Zunächst steht außer Frage, dass ein Buch von ästhetischem Wert ist. Der Leser liest nicht nur den Text und/oder betrachtet die Bilder, er riecht und betastet zugleich das Papier. Das Buch spricht mehrere Sinne an, ist physisch präsent und wirkt durch seine Dreidimensionalität, daher geht z. B. bei der zweidimensionalen Darstellung auf dem Computermonitor stets ein Teil der Wirkung verloren. Dazu kommt, dass

sich die äußere Form des Buches seit dem ersten Buchdruck nicht grundlegend verändert hat – Bücher werden wie im 15. Jahrhundert immer noch auf Papier gedruckt, geheftet, gebunden oder geklebt und mit einem Umschlag versehen. Besonders schwer wiegt schließlich die Tatsache, dass die neuen elektronischen Technologien das gedruckte Buch seit dem Erscheinen von Ecos Glosse 1994 keineswegs verdrängt haben, wie sich an den kontinuierlich steigenden Buchverkaufszahlen der letzten Jahre ablesen lässt. Spätestens mit dem ersten Band von „Harry Potter“ (1997) erlebte der Buchmarkt sogar einen regelrechten Boom, der bis heute anhält. In Anbetracht dieser Feststellungen erscheint mir Ecos Position nicht nur nachvollziehbar, sondern logisch und sogar visionär. Die von ihm beschriebenen Technologien haben die Welt der Bücher nicht ersetzt, sondern erweitert und bereichert. Bücher wie Lexika und Enzyklopädien mögen als CD/DVD praktischer und leichter verfügbar sein, die Existenz des gedruckten Buches wird dadurch jedoch nicht infrage gestellt. Das Buch ist nicht obsolet, dem Leser/Nutzer bietet sich heutzutage lediglich eine größere Auswahl.

Seite 53

12 *Lösungsvorschlag:*
In seiner 1994 erschienenen Glosse „Das Buch, ein technisch vollendetes Meisterwerk“ stellt Umberto Eco die These auf, dass Bücher unersetzlich sind und dass auch elektronische Medien sie nicht verdrängen werden.

13 *Lösungsvorschlag:*
Mehr als ein Jahrzehnt ist vergangen, seit Eco seine These von der Unersetzbarkeit des Buches aufstellte. Ein Jahrzehnt, in dem sich die Technologie rasant weiterentwickelte. Heute gehören Fotohandys, Digitalkameras, Blackberrys und vor allem das Internet zum Alltag. Unüberschaubar viele Bücher stehen als Volltextversionen mit bequemer Suchfunktion online zur Verfügung. Gleichzeitig steigen die Verkaufszahlen für gedruckte Bücher weiter, und es ist nicht zu befürchten, dass das Buch jemals „ausstirbt“.

Seite 54

2 *Lösungsvorschlag:*
In dem Gedicht wird jemandem gesagt, dass es sinnlos ist, vor dem Beton zu fliehen, weil dieser ihn überall umgibt. Selbst wenn man glaubt, etwas Grün gefunden zu haben, entpuppt sich dieses als künstlich – als gefärbtes Glas.
Anmerkung: Das Gedicht ist Teil eines Zyklus'. Günter Kunert lebte bis 1979 in der DDR, wo „Unterwegs nach Utopia I“ entstand, und schrieb das Gedicht „Unterwegs nach Utopia II“ unmittelbar nach seiner Übersiedelung in die BRD. Es ist denkbar, dass es in diesem Gedicht (auch) um die politischen Verhältnisse in Ost und West geht.

3 a) *Lösungsvorschlag:*
„vielleicht (V. 9)“: Alleinstellung betont eingeschränkte Wahrscheinlichkeit / „Fleck (V. 10)“: ganz klein und nur zufällig da (Alliteration „Flucht“, „findest“ und „vielleicht“) / „Halme (V. 13)“: einzelne Grashalme, jeder für sich, Isolation

b) *„grau und gründlich (V. 7)“: Alliteration, Parallelismus, der Beton ist überall, hat gründlich alles bedeckt / „Auf der Flucht findest du am Ende“: Inversion, Betonung auf „Auf der Flucht“ + „am Ende“, Ende wirkt endgültig*

4 *Lösungsvorschlag:*
Wortwahl und Satzbau tragen zum Eindruck der Hoffnungslosigkeit bei, der beim Lesen des Gedichts entsteht. Die kurzen Zeilen und die Inversionen zwingen zu einem abgehackten Lesestil, sodass jede Zeile wie eine Station auf der Flucht wirkt, ein kurzes Innehalten, bevor man weitereilt. Die Wahrscheinlichkeit, einen zufällig übrig gebliebenen Fleck Grün (= Natur) zu finden, ist nicht sehr groß, das verdeutlicht die Alleinstellung von „vielleicht“. Die exponierte Stellung von „am Ende“ deutet darauf hin, dass nicht nur die Flucht, sondern auch alles andere zu Ende ist, wenn man diesen Fleck findet. Dies bestätigt sich in den letzten drei Zeilen: Die aufkeimende Hoffnung ist nicht nur vergeblich, weil sich das Grün als genauso künstlich herausstellt wie der Beton, sondern hat auch potenziell tödliche Folgen: Wer sich in Halme aus Glas stürzt, spießt sich auf.

Seite 56

2 *Lösungsvorschlag:*
In dem Romanauszug geht ein Ich-Erzähler früh an einem Wintertag mit einer Gruppe Holzfäller in den Wald. Er wird vom Vormann in die Arbeit eingewiesen, dann allein gelassen. Da es ihm als Laien nicht gelingt, den Baum fachgerecht abzusägen, befürchtet er einen Lohnabzug.

3 *Lösungsvorschlag:*
Während der Ich-Erzähler die Tätigkeiten des Vormanns in sachlichem Stil, ohne wertende oder ausschmückende Adjektive aufzählt (Z. 19–21, 27–30), beschreibt er sein eigenes Vorgehen sehr anschaulich und mit Hilfe vieler rhetorischer Mittel (Lautmalerei, Vergleich, Bild, Personifikation).

4 b) *Aktivformulierungen:*
Z. 11: Schnee und Eis verkrusteten die Kleider. / Z. 13 ff.: Am Waldrand verloste der Vormann die Arbeitsreviere. / Z. 17 f.: [...], nach dessen Maß er die gefällten Stämme zersägen sollte. / Z. 21 f.: Als er den Stamm zur Hälfte angesägt hatte, [...] / Z. 24 f.: Ich trieb den Keil [...] in den Spalt. Z. 26 ff.: [...], dass das Gewicht des Baumes die Säge festklemmte. [...], wie ich den gefällten Baum abholzen sollte. / Z. 31 ff.: Ich konnte sie im verschneiten Gehölz nicht sehen, nur das Schaben ihrer Sägen hören, [...] / Z. 39 ff.: [...], doch nach einiger Zeit hatte es sich wieder festgefahren und ich musste den Keil weiter in den Spalt treiben. / Z. 43: [...] ich vernahm ein Zittern im Holz. / Z. 48 f.: Den zerfledderten Stumpf, [...], musste ich glattsägen.

c) *Lösungsvorschlag:*
Aktivkonstruktionen wirken dynamisch, das Subjekt erscheint als aktiv Handelndes. Passivkonstruktionen signalisieren, dass das Subjekt unbekannt oder nicht wichtig ist. Die Häufung von Passivkonstruktionen in

Weiss' Text verstärkt den Eindruck, dass sich der Ich-Erzähler der Situation ausgeliefert fühlt und keinen richtigen Bezug zur Tätigkeit des Holzfällens hat.

Seite 57

1 *b) Der Text hat zwei Sinnabschnitte (Z. 1–15, Z. 15–38).*

2 *a)* ***Indikativformen:*** *(Dampfhämmer) sind, (nicht so) ist, hereinfliegt, öffnen, entgegenatmet, hebt, begibt, entschließen kann, gibt, einherläuft, verfolgt, begreifen kann, geben, versucht, ermahnt, beschwört, hebt, küsst, erachtet, will, ist, legt, weint*
Konjunktivformen: *getrieben würde, fortsetzte, eilte hinab, stürzte, riefe, wäre, möge*

b) Lösungsvorschlag:
Im ersten Textabschnitt werden bis auf eine Ausnahme (Z. 11, „sind") nur Verben im Konjunktiv verwendet. Dies signalisiert dem Leser, dass sich die endlose, quälende Zirkusvorstellung der Kunstreiterin lediglich in den Gedanken des Erzählers abspielt, also ein Fantasieprodukt ist. Der zweite Abschnitt, in dem die Vorstellung noch einmal beschrieben wird, enthält eine viel größere Anzahl von Verben, und diese stehen bis auf zwei Ausnahmen (Z. 19, „wäre"; Z. 29, „möge") im Indikativ Präsens. Der Erzähler scheint nun die – positive – Realität zu schildern („da dies so ist", Z. 35). Doch der Konjunktiv „wäre" in Z. 19 durchbricht die Indikativkette und kann als Hinweis darauf gedeutet werden, dass die Zirkusvorstellung eben nur eine „Vorstellung", eine Illusion ist, und das Zirkuspublikum in eine Scheinwelt eintaucht. Kafka macht den Leser durch seine Verwendung von Indikativ und Konjunktiv auf die Problematik von Schein und Sein aufmerksam.

Seite 58

3 *a)*

Wenn ... würde (NS 1), *auf ... schwirrend* (NS 2), *Küsse werfend* (NS 3),

in ... wiegend (NS 4), *und wenn ... fortsetzte* (NS 5),

begleitet ... Hände (NS 6), *die ... sind* (NS 7) *vielleicht ... hinab* (HS 1),

stürzte ... Manege (HS 2), *riefe ... Orchesters* (HS 3).

NS 1 (Konditionalsatz)
NS 2 (Partizipialsatz)
NS 3 (Partizipialsatz)
NS 4 (Partizipialsatz)
NS 5 (Konditionalsatz)
NS 6 (Partizipialsatz)
NS 7 (Relativsatz)

b) Lösungsvorschlag:
Nehmen wir an: Irgendeine hinfällige, lungensüchtige Kunstreiterin würde in der Manege auf schwankendem Pferd vor einem unermüdlichen Publikum vom peitschenschwingenden, erbarmungslosen Chef im Kreise rundum getrieben. Monatelang, ohne Unterbrechung. Sie würde auf dem Pferde schwirren. Sie würde Küsse werfen. Sie würde sich in der Taille wiegen. Dieses Spiel würde sich unter dem nicht aussetzenden Brausen des Orchesters und der Ventilatoren in die immerfort weiter sich öffnende graue Zukunft fortsetzen. Es würde vom vergehenden und neu anschwellenden Beifallsklatschen der Hände begleitet. Diese Hände sind eigentlich Dampfhämmer. Vielleicht eilte dann ein junger Galeriebesucher die lange Treppe durch alle Ränge hinab. Vielleicht stürzte er in die Manege. Vielleicht riefe er das – Halt! durch die Fanfaren des immer sich anpassenden Orchesters.

c) Lösungsvorschlag:
Die Umformulierung wirkt durch die Unterteilung in mehrere Sätze wie eine abgehackte, uninteressante Aufzählung, während der ursprüngliche Text fließend und „endlos" wirkt. Der hypotaktische Satzbau voller Partizipien bildet nicht nur die unaufhörliche Kreisbewegung der Reiterin ab, sondern verstärkt auch den Eindruck zeitlicher Unbegrenztheit, der inhaltlich von Ausdrücken wie „unermüdlichen", „monatelang", „ohne Unterbrechung", „im Kreise rundum", „nichtaussetzenden", „immerfort", „fortsetzte" hervorgerufen wird.

d) Die Leserin oder der Leser muss den Satzbau und die grammatische Struktur des Textes erfassen, um ihn verstehen zu können. Sie oder er muss erkennen, dass der Text zweigeteilt ist, dass der erste Teil mit einem konditionalen Nebensatz und der zweite Teil mit einem kausalen Nebensatz beginnt, und sich auf der Grundlage der Form mit dem Inhalt auseinandersetzen.

4 *a) Lösungsvorschlag:*
Der erste Textabschnitt umfasst zwei konditionale Nebensätze, die mit der Konjunktion „wenn" eingeleitet werden (Z. 1, 6). Der Hauptsatz folgt erst in Z. 11 und wird mit „vielleicht eilte dann" eingeleitet. Die Wenn-dann-Struktur verstärkt den Eindruck, dass es sich bei dem Beschriebenen um ein Gedankenkonstrukt handelt. Der zweite Abschnitt beginnt mit einem langen Kausalsatz, der mit der Konjunktion „Da" eingeleitet wird (Z. 15), gefolgt von einem kurzen Kausalsatz, der ebenfalls mit „da" eingeleitet wird (Z. 35). Durch den ersten Nebensatz – „Da es aber nicht so ist" – wird die Geschehensdarstellung des ersten Textabschnitts negiert, während der zweite Nebensatz – „da dies so ist" – die Geschehensdarstellung des zweiten Textabschnitts bestätigt. Kafkas Wahl der Konjunktionen unterstreicht die zweigeteilte Struktur der Parabel und den Gegensatz zwischen Schein und Sein.

b) Lösungsvorschlag:
Die grammatische Struktur der Parabel legt nahe, dass das eigentliche Thema die Wahrnehmung von Wirklichkeit ist. Die Vorstellung der Zirkusreiterin wird dem Leser zweimal auf unterschiedliche Weise dargeboten,

einmal als vorgeblich irreale, endlose Quälerei, dann als vorgeblich reales, aufregend-schönes Ereignis. Doch nicht nur die Durchbrechung der Indikativkette des zweiten Abschnitts durch „wäre“ in Z. 19, sondern auch die Häufung von übertrieben wirkenden Ausdrücken (z. B. „hingebungsvoll“, „in Tierhaltung“, „über alles geliebte“, „peinlichster“, „Huldigung“) weisen darauf hin, dass die positive Darstellung des Geschehens eine Täuschung ist, dass hier nur der Eindruck von Wirklichkeit erweckt werden soll. Der Galeriebesucher beobachtet eine Theateraufführung und erliegt selbst dieser Scheinwelt, denn er versinkt „im Schlussmarsch wie in einem schweren Traum“ (Z. 36 f.), wobei das Adjektiv „schwer“ die vorgeblich heile Traumwelt des Zirkus' in Frage stellt. Die Tatsache, dass der Galeriebesucher am Ende der Vorstellung weint, „ohne es zu wissen“ (Z. 37 f.), deutet darauf hin, dass er das Spiel unbewusst durchschaut. Doch anstatt etwas zu unternehmen, resigniert er (legt das Gesicht auf die Brüstung). Man könnte die Aussage der Parabel folgendermaßen zusammenfassen: Wenn furchtbare Zustände sofort als solche zu erkennen wären, würde (vielleicht) jemand etwas dagegen unternehmen. Da sie aber meistens verschleiert werden, sodass sich der Beobachter mit einer Scheinwelt arrangieren kann (aus Bequemlichkeit, Angst ...), geschieht nichts.

Seite 59

2 *Joachim Mahlke ist im Jahr 1939 14 Jahre alt, hat abstehende Ohren, ist unauffällig, kann nicht schwimmen, nicht Rad fahren, ist vom Turn- und Schwimmunterricht befreit und wird nur zum Trockenschwimmen zugelassen.*

3 b) *Nebenordnende (und, aber, doch, weder ... noch) und unterordnende Konjunktionen (Als, weil, indem, bevor) verbinden die Haupt- und Nebensätze auf logische, flüssige Weise miteinander.*

Seite 60

c) *Lösungsvorschlag:*
Wörter aus dem Wortfeld „Wasser“ ziehen sich durch den ganzen Text und geben ihm dadurch einen gedanklichen Zusammenhang („schwimmen“, „auf- und untertauchenden“, „Hallenbad“, „Trockenschwimmen“, „Bademeister“, „Bojenleib“, „Seezeichen“, „Sand“, „Angel“, „davonschwammen“, „abgesoffenen Minensuchboot“, „Auftrieb“, „schwamm sich frei“).

4 a) *Noch bevor Mahlke das Radfahren lernte und ~~steif und verbissen, mit hochrot abstehenden Ohren und seitlich verbogenen, auf- und untertauchenden Knien~~ (adv. Best. der Art und Weise) eine ~~komische~~ (Attribut) Figur abgab, meldete er sich ~~während der Wintersaison~~ (adv. Best. der Zeit) ~~im Hallenbad Niederstadt~~ (adv. Best. des Ortes) zum Schwimmen, wurde aber ~~vorerst~~ (adv. Best. der Zeit) nur zum Trockenschwimmen ~~mit Acht- bis Zehnjährigen~~ (adv. Best. der Art und Weise) zugelassen.*

b) *Die gestrichenen Satzteile enthalten Informationen, die der näheren Beschreibung des Subjekts, also Mahlke, und seiner Handlungen dienen. Ohne diese Teile ist der Satz wenig aussagekräftig.*

5 a) *Lösungsvorschlag:*
Der Bademeister der Anstalt hieß Brösen. Er war eine typische Bademeisterfigur. Er hatte einen Bojenleib. Er hatte dünne haarlose Beine. Sie befanden sich unter dem stoffbespannten Seezeichen. Brösen musste Mahlke zuerst im Sand drillen. Dann musste er ihn an die Angel nehmen.

b) *Das Original ist ein hypotaktisches Satzgefüge mit Attributen und adverbialen Bestimmungen, das in wenigen Zeilen auf abwechslungsreiche und flüssige Weise eine Vielzahl von Informationen vermittelt. Dabei enthält der Hauptsatz („Der Bademeister der Anstalt Brösen [...] musste Mahlke zuerst im Sand drillen und dann an die Angel nehmen“) klar erkennbar die wichtigste Aussage des Satzgefüges. Die Aneinanderreihung von Hauptsätzen hingegen gibt dem Leser keinen Hinweis darauf, was die wichtigste Aussage ist. Sie lässt sich außerdem nicht flüssig lesen, sondern wirkt abgehackt, unelegant und durch die Wiederholung der immer gleichen Satzstruktur langweilig.*

6 a) *„Auftrieb bekommen“ (Z. 20) und „sich freischwimmen“ (Z. 21)*

b) *Die beiden Redewendungen aus dem Bereich „Wasser“ dienen als Metaphern der anschaulichen Beschreibung der Entwicklung Mahlkes. Sie wirken humorvoll und belustigend, der Erzähler scheint Mahlke nicht ganz ernst zu nehmen.*

7 a) *„steif und verbissen“ (Z. 7), „eine komische Figur abgab“ (Z. 9)*

b) *Die Wertung wird durch die Verwendung „negativer“ Adjektive zum Ausdruck gebracht.*

Seite 62

8 *Lösungsvorschlag:*
Der Text legt die Vermutung nahe, dass Mahlke bei dem Versuch, zur Funkerkabine des gesunkenen Minensuchbootes zu tauchen, ertrinkt. Der Ich-Erzähler Pilenz beschäftigt sich noch Jahre später in Gedanken mit diesem Ereignis (vgl. Z. 17 ff., 63 ff.).

9 *Erzähler macht sich selbst Vorwürfe: Z. 17 f.; macht Mahlke Vorwürfe: Z. 63 ff.*

10 a) *Z. 41–53, 65–70, 82–87*

b) *Ellipsen (Z. 48–50, 67 f., 82–86), Parallelismen (Z. 42–47, 52 f., 84–86), Aufzählung (Z. 47–51), Metaphern (Z. 48, 49 f., 69), Inversionen (Z. 50–53, 65–67, 69 f.), Wiederholungen (Z. 65 f., 85, 86 f.), Personifikationen (Z. 67, 69 f.), Alliteration (Z. 83 f.)*

11 a) Lösungsvorschlag:
„Wird schon halb elf sein oder noch später", sagte ich beiläufig. Mahlke murmelte: „Gar nicht mal so kalt, wie ich dachte." „Ist nachem Regen immer so", erklärte ich. „Schätze: Wasser siebzehn, Luft neunzehn", sprach Mahlke wie zu sich selbst.

b) *Der Dialog ohne Redebegleitsätze wirkt unmittelbarer. Der Leser befindet sich mitten im Geschehen. Der Dialog mit Begleitsätzen wirkt eher wie eine Erzählung und schafft Distanz zwischen dem Geschehen und dem Leser.*

Seite 63

12 a) Lösungsvorschlag:
Aber ich blieb und zählte die Sekunden. Dabei überließ ich dem Bagger, der sich voraus der Ansteuerungstonne befand, das Vorzählen. Seine Greifer wanderten und liefen auf Raupen. Ich zählte angestrengt mit. Zweiunddreißig, dreiunddreißig rostige Sekunden vergingen. Ich zählte sechsunddreißig, siebenunddreißig Sekunden. Sie hievten den Schlamm. Einundvierzig, dann zweiundvierzig Sekunden verrannen. Sie waren schlecht geölt. Der Bagger tat, was er konnte, während seine Greifer stiegen, kippten und zu Wasser gingen. Er vertiefte die Fahrrinne zur Hafeneinfahrt Neufahrwasser und half mir, die Zeit zu messen.

b) *Durch die Umformung geht der Eindruck von gehetzter, atemloser Anspannung verloren. Der Autor arbeitet mit Parallelismen, Ellipsen, Partizipialkonstruktionen und Doppelpunkten, um diese Anspannung zu erzeugen.*

13 a) *Metaphern: „rostige Sekunden", „schlammhievende Sekunden", „schlechtgeölte Sekunden"; Personifikationen: „[...] das Vorzählen", „tat [...], was er konnte", „half mir"*

b) *Pilenz verknüpft vergehende Zeit mit Baggerbetrieb, Bagger wird zur Uhr, die Greifer sind Sekundenzeiger.* **Wirkung:** *Sekunden vergehen quälend langsam, Zeit stockt, verdeutlicht Pilenz' wachsende Anspannung und ängstliche Konzentration.*

14 *Der Tempuswechsel (vom Präteritum zum Präsens) und die Tatsache, dass Pilenz Mahlke in Gedanken anspricht („daß Du") signalisieren dem Leser, dass Pilenz Mahlkes Verschwinden nicht verwunden hat. Die Ereignisse beschäftigen ihn, sind ihm gegenwärtig, er wiederholt ihren Ablauf in seinem Kopf. Im nächsten Satz wechselt er wieder zum Erzählpräteritum und spricht von Mahlke in der dritten Person. Die Inversion, die vorgeschaltete Partizipialkonstruktion und die Aufzählung von Mahlkes Körperteilen in diesem und dem folgenden Satz verdeutlichen, wie sich Mahlke Stück für Stück von Pilenz entfernt. Alliterationen („**K**opfvoran ... **K**onservendosen", „**r**under **R**ücken") verstärken diesen Eindruck. Schließlich besteht Mahlke nur noch aus einem Fuß, der eine kurze, ruckartige Bewegung ausführt. Das Entschwinden Mahlkes wird im nächsten Satz durch die Personifikation des Wassers kontrastiert. Nachdem Mahlke verschwunden ist, kehrt das Wasser zu seinen üblichen Wellenbewegungen zurück. Diese Bewegungen werden durch Lautmalerei („Wasser ... gewohnte") in Verbindung mit dem Wort „kurzwellige" (in Anspielung auf „kurzweilig") veranschaulicht. Das Spiel des Wassers ist wie immer, Mahlke hinterlässt keine Spuren – außer in der Erinnerung von Pilenz.*

15 a) Lösungsvorschlag:
Als der Erzähler verzweifelt – und vergeblich – auf ein Lebenszeichen von Mahlke wartet, hört er nur die Geräusche der Möwen. Als diese schließlich auch verstummen, wird ihm die Tragweite der Stille bewusst: Stille kann Tod bedeuten.

b) + c)
Z. 11 f.: Die Geräusche des Baggers sind nicht zu hören;
Z. 17 f.: Bild, Metapher („bohre ich mir mit selbstgedrechselter Frage im Ohr");
Z. 23–38: rhetorische Fragen, „Hoch zu den Möwen?" ist außerdem eine Ellipse; „Ich glaube nicht, zu hören, [...]": Tempuswechsel;
Z. 68–73: Chiasmus: „Die Möwen irritierten. [...] Als aber [...], irritierten mich fehlende Möwen."

Seite 64

1 *dich, hässliches, verlässliches, das schöne, wer schönes, zeit, zeit, das schöne, grund, trauer, das hässliche, dauer*

2 *Hässliches, (was) Verlässliches, (das) Schöne, Schönes, (das) Schöne, (das) Hässliche*

3 *Guten, Schönen, Baren, dank, trotz, Schreiben, Guten, Schlechten, Absurden, kurz, lang, kraft, Beobachten, bange, Treiben*

Seite 65

1 *eingerichtet haben, hindeuten, wichtigtun, leise gestellt, alarmiert ist, lange suchen, Angst haben, stecken bleiben/steckenbleiben, schwerwiegender, allgemein gültiger/allgemeingültiger, auseinandersetzen*

Seite 66

1 a) + b)
Da hören Sie den ganzen Tag die Fidschi winseln, ehrlich. [6] Neulich war ich im Nahen Osten und habe einen Tramper mitgenommen, ist doch selbstverständlich, dass ich für einen Sachsen anhalt. [6, 1] In Asien gibt es ein Gebiet, das besteht aus zwei Teilen Wasser und einem Thai Land. [1] Ob ich mich mit ihm auf eine Bangk hock, fragt mich einer. [1] Sag ich: „Nein, wegen des Erdbebens." [5] Sagt er: „Hast du Angst?" [/] Sag ich: „Ja, panisch." [6] Wohnen, das tue ich momentan in der Behringstraße bei Ruth. [5] Wobei ich auch wenigstens ab und zu in Phnomm penn. [/] Da ist eine reine Männer-WG, lauter Burma. [5] Ist aber selten wer zu Hause, ab und zu ist der Flori da, letztes Jahr war gar Kanada. [2, 2] Manchmal treffen wir uns alle beim Bügeln, Waschen oder Zähneputzen. [4] Sag ich: „Leih mir mal deinen Kamm, Botscha." [6] Ägypten mir. [/] Neulich geh ich in den Wasch-

raum, liegt so eine Art Kamel in der Botswanna, sag ich: „Was soll das?" [2, 2] Spuckt mich das Tier an(,) und es meint: „Is' Lamabad!" [3] Unterm Dach liegt seit drei Jahren ein kranker Narier. [/] Der heißt Mülheim, er leidet an der Ruhr. [2] Nebenan ist ein Lokal, da Kamerun glaublich gut essen. [2] Meistens ess ich Salat, weil meine Mama sagt, es sei gut für die Verdauung, wenn ich ab und zu mal ein Moos kau. [1, 1, 1]

Seite 67

2 *Jede Woche schickt Muhammad Yunus tausende Bedienstete auf den Weg, um Zinsen und Tilgung bei seinen Gläubigern abzuholen. Bei den Schuldnern handelt es sich meist um Frauen. Ihren Verpflichtungen trotz vieler Belastungen nachkommend(,) leben sie in Armut. Sie bezahlen dennoch stolz ihre monatlichen Raten, keineswegs auf die Boten schimpfend. Yunus' Geschäftprinzip, mit „Mikrokrediten" die Ärmsten der Armen zu unterstützen, ist einfach – und erfolgreich. Er ermöglicht es den Bauern, Düngemittel für die Felder zu kaufen oder durch die Finanzierung einer Nähmaschine eine Geschäftsidee in die Wirklichkeit umzusetzen. Ihr Schicksal selbst in die Hand nehmend (,) haben seine über sechs Millionen Kunden – 97 Prozent davon sind Frauen – eine neue Chance.*

3 *Lösungsvorschlag:*
2006 erhielt Muhammad Yunus für seine Idee der Mikrokredite den Friedensnobelpreis. Die Geschäftsidee ist einfach und doch revolutionär: Kleinkredite werden an Arme vergeben, um sie wirtschaftlich unabhängig zu machen. Die indische Bäuerin Nazma Begum erinnert sich, dass die „anderen Banken [...] nach Sicherheiten verlangt [haben], die [sie] nicht bieten" konnte. Aber, so erzählt sie voller Hochachtung, „die Grameen-Bank vertraut selbst den Ärmsten." Mit den Krediten sei es ihr möglich, „endlich über [ihr] Leben bestimmen zu können." Das Prinzip sei denkbar einfach: „Mit dem Geld", erklärt Nazma Begum, „kann ich Dünger kaufen, mehr erwirtschaften und einen Teil der Ernte am Markt verkaufen."
„Ich schenke den Menschen nichts", beteuert Muhammad Yunus, der Besitzer der Grameen-Bank, „und treibe Zins und Tilgung regelmäßig ein." Dass die Ärmsten der Armen durchaus willens sind, ihren Verpflichtungen nachzukommen, zeigt folgende Zahl: „98,7 % der Kredite", so Yunus, „werden zurückbezahlt." Die Idee war ein voller Erfolg, schließlich arbeiten für Yunus „rund 18 000 Angestellte". Aber nicht nur in Bangladesch hat sich das Prinzip durchgesetzt: Yunus ist stolz darauf, sagen zu können, dass seine Idee „mittlerweile weltweit Anerkennung und Nachahmer gefunden" hat.

Seite 68

1 *Sterben, Alten, älteren, Toten, kurzem/Kurzem, Seltsames, anderen*

2 *Richtige Varianten: zugrunde gegangen, ernst nehmen, heimsucht, Angst auslösende/angstauslösende, verloren gingen/verlorengingen*

3 *Die Menschen brauchen die Bienen dringend, denn [...]. Manche Farmer versuchen (,) die Bäume mit Hilfe riesiger mobiler Ventilatoren zu bestäuben(,) oder sie experimentieren [...]. Auf einen Satz [...] immer wieder, einen Satz, den Albert Einstein einmal gesagt haben soll: „Wenn die Biene von der Erde verschwindet, dann hat der Mensch nur noch vier Jahre zu leben; keine Bienen mehr, keine Bestäubung mehr, keine Pflanzen mehr, keine Tiere mehr, keine Menschen mehr."*

Seite 71

1 *Lösungsvorschlag:*
Sekretär Wurm erfährt in einem Gespräch mit Luises Eltern, dass beide ihn aus unterschiedlichen Gründen nicht zum Schwiegersohn haben wollen.

2 b) ***Sekretär Wurm:*** *Er will Luise heiraten und verlangt von Miller, dass er seine Tochter in diesem Sinne beeinflusst.*
Frau Miller: *Möchte, dass ihr einziges Kind den sozialen Aufstieg schafft – Luise soll Major von Walter heiraten und dadurch eine „gnädige Madam" werden.*
Herr Miller: *Will seine Tochter zu nichts zwingen und verachtet Wurm, hat aber auch Angst davor, dass dieser seiner Familie schaden könnte.*

3 a) *Z. 14, 24, 34, 44 f., 69–78, 81, 96 f., 100 f., 104–111, 117 f., 129 f., 167 f., 185 f.*

b) *Miller begrüßt Wurm nicht; versucht, seine Frau durch Beschimpfungen, Drohungen u. Tätlichkeiten zum Schweigen zu bringen (Z. 24, 34 f., 44 f., 62–65, 70 ff., 93, 117 f.); beschwichtigt Wurm, aber sagt unabsichtlich, was er wirklich von ihm hält (Z. 100, 122); redet sich in Rage, beleidigt Wurm (Z. 140); als mit Frau allein: lässt Verachtung für Wurm freien Lauf, weist Frau zurecht*

c) ***Satzform/Satzbau:*** *viele Ausrufe, Ellipsen, rhetorische Fragen, Einschübe, Inversionen, Chiasmus (Z. 132 ff.), anfangs kurze Sätze, später immer längere Satzgefüge*
Wortwahl: *umgangssprachlich bis derb („Maul", „fressen", „saufen"), aussagekräftige Adjektive (z. B. „widriger", „tückischen", „brandrot", „verhunzte", „pestilenzialischen"), einige Fremdwörter (z. B. „Musje" = Monsieur, „Matress" = Mätresse)*
sprachliche Bilder/Vergleiche: *Metaphern aus bäuerlichem Umfeld u. aus der Natur („alberne Gans", „Esel", „Wildpret", „Wettermaul", „hohle Haselnuss", „Hasenfuß", „Mausaugen", „Musje"), Bilder aus der Musik („Violoncello am Hirnkasten"), Metaphern aus der Welt der Schreibstube (Wurm ist Sekretär, daher: „Gänsekiel", „Federfuchser"); Redewendungen („Dummkopfs leiblichen Schwager", „stecken Sie den Korb ein", „in Harnisch gebracht", „Nase heften ... Marktbrunnen"); drastische Vergleiche (Z. 160–168, Wurm als Missgeburt)*
Sprachebene: *derb-deftige, ausdrucksstarke Sprache, aber Fremdwörter sowie Satzgefüge zeigen, dass Miller über eine gewisse Bildung verfügt*

d) Lösungsvorschlag:
Der Musiker Miller hat einen etwas groben, aber gutherzigen Charakter. Er möchte, dass seine Tochter glücklich ist, sich ihren Mann selbst aussucht und aus Liebe heiratet, daher entspricht er in seiner Beziehung zu ihr nicht dem Bild des typischen bürgerlichen Patriarchen jener Zeit. Seine Vorstellung von Liebe, die er in einer leidenschaftlichen Rede darlegt, könnte man fast romantisch nennen (Z. 141–149). Seiner Frau gegenüber verhält er sich allerdings nicht wie ein liebender Ehemann, er reagiert erst verärgert, dann verlegen und schließlich aufbrausend auf ihre Schwatzhaftigkeit (Z. 69), beschimpft sie und versucht, sie durch Gewaltandrohungen zum Schweigen zu bringen. Da er ein ehrlicher Mensch ist (Wurm bezeichnet ihn in Z. 81 als „Mann von Wort"), gelingt es ihm nicht, Wurm gegenüber seine Antipathie zu verbergen, obwohl er Angst hat, dass dieser ihn und seine Familie bei „Fürst und Matress und Präsident" (Z. 185) diskreditieren könnte.

Seite 73

4 ***Gespräch** Präsident Walter – sein Sohn Ferdinand: gegensätzliche Lebens- u. Wertevorstellungen; Ferdinand soll Lady Milford heiraten, seine Weigerung erregt beim Vater Verdacht / **Konflikte:** Vater-Sohn-Konflikt, für Walter ist Glück = Karriere, Macht, Einfluss am Hof, tut alles dafür (hat Vorgänger aus Weg geräumt), will über Ferdinands Leben bestimmen (Ministerium, Heirat) – Ferdinand weist Vater u. seine Wertvorstellungen zurück, kritisiert Hof u. Herrscher, Konflikt zw. gesellschaftl. Rolle als Adliger u. eigenen Wünschen, Konflikt Vernunftehe-Liebesheirat / **innerer Konflikt** Walters: er hat Heirat bereits am Hof verkündet, will nicht als Lügner dastehen*

5 *b) Lösungsvorschlag:*

Präsident Walter	***Ferdinand***
kritisiert, dass sich F. von ihm u. seinen gesellschaftl. Kreisen zurückgezogen hat (Z. 12 f.)	*betrachtet Rückzug in die Innerlichkeit als Glück (Z. 86 ff.)*
F. soll ihm seine Lebensplanung überlassen (Z. 15–18)	
geht für Macht über Leichen, rechtfertigt sein Verbrechen (Z. 29 ff.) damit, dass er es F. zuliebe getan hätte, erwartet dafür Gehorsam u. Dank von F. (Z. 44 ff.)	*verurteilt seinen Vater, findet dessen Taten abstoßend (Z. 35–40, 53–55)*
nimmt F. nicht ernst (Z. 41–44, 96 f.)	*Vater ist Speichellecker, kriecht vor dem Fürstenthron (Z. 59 f.)*
F. muss zu seinem „Glück" gezwungen werden (Z. 61–63)	*Glück liegt nicht in Äußerlichkeiten, Macht etc., sondern im Herzen (Z. 86–89)*
Macht u. Karriere am Hof sind Glück und Lebenszweck	*Walters Auffassung von Glück bringt Verderben (Z. 77–79), Hofleben basiert auf Unglück des Volkes und Neid, Furcht, Missgunst (Z. 79–84)*
Eheschließungen haben nichts mit Liebe zu tun, dienen nur der Politik	*Heirat setzt Liebe voraus (Z. 122 ff.); Lady Milford ist eine unwürdige (Z. 163) Mätresse des Fürsten, er wäre ein „Schurke", wenn er sie heiratete (Z. 111 ff.)*
will unbedingt sein Gesicht wahren (Z. 135–139)	*will offen Kritik üben (Z. 161 f.)*
verlangt absoluten Gehorsam (Z. 153–157), was F. möchte, ist ihm egal, droht ihm	*sein Vater verhält sich nicht wie ein richtiger Vater (Z. 160 f.)*

6 *Lösungsvorschlag:*
Die Szene weist das Drama vor allem durch die Figur des Ferdinand dem Sturm und Drang zu. Dieser kritisiert, obwohl er selbst dem Adel angehört, den Machthunger, die Unmoral, die Skrupellosigkeit und den Opportunismus am Fürstenhof (Z. 60, 79–84, 111, 159 ff.). Er lehnt sich auch gegen die absolutistische Obrigkeit in Gestalt seines Vaters auf und protestiert dagegen, dass er eine Vernunftehe eingehen soll (Z. 108–114, 165). Anstatt die ihm von der Gesellschaft zugedachte Rolle einzunehmen, will er seine eigenen Entscheidungen treffen und Wünsche verwirklichen (Z. 86–89), was für ein erstarktes Ichbewusstsein spricht.

Seite 74

7 ***Familie Miller:** bürgerlich, Mittelschicht; Wertvorstellungen: Ehrlichkeit, Selbstbestimmung, Zufriedenheit mit dem, was man hat (Miller), gesellschaftlicher Aufstieg (Frau Miller); Umgang: duzen einander, offen, derb, handfest*
***Präsident Walter und Sohn:** Adel, Höflinge; Wertvorstellungen: Macht, Reichtum, Erfolg (Walter), moralische Integrität, Ehre, Liebe, innere Größe (Ferdinand); Umgang: distanziert (F. siezt Vater), von Verständnislosigkeit, Drohungen geprägt*

8 *Die Willkürherrschaft des Absolutismus wird nicht nur durch die Aussagen Ferdinands kritisiert (vgl. Lös. zu Aufg. 5 c), sondern auch indirekt durch die Furcht Millers davor, dass Wurm seine Familie bei Hofe denunzieren könnte (1. Akt, 2. Szene, Z. 179–186). Zudem wird Kritik an den starren Ständegrenzen zwischen Adel und Bürgertum geübt.*

9 *Lösungsvorschlag:*
Dieser Mann soll mein Vater sein? Nur Verachtung kann ich für ihn empfinden. Was er Glück nennt – pah! – ist mir abscheulich. Eine Hofschranze ist er, ein machtgieriger Widerling. Mir will er die Mätresse des Fürsten als Ehefrau aufzwingen, dabei werd ich niemals eine andere ehelichen als meine Luise. Nur sie liebe ich, was kümmert's mich, dass sie die Tochter eines Musikanten ist. Mit ihr will ich in Frieden leben, dann können mir Fürst und Hof und Ministerium gestohlen bleiben. Was soll ich tun? Schon hat der Vater Verdacht geschöpft – wie soll ich sie schützen? Wir müssen fliehen, wir müssen ...

10 *Alternativrolle in Stichworten: Präsident handelt nicht im Interesse des eigenen Aufstiegs und Machterhalts, sondern zum Wohl von Staat und Volk; zeigt evtl. Reue für seine Taten; nimmt seinen Sohn ernst und versucht nicht, ihm seine eigene Lebensanschauung aufzuzwingen; hört ihm zu, rät ihm zu Besonnenheit, anstatt ihm zu drohen*

11 *Moritz kritisiert das Stück mit starken Worten als in religiöser, inhaltlicher und sprachlicher Hinsicht indiskutabel und greift Schiller auch persönlich an. Das Drama entspricht für ihn nicht dem Geschmack der Zeit. Da Moritz für die „Königlich privilegierte Berlinische Staats- und gelehrte Zeitung" schreibt, ist es nicht verwunderlich, dass er ein Drama, in dem Kritik an Herrschern und der Adelswelt geübt wird, nicht gutheißen kann.*

Seite 76

2 *Nach einem Autounfall, bei dem der Lebensgefährte ihrer Mutter umgekommen und die Mutter verletzt worden ist, besucht Jo die Verletzte im Krankenhaus. Der Verlust des Freundes, so hofft Jo, wird Mutter und Tochter einander wieder näherbringen. Zentraler Konflikt ist die Entfremdung zwischen beiden.*

3 *Erzählform: Ich-Erzählerin; Erzählverhalten: personal; Form der Darbietung: Figurenrede, die Ich-Erzählerin gibt Vorgang und Gedanken aus der Erinnerung wieder, zitiert dabei Äußerungen anderer Figuren. Unsicherheiten in der Rekonstruktion des Geschehenen werden z.T. benannt, z. B.: „Ich glaube, dass ich sie ..." (Z. 49 f.)*

4 *Lösungsvorschlag:*

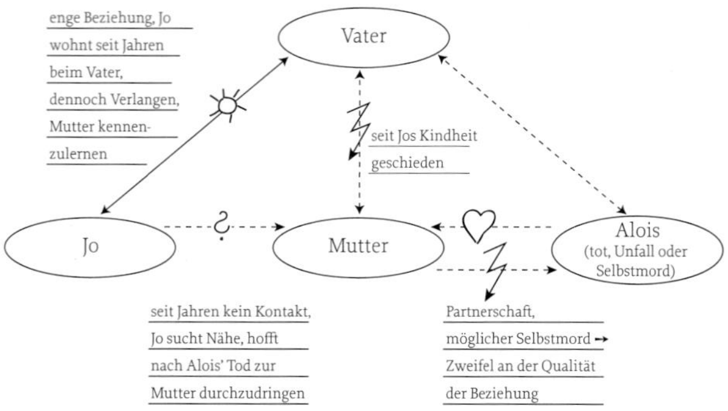

Seite 78

6 *Das Verhältnis ist angespannt; die Tochter hofft zu Beginn noch darauf, dass sich ihre Mutter öffnet, ist am Ende aber von ihr enttäuscht (kein Gespräch über Alois, Lucy hält Informationen über Vito zurück). Die Mutter ist abweisend, schweigsam und scheint undurchdringlich. Jos Versuch, sie durch Provokation zu einer Reaktion zu bewegen, scheitert. Am Ende ist die Beziehung der beiden faktisch zerstört.*

7 ***Figuren:*** *<u>Alois</u>: problematisch, schwach; wahrscheinlich Selbstmord, obwohl in eigentlich glücklicher Beziehung (Text 1, Z. 15–19, 37 f.)*
<u>Mutter</u>: problematisch, gefühlskalt, verschlossen (Text 1 Z. 7; Text 2, Z. 36 f., 51), nur nach außen stark (Text 2, Z. 49 f.); Weigerung, über Vergangenheit zu sprechen, sie zu akzeptieren (Text 2, Z. 45 f.); Weigerung, Tochter an ihrem Leben teilhaben zu lassen (Text 1 Z. 67–71; Text 2 Z. 7)
<u>Jo</u>: problematisch, auf Sinnsuche, ohne Orientierung (Text 1, Z. 70–73); Versuch zu sprechen scheitert, Erkenntnis drückt sie „wie Eisenbalken" (Text 2, Z. 57 f.)
Handlung: *Jos Assoziationen bestimmen Erzählabfolge (Text 1, Z. 46 ff.), häufig Lücken, Sprünge, scheinbar unmotivierte Einschübe, Leser muss Zusammenhang rekonstruieren (Text 1, Z. 23, Text 2, Z. 30)*
Erzähltechnik: *Darstellung aus subjektiver Perspektive Jo: personale Ich-Erzählerin mit eingeschränkter Sicht, gibt die Handlung häufig ungeordnet wieder (siehe Erinnerung an Krankenhausaufenthalt, Text 1)*

Seite 80

8 *Lösungsvorschlag:*
Z. 6 f: Wie alt er aussieht! / Z. 7: Feigling! Lügner! / Z. 9: Was interessiert mich das Kind?! / Z. 15: Oh mein Gott, er ist alt und schwächlich. Anna hat ihn fest im Griff. Hier werde ich es nicht aushalten. / Z. 18: Für das Kind hört er also auf zu qualmen! Das hätte er für mich nie getan! / Z. 20: Ich hasse sie! Was will sie von ihm? Raus hier!

Seite 81

2 *Die Stimmung ist ruhig, überlegt, abgeklärt.*

3 *Ackergaul weiß um seine Fähigkeiten (Fleiß), seine Bedeutung für die Gesellschaft und letztlich auch seine Überlegenheit über das Kutschpferd.*

4 *Die Aussageabsicht: Die Priviligierten der Gesellschaft sollten die Arbeit einfacher Leute schätzen.*
Fabel: Knappe lehrhafte Erzählung in Vers oder Prosa, in der vorwiegend Tiere in einer bestimmten Situation so handeln, dass sofort eine Übereinstimmung mit menschlichen Verhaltensweisen deutlich wird.
Der lehrhafte Charakter der Fabel kommt dem Erziehungsanspruch der Aufklärung entgegen.

Seite 82

1 *Der Ton ist bewegt, pathetisch, sogar aggressiv.*

2 *V. 2: „Sklave“: abwertend, „Ketten“: Metapher der Unterdrückung, „Silberton“: metaphorisch / V. 3: Parallelismus / V. 4: Bild: Mensch im „Joch“ (Begriff aus Landwirtschaft), „erschlafften Nacken“: Bild vom geknechteten Menschen / V. 5 ff.: „Uns ... /wir ...“: elliptische Sätze V. 8 f.: Enjambement über Strophengrenzen hinweg, „Herz der Helden“: Metonymie, emphatischer Ausdruck / V. 9: „Nektar“: Metapher (hoher Wert der Freiheit) / V. 11: „deutscher Sklaven Hände“: abwertende Metapher / V. 12: „Stahl“: Metonymie für Schwert/Auflehnung, „entnervt die Harfe“: Metonymie/Bild für wirkungslose Kunst / V. 13: „Freiheitsharfe“: Bild für Kunst, die Freiheit fordert, Neologismus (ebenso wie „Freiheitsschwert“ in V. 17) / V. 14: „Nachtorkan“: Vergleich / V. 16: „Schwerter, fliegt auf“: Bild, „Gesandten Gottes“: Personifikation und Glorifizierung der Freiheit / V. 17: „Nur Freiheitsschwert“: Anapher zu V. 13 / V. 18: „Wer ...“: Anapher zu V. 14, „flammt“: Anspielung auf Flammenschwert des Hl. Michael, der den Teufel aus dem Paradies vertrieb, „flammt ... / Wie“: emphatischer Vergleich / V. 20: „Tyrann“ und „Verderber Gottes“: abwertende Bezeichnungen für die Obrigkeit / V. 21: „wie Siegssang“: Vergleich V. 24: „eherne Herz“: Metapher / V. 1–24: „Freiheit“, „Schwert“, „Vaterland“: abstrakte Schlüsselbegriffe, die Gedicht prägen; emphatische Ausrufe, meist Anrede an abstrakte Schlüsselbegriffe*

3 ***Wilhelm Tell:** sagenumwobener schweizerischer Freiheitskämpfer und Tyrannenmörder aus der Zeit um 1300 / **Hermann der Cherusker** (auch: Arminius): geb. um 17 v. Chr., gest. um 21 n. Chr.; besiegte in der sog. Varusschlacht als Oberbefehlshaber der Germanen drei römische Legionen; Symbolfigur des Kampfes der unterdrückten Germanen gegen ihre Besatzer und somit Inbegriff des deutschen Freiheitshelden. / **Friedrich Gottlieb Klopstock** (1724–1803): zu seiner Zeit weithin bekannter und verehrter Dichter, (Mit)Begründer des nationalstaatlichen Gedankengutes (Überwindung der deutschen Vielstaaterei). / **Marcus Iunius Brutus** (85–42 v. Chr.): enger Vertrauter Cäsars, lehnte dessen Versuch ab, als König von Rom noch größere Machtfülle zu erlangen, daher Mitanführer bei der Ermordung; Brutus galt der Nachwelt als Befreier von Tyrannei und aufrechter Republikaner. / **Timoleon** (um 411–337 v. Chr.): griechischer Politiker und General; verteidigte die griechische Stadt Syrakus gegen Karthago und setzte dort eine Volksregierung auf demokratischer Basis ein. / **Stolberg** nennt also eine Reihe von Symbolfiguren (vermeintlich) demokratischen und freiheitlichen Strebens, die sich gegen Tyrannei und Unterdrückung auflehnten. Das zeigt, welchen Stellenwert Stolberg der Dichtung im Kampf um die Freiheit zugesteht.*

Seite 83

4 ***Gellert: Das Kutschpferd***

- *Unterdrückung und Ausbeutung der Untertanen (hier: des Bauernstandes) durch die Herrschenden*
- *Aufforderung an die Herrschenden, sich ihrer Abhängigkeit bewusst zu werden, die Gleichheit der Menschen anzuerkennen und vernünftig zu regieren; Aufforderung an die Untertanen, sich ihrer Würde und Bedeutung bewusst zu werden*
- *Fabel: bildhaftes Sprechen, ruhig, argumentierend, belehrend*

Stolberg: Die Freiheit

- *Unterdrückung der Menschen durch Tyrannen, Schriftsteller dienen den Herrschenden*
- *Aufruf an die Menschen im Allgemeinen und an die Dichter im Besonderen, für Freiheit einzutreten (Zielrichtung sehr abstrakt, keine Aufforderung zu einer konkreten – z. B. politischen – Tat)*
- *emotional-bewegt, aggressiv, mitreißend, impulsiv, pathetisch*

5 *schwangere, ledige Frau steht vor Gericht, will Vater nicht verraten, verteidigt sich gegen religiöse und amtliche Instanzen (die Geburt eines ledigen Kindes galt als Sünde und große Schande, die den Ausschluss aus der Gesellschaft zur Folge hatte); Frau beruft sich auf ihr Recht, sich einen Geliebten ihrer Wahl zu suchen, da sie ja auch selbst für das Kind aufkommen muss.*

6 *Das Bild einer starken, stolzen, selbstbewussten Frau, die offen zu ihrem Tun steht.*

Seite 85

9 *a) Sprecher (lyrisches Ich) gibt Gedanken wieder, die ihm bei Betrachtung einer Landschaft in den Sinn kamen, spricht (scheinbar) zu sich selbst. Ort, Zeit: nicht genauer bezeichnet, wahrscheinl. irgendwo in DDR Anfang d. 1980er-Jahre*

b) Sprecher sieht Industriegegend („Schlotfahnen“, V. 1), über ihm fliegt Lerche, erinnert ihn an die Freiheit, die ihm offensichtlich fehlt, deshalb befiehlt er ihr, still zu sein. Sprecher ist überzeugt, dass Menschen stets unterdrückt werden (V. 4), egal, welches System herrscht. Machtlose wie er können sich nur anpassen („hinkt mit“). Bei Anblick einer Distel Sinneswandel: in Betonlandschaft schafft sie es, zu wachsen und zu blühen (V. 6–9). Distel ist bestimmendes Element der Szene: um sie ist alles angeordnet (V. 9 f.), überall bahnt sie sich Weg (V. 11). Sprecher ist sicher, dass Menschen die Distel nie bändigen werden (V. 12–15), u. entwirft das abstrakte Wunschbild, dass die Distel nun endlich anfangen möge (V. 16: „Denn es wird Zeit“), die herrschenden dunklen Verhältnisse (z. B. die zu Beginn festgestellte Unfreiheit) zu durchbrechen und dem Spiel der Macht ein Ende zu setzen (V. 16–20).

10 *Distel steht womöglich für den unbequemen Menschen, der sich nicht anpasst; für unangepasstes Gedankengut, das sich nicht unterdrücken lässt.*

11 *Lösungsvorschlag:*
„schrägab zackig"; „zwitschernd überschlagend": ausdrucksstarke Adjektive und Partizipien, deuten Gegensatz an (zw. Unterdrückung u. Wunsch nach Freiheit)
„Lerche": Metapher für Freiheit, Ungezwungenheit
„Sei doch still.": Ausruf, zeigt Verzweiflung/Resignation
„Macht kommt auf Macht. Machtlosigkeit hinkt mit. Was soll sich da noch, denn zum Schlechten, ändern." zwei klare Aussagesätze: angenommene Gesetzmäßigkeiten werden genannt; Vermenschlichung eines abstrakten Begriffes; Bild unterdrückter, geknechteter Menschen wird wachgerufen
„Was […] ändern." rhetorische Frage: zeigt scheinbare Unumstößlichkeit der Feststellung
„Doch": adversative Konjunktion, „Doch" deutet Umschwung an, Satzbau unvollständig (elliptisch), es fehlt die Ortsangabe, wo die Distel steht: Leser ist zum genauen Lesen gezwungen, Umschwung wird markiert
„Purpur": Farbe/Symbol der Könige, „gefürstet": Wortneuschöpfung (Neologismus): mächtig; Distel erhält metaphorische Bedeutung
„Stachel Anmut filigran": Paradoxes Bild: anmutige, zerbrechliche Stacheln brechen Steine, zeigen Macht der ansonsten Unterschätzten
„geordnet": bildhaft: Distel in der Mitte, alles andere um sie her angeordnet
„Landschaft, Feld und Hügel": Häufung (Akkumulation): die ganze sichtbare Welt; zudem lakonischer (knapper, erstaunlich sachlicher) Ausdruck; Welt erscheint unbedeutend gegenüber der Distel
„Kommission": Umschreibung für die ausführenden Organe der Mächtigen
„Horizont mit Dynamit vergittern": Metapher: Gewalt, uneingeschränkter Wille zur Macht, die rücksichtslos durchgesetzt werden soll
„geht sie und geht": unaufhaltsam gehende Distel: Metapher für unaufhaltsame Entwicklung
„Löwe": Metapher für Mut, Treue, glanzvolle Helden; Distel als stille Schwester: Metapher (und zugleich Personifikation) für die Kraft der Distel (also der Andersdenkenden, der Aufrichtigen, …), die nicht laut brüllt wie der Löwe, aber genauso mächtig ist
„Stockwerke des Dunkels": Instanzen der zu stürzenden Macht (vielleicht Geheimdienste, Polizei, Partei, Presse, …)
„Krauts Gefieder": Anspielung auf Vogelflügel (vgl. Lerche, V. 3), Distel als Freiheitsbringerin; „zähnen": Neologismus für gezahnt
„Wunder ihrer Blüten": Bild: Distel wächst über das dunkle System hinaus, überragt und überwindet es
„Tiefe": Bild für den Bereich, in dem die einfachen Menschen, die „Hinkenden" (vgl. V. 4) leben;
„Abglanz": metaphorisch; auch für den einfachen Menschen muss/wird sich etwas ändern

12 *Die Deutungen aus Aufg. 10 und 11 werden aber ergänzt: Gemeint ist wahrscheinlich das politische System der DDR, das indirekt mit Hilfe von Naturmetaphern kritisiert wird. Stockwerke des Dunkels wären z. B. der Staatssicherheitsdienst und die von der Politik gesteuerte Presse, die Distel stünde für diejenigen, die sich diesem System nicht beugen, z. B. Künstler (Schriftsteller, Musiker, Filmemacher). Der Einzelne kann zwar in seiner Kritik behindert werden (Zensur), so wie die Distel am Wachsen gehindert werden kann, der Samen der Distel (Bücher, Lieder) aber geht immer wieder auf und überwuchert alles.*
Dass die Distel nur die „stille Schwester" des Löwen (V. 14) ist, zeigt, dass hier keine Heldentaten verlangt werden. Die Distel steht eher für das beständige Streben für eine bessere Welt, nicht für einen revolutionären Umsturz.
Indem die Metapher der Distel verwendet wird, stellt sich der Autor in eine literarische Tradition. Der Systemkritiker wird in die Nähe zum christlichen Märtyrertum gebracht. Darüber hinaus zeigt der Ausruf „Macht kommt auf Macht" (V. 4), dass das Gedicht – und damit das Wirken der Distel – auf jedes System zutrifft, in dem Menschen unterdrückt werden. Die Distel wird so zum zeitlosen Bild für den Widerstand im Stillen, im Kleinen.

Seite 86

14 ***Sprechsituation:*** *Mann fährt mit Kutsche, spricht Kutscher an. Übertragene Bedeutung: Kutschfahrt wird mit Lebensweg parallelisiert.* ***Aufbau im Detail:*** *Strophe 1: Aufbruch zur (Lebens-)Fahrt, Fahrt verläuft zwar holprig, der Reisende ist aber zuversichtlich und überschwänglich. Strophe 2: Anstieg erschwert die Fahrt, der Reisende treibt den Kutscher an, will mit Energie seine Ziele (im Leben) erreichen. Strophe 3: Ein erster Gipfel – Höhepunkt im Leben ist erreicht. Hier oben erkennt der Sprecher einen (den?) Sinn der Reise / des Lebens. Strophe 4: Dem Reisenden begegnet ein Mädchen auf der Wegstrecke, sie reicht ihm einen erfrischenden Trank. Die Liebe gibt ihm Kraft auf seinem Lebensweg. Strophe 5: Der höchste Punkt der Fahrt ist überschritten, die Sonne sinkt, es geht schnell hinab ins Tal, wo Unsicherheit (Moor, Nebel und Alter (Greis, schlotterndes Gebein) warten. Das lyrische Ich will diesen Abstieg schnell hinter sich bringen, also kein langes Siechtum, keine Gebrechlichkeit ertragen. Strophe 6: Das lyrische Ich bittet emphatisch darum, seine Reise beenden zu können, solange es noch Kraft und Lebenslust spürt. Strophe 7: Der Sprecher treibt den Kutscher an, das Ende der Reise so laut wie möglich zu gestalten (vgl. tönendes Horn). Ähnlich wie in Strophe 6 zeigt sich hier der Wille des Sprechers, nicht leise abzutreten, sondern im Vollbesitz seiner Schaffenskraft und auf der Höhe seines Ruhmes, sodass selbst die Verstorbenen im Totenreich noch beeindruckt sind.*

15 *V. 1: „Spute dich, Kronos": Personifikation der Zeit / V. 7: „Über Stock und Steine den Trott": Unebenheiten des Lebensweges (z. B. Auseinandersetzung mit Eltern, Vorgesetzen …) / V. 14–18: Gipfel des Gebirges = Gipfel des Lebens, auf dem Gipfel erahnt Mensch den „ewigen Geist" / V. 24 „schäumenden Trank" = Kraft der Liebe / V. 27: „Sonne sinkt" = ausklingendes Leben / V. 28-31: „Greisen" = alt werden; „im Moore Nebelduft": Unsicherheit, Todesahnung; „entzahnte Kiefer" (verkrüppelte Bäume im Moor* *und zugleich eingefallenes Gesicht alter Menschen) = Schrecken des Alters / V. 32–36: „letzten Strahl“: Selbstsicherheit, Erfolg; „Feuermeer“: Widerschein des Sonnenuntergangs, ruhmreiches, kurzes, heftiges Ende; „Hölle nächtliches Tor“: Tod / V. 37–41: „Orkus“: die mythologische Unterwelt, die Toten; „Wirt“: Herr der Unterwelt*

Seite 87

16 *Der Satzbau ist elliptisch und invertiert (umgestellt). Die Strophen sind zudem durch Enjambement verbunden.*
Der Satzbau soll die Unmittelbarkeit des Sprechens und das Aufrührerische, die Kraft und das emphatische Lebensgefühl des lyrischen Ichs ausdrücken. Dieser Sprecher braucht sich zudem nicht an die Konventionen, die Regeln des Satzbaus zu halten, um zu dichten. Er will den Anschein erwecken, als ob die Sätze nur so hervorsprudeln und einer eigenen, genialen Grammatik gehorchen.
Das Gedicht folgt keineswegs einem willkürlichen, sondern vielmehr einem dem Gefühlsausdruck unterstützenden, freien Rhythmus.

17 *Das Gedicht zeigt das schier grenzenlose Selbstbewusstsein eines jugendlichen Menschen, der bereit ist, die Welt zu erobern und die bisherigen Autoritäten das Fürchten zu lehren. Nichts soll ihn aufhalten, seine Ziele zu verwirklichen. Ein langsames Siechtum im Alter, ein langsamer Verfall der Kräfte (auch der schöpferischen Kräfte) ist ihm ein Graus. Sein Ziel ist es, von allen beachtet und noch auf dem Höhepunkt stehend dem Ende ins Auge zu blicken.*

18 *Das Gedicht wurde 1774 geschrieben, ist also über 200 Jahre alt und müsste daher eher traditionell erscheinen. Manche Begriffe (z. B. „Schwager“ für Kutscher, „ahndevoll“, „Labe“) entsprechen nicht mehr dem heute üblichen Sprachgebrauch. Im Gegensatz dazu wirken Bildlichkeit und Satzbau (z. B. in Strophe 5 und 6) sehr modern (elliptisches Sprechen, schwer auflösbare Inversionen), ebenso wie die freie Rhythmik und das fehlende Reimschema. Zur Zeit der Veröffentlichung galt diese Art von Dichtung als äußerst modern und neuartig. Von manchen wurde sie zu Beginn abgelehnt und als minderwertig abgetan. Die Frage nach der Modernität lässt sich also nicht pauschal beantworten. Das Gedicht war zu seiner Entstehungszeit modern und ist es in vielerlei Hinsicht heute noch.*

20 ***Sprachliche Gestaltung:** sechs unterschiedlich lange Sätze (Satz 1: Satzreihe aus zwei Sätzen), geprägt von Aufzählungen (dort z. T. auch Anaphern, vgl. V. 10–12), Relativsätzen und mit „dass“ eingeleiteten Konjunktionalsätzen; mittlere Sprachebene; Ton ist ruhig, vielleicht sogar resignativ / Bildliche Gestaltung: kaum Bilder (Ausnahme V. 24, „mit Erinnerungen prügelte“)*

21
- *Abwendung von fester Gedichtform: keine traditionelle Stropheneinteilung und Versgliederung*
- *kein Reimschema, kein festes Metrum*
- *Verwendung von Alltagssprache*
- *weitgehender Verzicht auf rhetorische Mittel und bildliche Gestaltungsmittel*

Das moderne Gestaltungsmittel der kaum oder nicht mehr eindeutig zu interpretierenden Bilder (Symbole und Chiffren) verwendet Härtling allerdings nicht.

22 *Das Verhältnis scheint gestört, beide leben in völlig unterschiedlichen Welten. Der Vater weiß um die Ablehnung durch den Sohn (vgl. V. 6 f.), hat aber erkannt, dass Belehrung nichts fruchtet. Die Lehre, die er seinem Sohn mitgeben möchte, ist letztendlich auch die Rechtfertigung für all das, was er einst getan – und vielleicht auch gelassen – hat. Offen bleibt aber, was der Vater dem Sohn „verschweigen muss“ (vgl. V. 41 f.), von welchem Krieg (vgl. V. 10) die Rede ist.*

Seite 90

2 *Text 1: Z. 1–11, 30 ff., 39 ff.*
Text 2: 10 f., 30, 46 f., 53 f., 57

3 *Text 1: B*
Text 2: B, C, D, E

4 *a) Text 1: Gesellschaft, vor allem Eltern*
Text 2: interessierte Öffentlichkeit, Mediziner, Fernsehpublikum bzw. Leser im Internet

*b) **Text 1** ist ein Bericht. Der Autor informiert sachlich-distanziert über den gestiegenen Alkoholkonsum Jugendlicher. Er nennt Zahlen und Fakten, ohne sie wertend zu interpretieren, beruft sich auf die BzgA (Z. 9, 33) und zitiert die Drogenbeauftragte der Bundesregierung (Z. 39 ff.).*
***Text 2** ist ein Kommentar. Der Autor informiert den Leser über die Zunahme von Alkoholexzessen unter Jugendlichen (Z. 15 ff., 43 ff.), nennt allerdings die Quellen für sein Zahlenmaterial nicht. Im Gegensatz zum Autor des ersten Textes kritisiert er den Alkoholkonsum Jugendlicher durch eindeutig wertende Wortwahl (Z. 1, 4 f., 30, 64), stellt die Folgen hohen Alkoholkonsums dar (Z. 40 f., 46–50) und führt Vorschläge ins Feld, wie Abhilfe geschaffen werden kann (Z. 51-60). Der Text will den Leser eindeutig zum Nachdenken anregen und ist appellativ.*

5 *a) Balkendiagramm zu Text 1, Plakat zu Text 2*

b) Das Diagramm ist ebenso sachlich-informierend und wertfrei wie Text 1, während das Plakat zum Nachdenken anregt und die Folgen übermäßigen Alkoholkonsums kritisiert.

Seite 91

1 *b) Der Text will zum Kauf animieren.*

c) *Lösungsvorschlag:*
Der Klappentext erfüllt seine Funktion, denn er reißt den Buchinhalt so an, dass die Neugier einer breiten Leserschaft geweckt wird. Der Roman erscheint nicht nur für Liebhaber spannender Thriller interessant („Autojagden, Fensterstürze ...“), sondern auch für Leser philosophischer Literatur („Suche nach Weisheit“, „Sinn des Lebens“) und für Menschen, die Liebesgeschichten mögen („von der großen Liebe“).

Seite 92

3 a) *Text A: Z. 1–16;*
Text B: Z. 10–12, 18–20, 23–28.
In Text A erfährt man mehr über den Inhalt.

b) ***Text A:*** *Z. 19–21, 25–28;*
Text B: *Z. 2 f., 6 f., 9 f., 14–17, 18–21, 28–34*
Text A: *Der Roman hat einige gute Passagen, aber die Romanwelt ist für den Leser verwirrend und die Figurenzeichnung schwach.*
Text B: *Der Autor hat das Thema des Romans nicht adäquat umgesetzt, die Handlung ist konfus, überfrachtet und langweilig, die Figuren sind eindimensional und uninteressant.*

c) *flach: eindimensional, nichtssagend, ohne Persönlichkeit; Der Traktat ...: Høeg erreicht das Gegenteil von dem, was er will; hübsche Idee: (gönnerhaft) etwas Positives hat der Roman; beamtenhaft: stur, schematisch, pedantisch*

d) ***Text A:*** *wohlwollend, positiv;*
Text B: *ironisch, messerscharf, sarkastisch*

Seite 93

2 ***Inhaltliche Aspekte:***
Z. 15–20: **Argument 2:** *Notwendigkeit einer von der Parlamentsmehrheit getragenen Regierung;*
Z. 21–34: **Argument 3:** *Bundeskanzler beurteilt die Lage kritisch; Bestätigung der Einschätzung des Bundeskanzlers durch weitere Autorität;*
Z. 35–55: **Argument 4:** *Entscheidung zur Auflösung ist wohlüberlegt;*
Z. 56–62: **Schlussfolgerung** *aus Argument 1–4, Fazit;*
Z. 73 ff.: Übergabe der Entscheidungsmacht an die Bevölkerung; Appell an Politiker, fairen und ehrlichen Wahlkampf zu führen, Appell an die Bevölkerung wählen zu gehen

Sprachlich-rhetorische Mittel:
Z. 5–6 „unser“: Wiederholung von Possessivpronomen: erzeugt Gefühl der Einheit; Z. 25–27: indirekte Rede: verdeutlicht die „Notlage“ des Bundeskanzlers; Z. 38–41: indirekte Anrede der Bevölkerung. Dank weckt „Wir-Gefühl“; vermittelt Eindruck, Meinung des Volkes sei ihm wichtig; Z. 45 f., Z. 50 f.: Wiederholung: Betonung der Rechtmäßigkeit der Entscheidung; Z. 48 f. „gehört“ – „gewogen“: Alliteration und Parallelismus: Betonung der Objektivität Köhlers; Z. 56–62: Possessivpronomen: Verdeutlichung der Verantwortung, Wecken des „Wir“-Gefühls; Z. 65: Possessivpronomen: erzeugt Gefühl der Einheit; Z. 66: Inversion: Betonung der Verantwortung der Politiker; Z. 70: Personalpronomen: erzeugt „Wir“-Gefühl; Z. 73: Wiederholung der Anrede: gibt Rede einen Rahmen, erzeugt Gefühl der Einheit

Seite 95

3 ***A:*** *2, 4, 7, 14;* ***B:*** *5, 13, 15;* ***C:*** *3, 8, 11;* ***D:*** *9, 12, 16;*
E: *1, 6, 10, 17, 18*

TIPP

Verben untersuchen: Modus

Man unterscheidet verschiedene Aussageweisen des Verbs, die Modi (Sg. Modus):

- **Indikativ** (Wirklichkeitsform), z. B.: „Das Mädchen *reitet*."
- **Konjunktiv I** wird verwendet
  - in der indirekten Rede, z. B.: Man betont, das Mädchen *reite*.
  - für Wünsche, Forderungen, Ausrufe, z. B.: „Sie *reite!* So *reite* sie doch!"
  - in festen Redewendungen, z. B.: „*Möge* es ihr *gelingen*."
- **Konjunktiv II** wird verwendet,
  - wenn eine Aussage oder Bedingung nur gedanklich Vorgestelltes ausdrücken soll, z. B.: „*Wäre* ich Prinz, so *ritte* ich dorthin."
  - für einen höflichen Wunsch oder eine Vermutung, z. B.: „*Ritte* sie?"
  - um sich in der indirekten Rede vom Inhalt einer gemachten Aussage zu distanzieren, z. B.: Man sagt, sie *ritte* nicht mehr.

1 a) *Lesen Sie die folgende Parabel von Franz Kafka.*

b) *Ergänzen Sie: Der Text hat* ________ *Sinnabschnitt/e.*

Franz Kafka

Auf der Galerie

Wenn irgendeine hinfällige, lungensüchtige Kunstreiterin in der Manege auf schwankendem Pferd vor einem unermüdlichen Publikum vom peitschenschwingenden erbarmungslosen Chef monatelang ohne Unterbrechung im Kreise rundum getrieben würde, auf dem Pferde schwirrend, Küsse werfend, in der Taille sich wiegend, und wenn dieses Spiel unter dem nicht aussetzenden Brausen des Orchesters und der Ventilatoren in die immerfort weiter sich öffnende graue Zukunft sich fortsetzte, begleitet vom vergehenden und neu anschwellenden Beifallsklatschen der Hände, die eigentlich Dampfhämmer sind – vielleicht eilte dann ein junger Galeriebesucher die lange Treppe durch alle Ränge hinab, stürzte in die Manege, riefe das – Halt! durch die Fanfaren des immer sich anpassenden Orchesters. Da es aber nicht so ist; eine schöne Dame, weiß und rot, hereinfliegt, zwischen den Vorhängen, welche die stolzen Livrierten vor ihr öffnen; der Direktor, hingebungsvoll ihre Augen suchend, in Tierhaltung ihr entgegenatmet; vorsorglich sie auf den Apfelschimmel hebt, als wäre sie seine über alles geliebte Enkelin, die sich auf gefährliche Fahrt begibt; sich nicht entschließen kann, das Peitschenzeichen zu geben; schließlich in Selbstüberwindung es knallend gibt; neben dem Pferde mit offenem Munde einherläuft; die Sprünge der Reiterin scharfen Blickes verfolgt; ihre Kunstfertigkeit kaum begreifen kann; mit englischen Ausrufen zu warnen versucht; die reifenhaltenden Reitknechte wütend zu peinlichster Achtsamkeit ermahnt; vor dem großen Salto mortale das Orchester mit aufgehobenen Händen beschwört, es möge schweigen; schließlich die Kleine vom zitternden Pferde hebt, auf beide Backen küsst und keine Huldigung des Publikums für genügend erachtet; während sie selbst, von ihm gestützt, hoch auf den Fußspitzen, vom Staub umweht, mit ausgebreiteten Armen, zurückgelehntem Köpfchen ihr Glück mit dem ganzen Zirkus teilen will – da dies so ist, legt der Galeriebesucher das Gesicht auf die Brüstung und, im Schlussmarsch wie in einem schweren Traum versinkend, weint er, ohne es zu wissen.

2 a) *Markieren Sie im Text in zwei Farben alle Indikativ- und alle Konjunktivformen. Berücksichtigen Sie dabei auch die Ersatzform mit „würde".*

b) *Führen Sie aus, welche Bedeutung die verschiedenen Modi in dieser Parabel haben. Arbeiten Sie im Heft.*

TIPP

Satzbau untersuchen
Auch der Satzbau eines Textes hat auf den Leser eine bestimmte Wirkung.
Es gibt zum Beispiel:

- **Parataxe/parataktischer Satzbau** (aneinandergereihte Hauptsätze)
  Beispiel: Jetzt bellt draußen ein Köter. Der Mond ist ein ziemliches Stück weitergerutscht. Die Lichter hinter den schwarzen Schatten in der Dunkelheit sind fast alle erloschen. Jetzt ist es stiller geworden (Rolf Dieter Brinkmann: Rom, Blicke)
- **Hypotaxe/hypotaktischer Satzbau** (längere, oft auch verschachtelte Satzgefüge aus Haupt- und Nebensätzen)
  Beispiel: Indem ich die Feder ergreife, um in völliger Muße und Zurückgezogenheit – gesund übrigens, wenn auch müde, sehr müde (sodass ich wohl nur in kleinen Etappen und unter häufigem Ausruhen werde vorwärtsschreiten können), indem ich mich also anschicke, meine Geständnisse in der sauberen und gefälligen Handschrift, die mir eigen ist, ... (Thomas Mann: Bekenntnisse des Hochstaplers Felix Krull)

3 a) *Erstellen Sie für den ersten Satz der Parabel „Auf der Galerie“ (▷ S. 57) ein Satzbauschema, indem Sie Haupt- und Nebensätze unterscheiden und die Nebensätze genau bestimmen. Arbeiten Sie im Heft.*

Wenn [...] würde,	...
NS 1 (Konditionalsatz)	NS 2 (Partizipialsatz)

b) *Formen Sie den Satz in mehrere kurze Sätze um. Arbeiten Sie im Heft.*
c) *Vergleichen Sie Ihre Umformulierung mit dem ursprünglichen Text und erklären Sie die besondere Wirkung, die der Autor durch den hypotaktischen Satzbau erreicht.*

d) *Erklären Sie, welche besondere Leistung die Leserin oder der Leser selbstständig erbringen muss, um diesen Text zu verstehen.*

4 a) *Setzen Sie die in der Parabel vorliegenden Konjunktionen in eine Beziehung zu Ihren Beobachtungen über den Modus (▷ Aufgabe 2). Arbeiten Sie im Heft.*
b) *Deuten Sie die Parabel unter Berücksichtigung Ihrer grammatischen Analysen (▷ Aufgabe 2–4 a). Arbeiten Sie im Heft.*

Eine Novelle untersuchen: Den eigenen Stil verbessern

!

Sprach- und Stilebenen untersuchen
Die sprachliche Analyse eines Textes schließt über eine allgemeine Untersuchung (Satzbau, Wortwahl, Modus usw.) hinaus auch die Betrachtung besonderer Stilfiguren (z. B. Metaphern, Personifikationen, Wiederholungen etc.) und der sprachlichen Stilebenen ein (z. B. gehoben, normal- oder umgangssprachlich, vulgär, wissenschaftlich).

Günter Grass (geboren 1927) veröffentlichte die Novelle „Katz und Maus“ im Jahr 1961 als zweites Werk der so genannten Danziger Trilogie, in der er sich mit der Zeit des Nationalsozialismus auseinandersetzt.

1 *Lesen Sie den folgenden Auszug aus der Novelle.*

Günter Grass
Katz und Maus (1)

Der Erzähler Pilenz berichtet im Rückblick von seinem Klassenkameraden Mahlke, mit dem er als Jugendlicher die Zeit des Zweiten Weltkrieges in Danzig erlebte. Mahlke, wegen eines übergroßen Adamsapfels zum Außenseiter geworden, kämpft um seine Integration. Gemeinsam verbringen sie viel Zeit auf dem Wrack eines polnischen Minensuchbootes, das vor der Küste gesunken ist.

Als Joachim Mahlke kurz nach Kriegsbeginn vierzehn Jahre alt wurde, konnte er weder schwimmen noch radfahren, fiel überhaupt nicht auf und ließ jenen Adamsapfel vermissen, der später die Katze anlockte. Vom Turnen und Schwimmen war er suspendiert, weil er sich als kränklich ausweisen konnte, indem er Atteste vorzeigte. Noch bevor Mahlke das Radfahren lernte und steif und verbissen, mit hochrot abstehenden Ohren und seitlich verbogenen, auf- und untertauchenden Knien eine komische Figur abgab, meldete er sich während der Wintersaison im Hallenbad Niederstadt zum Schwimmen, wurde aber vorerst nur zum Trockenschwimmen mit Acht- bis Zehnjährigen zugelassen. Auch im folgenden Sommer war er noch nicht so weit. Der Bademeister der Anstalt Brösen, eine typische Bademeisterfigur mit Bojenleib und dünnen haarlosen Beinen unter dem stoffbespannten Seezeichen, mußte Mahlke zuerst im Sand drillen und dann an die Angel nehmen. Doch als wir ihm Nachmittag um Nachmittag davonschwammen und Wunderdinge von dem abgesoffenen Minensuchboot erzählten, bekam er mächtigen Auftrieb, schaffte es innerhalb von zwei Wochen – und schwamm sich frei.

2 *Fassen Sie in einem Satz zusammen, was Sie im Textauszug über Mahlke erfahren.*

____

____

3 *a) Umkreisen Sie im Text alle Satzverknüpfungen.*
b) Erklären Sie deren Funktion im Satzzusammenhang.

____

____

____

c) *Wodurch gewinnt der Text darüber hinaus einen gedanklichen Zusammenhang? Notieren Sie Ihre Beobachtungen.*

4 a) *Streichen Sie in dem unterlegten Satz alle adverbialen Bestimmungen und Attribute durch.*
b) *Vergleichen Sie diesen reduzierten Satz mit dem Original. Erklären Sie die Unterschiede, indem Sie die Funktion der gestrichenen Satzteile genau beschreiben.*

5 a) *Formulieren Sie die Aussagen in folgendem Satz in selbstständige Hauptsätze um:*
„Der Bademeister der Anstalt Brösen, eine typische Bademeisterfigur mit Bojenleib und dünnen haarlosen Beinen unter dem stoffbespannten Seezeichen, musste Mahlke zuerst im Sand drillen und dann an die Angel nehmen“ (Z. 14–17).

b) *Vergleichen Sie Ihre Lösung mit dem Original. Erklären Sie die Unterschiede und berücksichtigen Sie dabei auch die Wirkung auf den Leser.*

6 a) *Markieren Sie im Text die beiden Redewendungen, mit denen der Autor spielt.*
b) *Erklären Sie ihre Funktion und ihre Wirkung.*

7 a) *Unterstreichen Sie Textstellen, die eine eindeutige Wertung enthalten.*
b) *Erklären Sie, wie diese Wertung sprachlich zum Ausdruck gebracht wird.*

Günter Grass
Katz und Maus (2 – Schluss der Novelle)

Als Mahlke nicht mehr an die Front zurück möchte, rät Pilenz ihm, sich in dem gekenterten Wrack zu verstecken, wo es eine über der Wasseroberfläche liegende Kabine gibt, zu der man nur durch einen Tauchgang gelangt. Beide mieten sich ein Ruderboot, um zum Wrack zu gelangen.

Seine Knie machten Bugwellen. Seine Angströhren und die Wirbelsäule warfen, weil die Sonne mal wieder kurz durchbrach, Schatten nach links. „Wird schon halb elf sein oder noch später." „Gar nicht mal so kalt, wie ich dachte." „Ist nachem Regen immer so." „Schätze: Wasser siebzehn, Luft neunzehn."

Der Ansteuerungstonne voraus lag ein Bagger in der Fahrrinne. Er zeigte Betrieb, aber Geräusche blieben Einbildung, weil der Wind gegen ihn stand. Einbildung blieb auch Mahlkes Maus[1]. Denn er zeigte mir, als er mit suchenden Füßen den Lukenrand gefunden haben mochte, weiterhin nur den Rücken.

Immer wieder bohre ich mir mit selbstgedrechselter Frage im Ohr: Sagte er noch etwas, bevor er nach unten ging? Halbgewiß bleibt nur jener verkantete Blick über die linke Schulter zur Brücke. Durch kurzes Hocken feuchtete er sich an, färbte das Fahntuchrot der Gymnasiastenturnhose stumpf dunkel, raffte rechts das Netz mit den Konservendosen handlich zusammen – aber der Bonbon[2]? Am Hals hing er nicht. Verwarf er ihn unauffällig? Welcher Fisch bringt ihn mir? Sagte er noch etwas über die Schulter? Hoch zu den Möwen? Gegen den Strand oder die Pötte auf der Reede? Verfluchte er Nagetiere? Ich glaube nicht zu hören, daß du „Also, bis heute abend!", sagtest. Kopf voran und mit zwei Konservendosen beschwert, tauchte er weg: runder Rücken und Gesäß folgte dem Nacken. Ein weißer Fuß stieß ins Leere. Das Wasser über der Luke fand ins gewohnte kurzwellige Spiel.

Da nahm ich den Fuß vom Büchsenöffner. Ich und der Büchsenöffner blieben zurück. Wäre ich gleich ins Boot, Leine ab und weg: „Na, der wird es auch ohne schaffen", aber ich blieb, zählte Sekunden, überließ dem Bagger, voraus der Ansteuerungstonne, mit wandernden, auf Raupen laufenden Greifern das Vorzählen, zählte angestrengt mit: zweiunddreißig dreiunddreißig rostige Sekunden. Sechsunddreißig siebenunddreißig schlammhievende Sekunden. Einundvierzig zweiundvierzig schlechtgeölte Sekunden lang tat der Bagger mit steigenden, kippenden, zu Wasser gehenden Greifern, was er konnte: Er vertiefte die Fahrrinne zur Hafeneinfahrt Neufahrwasser und half mir, die Zeit zu messen: Mahlke mußte am Ziel sein und mit Konservendosen, ohne Büchsenöffner, mit oder ohne Bonbon, dessen Süße Bitternis zum Zwilling hatte, die ehemalige, über dem Wasserspiegel liegende Funkerkabine des polnischen Minensuch-

[1] **Maus:** gemeint ist Mahlkes übergroßer Adamsapfel
[2] **Bonbon:** hier gemeint: Mahlkes Ritterkreuz

bootes „Rybitwa“ bezogen haben.

Wenn wir auch keine Klopfsignale abgemacht hatten, hättest du dennoch klopfen können. Noch einmal und noch einmal ließ ich den Bagger für mich dreißig Sekunden abzählen. Wie sagt man. Nach menschlichem Ermessen mußte er ... Die Möwen irritierten. Schnittmuster entwarfen sie zwischen Kahn und Himmel. Als aber die Möwen ohne lesbaren Grund plötzlich abdrehten, irritierten mich fehlende Möwen. Und ich begann zuerst mit meinen Absätzen, dann mit Mahlkes Knobelbechern das Brückendeck zu bearbeiten. Rost sprang in Placken ab, kalkiger Möwenmist krümelte und tanzte bei jedem Schlag mit. Pilenz, mit dem Büchsenöffner in hämmernder Faust, rief:

„Komm wieder rauf, Mensch! Du hast den Büchsenöffner oben gelassen, den Büchsenöffner ...“ Pausen nach wilden, dann rhythmisch geordneten Schlägen und Schreien. Konnte leider nicht morsen, hämmerte: zweidrei, zweidrei. Machte mich heiser: „Büch-sen-öffner! Büch-sen-öffner!“

Seit jenem Freitag weiß ich, was Stille ist, Stille tritt ein, wenn die Möwen abdrehen. Nichts vermag mehr Stille zu bewirken als ein arbeitender Bagger, dem der Wind die eisernen Geräusche wegstemmt. Aber die größte Stille bewirkte Joachim Mahlke, indem er auf meinen Lärm keine Antwort wußte.Ⓡ

8 *Was geschieht am Ende der Novelle? Fassen Sie kurz im Heft zusammen.*

9 *Der Erzähler macht sich selbst, aber auch Mahlke Vorwürfe. Unterstreichen Sie Textstellen, in denen dies zum Ausdruck kommt.*

10 *Der Erzähler ist angesichts der bedrohlichen Situation zunehmend verzweifelt.*
a) Markieren Sie diesbezügliche Textpassagen.
b) Untersuchen und benennen Sie die sprachlichen Mittel, die darin verwendet werden. Geben Sie die Textbelege an.

11 *a) Ergänzen Sie den Dialog in den Zeilen 4–8 durch Redebegleitsätze.*

b) Beschreiben Sie die unterschiedliche Wirkung beider Dialogdarstellungen.

12 *a) Formulieren Sie den markierten Absatz in vollständige Sätze um, die Sie sinnvoll miteinander verknüpfen.*
b) Vergleichen Sie mit dem Original und erklären Sie, welches Stilmittel der Autor verwendet und welche Wirkung er damit erzielt. Arbeiten Sie im Heft.

13 *a) Unterstreichen Sie im markierten Abschnitt die sprachlichen Bilder.*
b) Erklären Sie stichwortartig, wie dieser Abschnitt auf den Leser wirkt.

14 *Analysieren Sie die folgenden Sätze und erklären Sie Funktion und Wirkung aller sprachlichen Mittel in Zusammenhang mit ihrer Aussage und der beabsichtigten Wirkung auf den Leser.*

„Ich glaube nicht zu hören, daß du ‚Also, bis heute abend!', sagtest. Kopf voran und mit zwei Konservendosen beschwert, tauchte er weg: runder Rücken und Gesäß folgte dem Nacken. Ein weißer Fuß stieß ins Leere. Das Wasser über der Luke fand ins gewohnte kurzwellige Spiel" (Z. 31–38).

15 *a) Erklären Sie die Aussage des Satzes „Seit jenem Freitag weiß ich, was Stille ist, Stille tritt ein, wenn die Möwen abdrehen" (Z. 88–89).*

b) Unterschlängeln Sie im Text alle Textstellen, in denen der Erzähler diese Aussage zur Stille vorbereitet.
c) Beschreiben Sie die sprachlichen Stilmittel in diesen Textstellen.

Groß- und Kleinschreibung

!

Nominalisierungen und Denominalisierungen
Nomen und Wörter anderer Wortarten, die als Nomen gebraucht werden (**Nominalisierungen**), werden **großgeschrieben**. Nominalisierungen erkennt man häufig an sog. **Nomensignalen**:
- □ vorausgehender Artikel (manchmal mit Präposition verbunden): „*das/beim (bei dem)* Singen“;
- □ vorangestelltes Adjektiv, Pronomen oder Zahlwort: „*hohes* Singen“, „*dein* Singen“, „*drei* Viertel“;
- □ vorangestellte Indefinitpronomen: „*etwas* Lautes“, „*nichts* Gutes“.

Entstehen aus Nomen Wörter anderer Wortarten, spricht man von **Denominalisierungen**. Diese werden **kleingeschrieben**. Beispiele hierfür sind:
- □ Adverbien und Präpositionen auf -s oder -ens: „tags“, „seitens“, „anfangs“,
- □ Präpositionen und Teile von Präpositionen: „kraft“, „trotz“, „dank“,
- □ unbestimmte Pronomen und Zahlwörter: „ein paar“, „ein bisschen“,
- □ die Wörter „angst“, „bange“, „gram“, „klasse“, „leid“, „pleite“, „recht“, „spitze“, „unrecht“, „weh“ in Verbindung mit den Verben „sein“ oder „bleiben“: „Mir ist *angst* und *bange*“. Aber: „Ich habe *Angst.*“

1 *Markieren Sie im Gedicht „Nachdem er durch Metzingen gegangen war“ von Robert Gernhard alle Wörter, die großgeschrieben werden müssen.*

2 *Schreiben Sie aus dem Gedicht alle Nominalisierungen ggf. zusammen mit ihren Nomensignalen heraus.*

____

____

____

____

3 *Ergänzen Sie im Text die Lücken, indem Sie die Wörter in Klammern in der richtigen Groß- und Kleinschreibung eintragen.*

Robert Gernhard
Nachdem er durch Metzingen gegangen war (1987)

dich will ich loben: hässliches,
du hast so was verlässliches.

das schöne schwindet, scheidet, flieht –
fast tut es weh, wenn man es sieht.

wer schönes anschaut, spürt die zeit,
und zeit meint stets: bald ist's so weit.

das schöne gibt uns grund zur trauer.
das hässliche erfreut durch dauer.

Der Dichter vom ________ (GUTEN), ____________ (SCHÖNEN) und ________ (BAREN)

Dass ein Autor auch heute noch ____________ (DANK) oder vielleicht sogar ____________ (TROTZ) seiner Gedichte so beliebt werden kann wie Robert Gernhard (geboren 1937), ist kaum zu glauben. Dabei dient Gernhards ____________ (SCHREIBEN) stets der Verarbeitung all des ____________ (GUTEN), ____________ (SCHLECHTEN), aber auch ____________ (ABSURDEN), was das Leben über ____________ (KURZ) oder ____________ (LANG) für einen bereithält. Menschliche Schwächen aber macht er ____________ (KRAFT) seiner Ironie und Komik liebenswert. Nur allzu gern setzt er sich beim ____________ (BEOBACHTEN) seiner Mitmenschen die Narrenkappe auf. Dabei ist ihm nicht darum ____________ (BANGE), die Grenze zwischen Humor und Nonsens zu überschreiten. Im Jahr 2006 setzte eine schwere Krankheit seinem spottenden ____________ (TREIBEN) ein Ende.

Getrennt- und Zusammenschreibung

!

Getrenntschreibung

- Wortgruppen aus **Nomen + Verb** werden in der Regel getrennt geschrieben, z. B.: „Rad fahren“. Achtung: Liegt eine Nominalisierung vor, wird zusammengeschrieben: „das Radfahren“
- Wortgruppen aus **Verb + Verb** können immer getrennt geschrieben werden, z. B.: „baden gehen“.
- **Wortgruppen mit „sein“** werden immer getrennt geschrieben, z. B.: „da sein“, „glücklich sein“.

Getrennt- oder Zusammenschreibung

- Wortgruppen aus Adjektiv + Verb werden meist getrennt geschrieben, z. B.: „richtig machen“. Bei der Schreibung von **Adjektiv + Verb** kann man eine **Probe** machen:
  - Wenn Adjektiv und Verb wörtlich genommen einen Sinn ergeben, schreibt man sie getrennt, z. B.: „schwarz anstreichen“ → „Er möchte die Wand schwarz anstreichen.“
  - Wenn durch das Zusammentreten von Adjektiv und Verb eine neue Gesamtbedeutung entsteht, schreibt man zusammen, z. B. „richtigstellen“ (berichtigen), „schwarzfahren“ (ohne Fahrkarte fahren), „schwerfallen“ (Probleme bereiten).
- Wortgruppen aus **Adverb + Verb** oder **Präposition + Verb**
  - werden zusammengeschrieben, wenn die Hauptbetonung auf dem Adverb bzw. der Präposition liegt, z. B.: „anhalten“, „hereinkommen“, „vorwärtsgehen“.
  - werden in der Regel getrennt geschrieben, wenn die Hauptbetonung auch auf dem Verb liegen kann, z. B.: „Nach der OP konnte er wieder sehen.“

Zusammenschreibung

- Zusammengeschrieben werden Wortkombinationen aus **Nomen + Adjektiv** oder **Adjektiv + Adjektiv**, z. B. „butterweich“, „lauwarm“.

1 *Tragen Sie die Wörter in Klammern in der richtigen Schreibweise ein.*

Müssen Handys sein?

Neuerdings gibt es Gaststätten, die besondere Bereiche für Handynutzer ______ (eingerichtet◎haben). Sollte dies darauf ______ (hin◎deuten), dass Handybesitzer nicht mehr gesellschaftsfähig sind? Man spottet gern über Leute, die sich mit Mobiltelefonen ______ (wichtig◎tun). Handynutzer wollen jederzeit erreichbar sein, aber sind die Folgen den Mitmenschen noch zuzumuten? Meist werden die Handys auch nicht ______ (leise◎gestellt), sodass bei jedem Anruf gleich die ganze Umgebung ______ (alarmiert◎ist).

Öffentliche Telefone kann man inzwischen ______ (lange◎suchen). Wer eines gefunden hat, muss ______ (Angst◎haben), dass es nicht funktioniert. Es gibt aber auch Situationen, in denen ein Handy einfach unersetzlich ist, z. B. wenn man im Stau ______ (stecken◎geblieben) ist oder ein ______ (schwer◎wiegender) Unfall passiert.

Es kann wohl keine ______ (allgemein◎gültige) Regelung geben, aber man sollte sich mit der Frage ______ (auseinander◎setzen), wie das Handy in der Öffentlichkeit vernünftig gebraucht werden kann.

Zeichensetzung

!

Grundregeln der Kommasetzung wiederholen
- Das Komma trennt **Haupt- und Nebensatz** ①, z. B.: „Er kam zu spät, weil der Bus ausgefallen war."
- Das Komma trennt **zwei Hauptsätze** ②, z. B.: „Der Vorhang geht auf, das Spiel beginnt."
  – Das Komma kann entfallen, wenn die Hauptsätze **durch Konjunktionen wie „und", „oder", „entweder ... oder" oder „weder ... noch" verbunden sind** ③, z. B.: „Der Vorhang geht aus (,) und das Spiel beginnt."
- Das Komma trennt **Aufzählungen** ④ (Wörter oder Wortgruppen), wenn Sie nicht durch Konjunktionen wie „und", „oder", „entweder ... oder" oder „weder ... noch" verbunden sind, z. B.: „Er verzehrte Pizza, Salat und Wasser."
- Das Komma trennt **Zusätze und Nachträge** ⑤, z. B.: „Herr Feucht, der Direktor, hielt eine Ansprache. Segeln macht Spaß, besonders im Sommer."
- Das Komma trennt **Anreden, Ausrufe oder Ausdrücke einer Stellungnahme** ⑥, die besonders hervorgehoben werden sollen, z. B.: „Tatsächlich, das ist es!"

1 a) *Setzen Sie in Willy Astors Text „Länderspiele" alle zulässigen Kommas. Klammern Sie die nicht zwingend zu setzenden Kommas ein.*
b) *Im Merkwissen oben finden Sie zu jeder Regel für die Kommasetzung eine Ziffer. Schreiben Sie hinter jeden Satz, in dem Sie ein Komma notiert haben, die Ziffer/n der Regel/n, die hier greift/greifen.*

Willy Astor
Länderspiele

Waren Sie vielleicht gerade kürzlich schon einmal in Donesien? [/] Da hören Sie den ganzen Tag die Fidschi winseln ehrlich. [____] Neulich war ich im Nahen Osten und habe einen Tramper mitgenommen ist doch selbstverständlich dass ich für einen Sachsen anhalt. [____] In Asien gibt es ein Gebiet das besteht aus zwei Teilen Wasser und einem Thai Land. [____] Ob ich mich mit ihm auf eine Bangk hock fragt mich einer. [____] Sag ich: „Nein wegen des Erdbebens." [____] Sagt er: „Hast du Angst?" [____] Sag ich: „Ja panisch." [____] Wohnen das tue ich momentan in der Behringstraße bei Ruth. [____] Wobei ich auch wenigstens ab und zu in Phnomm penn. [____] Da ist eine reine Männer-WG lauter Burma. [____] Ist aber selten wer zu Hause ab und zu ist der Flori da letztes Jahr war gar Kanada. [____] Manchmal treffen wir uns alle beim Bügeln Waschen oder Zähneputzen. [____] Sag ich: „Leih mir mal deinen Kamm Botscha." [____] Ägypten mir. [____] Neulich geh ich in den Waschraum liegt so eine Art Kamel in der Botswanna sag ich: „Was soll das?" [____] Spuckt mich das Tier an und es meint: „Is' Lamabad!" [____] Unterm Dach liegt seit drei Jahren ein kranker Narier. [____] Der heißt Mülheim er leidet an der Ruhr. [____] Nebenan ist ein Lokal da Kamerun glaublich gut essen. [____] Meistens ess ich Salat weil meine Mama sagt es sei gut für die Verdauung wenn ich ab und zu mal ein Moos kau. [________]

!

Komma bei Infinitiv- und Partizipialsätzen
Grundsätzlich **können** Infinitiv- und Partizipialsätze **immer mit Kommas abgetrennt werden**. Ein Komma verdeutlicht oft die Gliederung des Satzes und hilft, Missverständnisse zu vermeiden, z. B.: „Wir wünschen uns (,) nicht (,) zu verlieren."

In folgenden Fällen muss ein Komma gesetzt werden:
- wenn durch ein **hinweisendes Wort** („daran", „darauf", „dazu", „so", „es") **auf den Infinitiv- oder den Partizipialsatz Bezug** genommen wird, z. B.: „Wir haben uns *darauf* gefreut, den Film anzusehen." – „Um Atem ringend, *so* kam er in der Ziellinie an."
- wenn der **Infinitivsatz von einem Nomen abhängt**, z. B.: „Er hatte *den Plan*, zu uns zu kommen."
- wenn der Infinitivsatz durch ein „um", „ohne", „statt", „anstatt", „außer", „als" eingeleitet wird, z.B.: „Sie fuhren los, *um* ihn zu besuchen."
- wenn der **Partizipialsatz** einen **Einschub** oder einen **Nachtrag** darstellt, z. B.: „Hans, *das Buch lesend*, saß auf der Bank." – „Hans saß auf der Bank, *das Buch lesend.*"

2 *Setzen Sie in folgendem Text alle zulässigen Kommas. Klammern Sie die nicht zwingend zu setzenden Kommas ein.*

Anleihen auf die Zukunft – die Grameen-Bank in Bangladesch

Jede Woche schickt Muhammad Yunus tausende Bediensteter auf den Weg um Zinsen und Tilgung bei seinen Gläubigern abzuholen. Bei den Schuldnern handelt es sich meist um Frauen. Ihren Verpflichtungen trotz vieler Belastungen nachkommend leben sie in Armut. Sie bezahlen dennoch stolz ihre monatlichen Raten keineswegs auf die Boten schimpfend. Yunus' Geschäftsprinzip mit „Mikrokrediten" die Ärmsten der Armen zu unterstützen ist einfach – und erfolgreich. Er ermöglicht es den Bauern Düngemittel für die Felder zu kaufen oder durch die Finanzierung einer Nähmaschine eine Geschäftsidee in die Wirklichkeit umzusetzen. Ihr Schicksal selbst in die Hand nehmend haben seine über sechs Millionen Kunden – 97 Prozent davon sind Frauen – eine neue Chance.

!

Zeichensetzung bei der direkten (wörtlichen) Rede
Die direkte Rede und Zitate stehen in Anführungszeichen.
- Ein **vorangestellter Redebegleitsatz** wird mit Doppelpunkt, ein **eingeschobener** oder **nachgestellter Redebegleitsatz** wird mit Komma abgegrenzt, z. B.: Er meinte: „Kleinkredite sind sinnvoll." – „Kleinkredite", meinte er, „sind sinnvoll." – „Kleinkredite sind sinnvoll", meinte er.
- Endet der Satz mit einer direkten Rede, reicht das Satzschlusszeichen innerhalb der Anführungszeichen.
- Bei einem nachgestellten Redebegleitsatz bleiben Frage- und Ausrufezeichen der direkten Rede erhalten, der Satzschlusspunkt der direkten Rede fällt jedoch weg, z. B.: „Komm mir nicht zu nahe!", rief sie. – „Weshalb kommst du?", wollte er wissen. – „Ich weiß", sagte er.

3 *2006 erhielt Muhammad Yunus für seine Arbeit den Friedensnobelpreis. Schreiben Sie einen kurzen Zeitungsartikel über die Grameen-Bank. Zitieren Sie darin die unten aufgeführten Äußerungen in wörtlicher Rede.*

NAZMA BEGUM (indische Bäuerin): „Die anderen Banken haben nach Sicherheiten verlangt, die ich nicht bieten kann." „Die Grameen-Bank vertraut selbst den Ärmsten." „Ich bin stolz, endlich über mein Leben bestimmen zu können." „Mit dem Geld kann ich Dünger kaufen, mehr erwirtschaften und einen Teil der Ernte am Markt verkaufen." „Schritt für Schritt kann ich so meine wirtschaftliche Lage verbessern und den gewährten Kredit zurückbezahlen."

MUHAMMAD YUNUS (Besitzer der Grameen-Bank): „Ich schenke den Menschen nichts und treibe Zins und Tilgung regelmäßig ein." „98,7 % der Kredite werden zurückbezahlt." „Mittlerweile arbeiten rund 18 000 Angestellte für mich." „Meine Idee hat mittlerweile weltweit Anerkennung und Nachahmer gefunden."

Testen Sie sich: Wie fit sind Sie in Rechtschreibung und Zeichensetzung?

Der folgende Beitrag erschien am 13.03.2007 in der Süddeutschen Zeitung. Indem Sie die verschiedenen Aufgabenstellungen zu den Textauszügen durcharbeiten, können Sie testen, wo Sie ggf. noch Unsicherheiten in der Rechtschreibung haben. Überprüfen Sie anschließend Ihr Ergebnis anhand des Lösungsheftes.

1 *Tragen Sie die Wörter in Klammern in der richtigen Groß- und Kleinschreibung in die Lücken ein.* ▷ S. 65

Das spurlose ____________________ (STERBEN)

Die ____________________ (ALTEN) sind weg. Haben den Stock allein gelassen, die junge Brut nicht mehr versorgt. Sind nie wieder aufgetaucht, die ____________________ (ÄLTEREN), erwachsenen Bienen. Haben auch keine ____________________ (TOTEN) zurückgelassen. Abermillionen Bienen sind in Nordamerika seit ____________________ (KURZEM) einfach verschwunden. „So etwas ____________________ (SELTSAMES) habe ich noch niemals gesehen", sagt der kalifornische Bienenzüchter David Bradshaw schockiert. „Ein Stock nach dem ____________________ (ANDEREN) war einfach leer. Es sind keine Bienen mehr daheim."

2 *Zusammen oder getrennt? Verbinden Sie die zusammenzuschreibenden Wortgruppen durch ein Häkchen und streichen Sie ggf. falsche Varianten durch (z. B. ~~Leid~~/leid◎tun)*

An der amerikanischen Westküste sind bereits fast 60 Prozent der Bienenvölker zugrunde◎gegangen. Aus der Schweiz gibt es die ersten Berichte und auch aus Deutschland, auch diese muss man Ernst/ernst◎nehmen. Es ist ein geradezu unheimliches Phänomen, das die Bienenvölker Heim/heim◎sucht. Man spricht vom „Colony Collapse Disorder" (CCD), von einer Störung namens Bienenvolk-Kollaps. Was die Ursachen für das Angst/angst◎auslösende Verschwinden sind, darüber weiß man fast nichts. Aber man weiß, dass es eine Katastrophe wäre, wenn die Bienenvölker für immer verloren◎gingen.

3 *a) Setzen Sie im Text alle erforderlichen Anführungszeichen und Kommas ein.*
b) Klammern Sie alle nicht zwingend notwendigen Kommas anschließend ein.

Die Menschen brauchen die Bienen dringend denn etwa ein Drittel unserer Nahrung ist direkt oder indirekt von ihnen abhängig. Manche Farmer versuchen die Bäume mit Hilfe riesiger mobiler Ventilatoren zu bestäuben oder sie experimentieren wenig erfolgreich mit Hummeln und anderen Insekten. Auf einen Satz verweisen betroffene Bienenzüchter inzwischen immer wieder einen Satz den Albert Einstein einmal gesagt haben soll: Wenn die Biene von der Erde verschwindet dann hat der Mensch nur noch vier Jahre zu leben; keine Bienen mehr keine Bestäubung mehr keine Pflanzen mehr keine Tiere mehr keine Menschen mehr.

Dramenszenen untersuchen

Die Handlung eines Dramas erschließt sich aus **Dialogen** (Rede und Gegenrede) und **Monologen** (Selbstgespräche). Achten Sie bei der Untersuchung auf **Gesprächsverlauf**, **Gesprächsinhalt** und **Gesprächsverhalten** der Figuren. Das Gesprächsverhalten wird aus der Sprache der einzelnen Figuren, den Regieanweisungen und den ggf. zu erschließenden Gesten deutlich.
Die Dramenhandlung gliedert sich in **Akte** (Aufzüge), die wiederum in **Szenen** (Auftritte, Bilder) aufgeteilt sind.
Den Kern der Handlung auf der Bühne bildet der **dramatische Konflikt**, meist eine Auseinandersetzung oder ein Streit, der vielschichtig angelegt sein kann.

Literaturgeschichte: Sturm und Drang
Als „Sturm und Drang“ bezeichnet man eine literarische Bewegung in Deutschland, die ca. von 1767–1785 von so genannten „Genies“ getragen wurde (▷ S. 82). Die wichtigsten Merkmale dieser Literatur sind:

- Protest gegen die ausschließlich verstandesmäßige, regelgläubige Haltung der Aufklärung (tragende Geistesbewegung im 18. Jahrhundert),
- neues Persönlichkeits- und Ichbewusstsein (Subjektivität),
- Protest gegen die absolutistische Obrigkeit und die höfische Welt des Adels,
- ausdrucksstarke Wiedergabe authentischer Erfahrung.

Das Drama „Kabale und Liebe“ von Friedrich Schiller (1759–1805) wird dem Sturm und Drang zugerechnet. In Stuttgart vom Herzog verboten, wurde es 1784 in Frankfurt am Main uraufgeführt und ein großer Bühnenerfolg.

Friedrich Schiller

Kabale und Liebe. Ein bürgerliches Trauerspiel[1] (1)

Das Drama spielt Ende des 18. Jahrhunderts in einer Residenzstadt. Die gesellschaftlichen und politischen Zustände, die dem Drama zu Grunde liegen, beziehen sich auf die damalige Situation im Herzogtum Württemberg unter Karl Eugen. Die Liebe zwischen Luise, der Tochter eines Bürgerlichen (Musiker Miller), und Ferdinand, dem Sohn des Präsidenten Walter am Hofe, soll durch eine Kabale (List) des Präsidenten und des Sekretärs Wurm zerstört werden. Der Präsident hat für seinen Sohn die Verbindung mit einer Dame von Stand, der Mätresse des Herzogs, geplant. Wurm will Luise für sich. Die beiden entwickeln einen hinterlistigen Plan (Kabale).

1. Akt, 2. Szene

Personen: Sekretär Wurm, Frau und Herr Miller

FRAU: Ah guten Morgen, Herr Sekertare. Hat man auch einmal wieder das Vergnügen von Ihnen?

WURM: Meinerseits, meinerseits, Frau Base. Wo eine Kavaliersgnade einspricht, kommt mein bürgerliches Vergnügen in gar keine Rechnung.

FRAU: Was Sie nicht sagen, Herr Sekertare! Des Herrn Majors von Walter hohe Gnaden machen uns wohl je und je das Bläsier; doch verachten wir darum niemand.

MILLER *(verdrüßlich)*: Dem Herrn einen Sessel, Frau. Wollen S' ablegen, Herr Landsmann?

WURM *(legt Hut und Stock weg, setzt sich)*: Nun! Nun! Und wie befindet sich denn meine Zukünftige – oder Gewesene? – Ich will doch nicht hoffen – kriegt man sie nicht zu sehen. – Mamsell Louisen?

FRAU: Danken der Nachfrage, Herr Sekertare. Aber meine Tochter ist doch gar nicht hochmüthig.

MILLER *(ärgerlich, stößt sie mit dem Ellenbogen)*: Weib!

FRAU: Bedauern's nur, dass sie die Ehre nicht haben kann vom Herrn Sekertare. Sie ist eben in die Mess, meine Tochter.

WURM: Das freut mich, freut mich. Ich werd einmal eine fromme christliche Frau an ihr haben.

FRAU *(lächelt dumm-vornehm)*: Ja – aber, Herr Sekertare –

MILLER *(in sichtbarer Verlegenheit, kneipt sie in die Ohren)*: Weib!

[1] **Bürgerliches Trauerspiel:** Bis ins 18. Jahrhundert spielten Tragödien in feudalem Umfeld, Bürgerliche dienten nur der Belustigung. Im Zuge der Emanzipation des Bürgertums während der Aufklärung findet diese neue, zunehmend gebildete, wohlhabende, doch politisch nahezu unbedeutende Gesellschaftsschicht eine Repräsentation auch im Drama.

Frau: Wenn Ihnen unser Haus sonst irgendwo dienen kann – mit allem Vergnügen, Herr Sekertare –

Wurm *(macht falsche Augen):* Sonst irgendwo! Schönen Dank! Schönen Dank – Hem! hem! hem!

Frau: Aber – wie der Herr Sekertare selber die Einsicht werden haben –

Miller *(voll Zorn seine Frau vor den Hintern stoßend):* Weib!

Frau: Gut ist gut, und besser ist besser, und einem einzigen Kind mag man doch auch nicht vor seinem Glück sein. *(bäurisch-stolz)* Sie werden mich je doch wohl merken Herr Sekertare?

Wurm *(rückt unruhig im Sessel, kratzt hinter den Ohren und zupft an Manschetten und Chapeau):* Merken? Nicht doch – O ja – Wie meinen Sie denn?

Frau: Nu – nu – ich dächte nur – ich meine *(hustet)* weil eben halt der liebe Gott meine Tochter barrdu zur gnädigen Madam will haben –

Wurm *(fährt vom Stuhl):* Was sagen Sie da? Was?

Miller: Bleiben sitzen! Bleiben sitzen Herr Sekretarius! Das Weib ist eine alberne Gans. Wo soll eine gnädige Madam herkommen? Was für ein Esel streckt sein Langohr aus diesem Geschwätze?

Frau: Schmäl du so lang du willst. Was ich weiß, weiß ich – und was der Herr Major gesagt hat, das hat er gesagt.

Miller *(aufgebracht, springt nach der Geige):* Willst du dein Maul halten? Willst das Violoncello am Hirnkasten wissen? – Was kannst du wissen? Was kann er gesagt haben? – Kehren Sich an das Geklatsch nicht Herr Vetter – Marsch du in deine Küche – Werden mich doch nicht für des Dummkopfs leiblichen Schwager halten, dass ich obenaus woll mit dem Mädel? Werden doch das nicht von mir denken Herr Sekretarius?

Wurm: Auch hab' ich es nicht um Sie verdient Herr Musikmeister. Sie haben mich jederzeit den Mann von Wort sehen lassen, und meine Ansprüche auf Ihre Tochter waren so gut, als unterschrieben. Ich habe ein Amt das seinen guten Haushälter nähren kann, der Präsident ist mir gewogen, an Empfehlungen kanns nicht fehlen, wenn ich mich höher poussieren will. Sie sehen, dass meine Absichten auf Mamsell Luisen ernsthaft sind, wenn Sie vielleicht von einem adelichen Windbeutel herumgeholt – –

Frau: Herr Sekertare Wurm! Mehr Respekt, wenn man bitten darf –

Miller: Halt du dein Maul sag ich – Lassen Sie es gut sein, Herr Vetter. Es bleibt beim alten. Was ich Ihnen verwichenen Herbst zum Bescheid gab, bring ich heut wieder. Ich zwinge meine Tochter nicht. Stehen Sie ihr an – wohl und gut, so mag sie zusehen, wie sie glücklich mit Ihnen wird. Schüttelt sie den Kopf – noch besser – – in Gottes Namen wollt ich sagen – so stecken Sie den Korb ein, und trinken eine Bouteille mit dem Vater – Das Mädel muss mit Ihnen leben – ich nicht – warum soll ich ihr einen Mann, den sie nicht schmecken kann, aus purem klarem Eigensinn an den Hals werfen? – Dass mich der böse Feind in meinen eisgrauen Tagen noch wie sein Wildpret herumhetzte – dass ichs in jedem Glas Wein zu saufen – in jeder Suppe zu fressen kriege: Du bist der Spitzbube, der sein Kind ruiniert hat!

Frau: Und kurz und gut – ich geb meinen Konsenz absolut nicht; meine Tochter ist zu was hohem gemünzt, und ich lauf in die Gerichte, wenn mein Mann sich beschwatzen lässt.

Miller: Willst du Arm und Bein entzwei haben, Wettermaul?

Wurm *(zu Millern):* Ein väterlicher Rat vermag bei der Tochter viel, und hoffentlich werden Sie mich kennen, Herr Miller?

Miller: Dass dich alle Hagel! Mädel muss Sie kennen. Was ich alter Knasterbart an Ihnen abgucke, ist just kein Fressen fürs junge naschhafte Mädel. Ich will Ihnen aufs Haar hin sagen, ob Sie ein Mann fürs Orchester sind – aber eine Weiberseel ist auch für einen Kapellmeister zu spitzig. – Und dann von der Brust weg, Herr Vetter – ich bin halt ein plumper gerader deutscher Kerl – für meinen Rat würden Sie sich zuletzt wenig bedanken. Ich rate meiner Tochter zu keinem – aber Sie missrat' ich meiner Tochter, Herr Sekretarius. Lassen mich ausreden. Einem Liebhaber, der den Vater zu Hilfe ruft, trau ich – erlauben Sie, – keine hohle Haselnuss zu. Ist er was, so wird er sich schämen, seine Talente durch diesen altmodischen Kanal vor seine Liebste zu bringen – Hat er 's Kourage nicht, so ist er ein Hasenfuß, und für den sind keine Louisen gewachsen – – Da! hinter dem Rücken des Vaters muss er sein Gewerb an die Tochter bestellen. Machen muss er, dass das Mädel lieber Vater und Mutter zum Teufel wünscht, als ihn fahren lässt – oder selber kommt, dem

Vater zu Füßen sich wirft, und sich um Gotteswillen den schwarzen gelben Tod, oder den Herzeinzigen ausbittet, – Das nenn ich einen Kerl! Das heißt lieben! – und wer's bei dem Weibsvolk nicht so weit bringt, der soll – – auf seinem Gänsekiel reiten.

WURM *(greift nach Hut und Stock, und zum Zimmer hinaus):* Obligation, Herr Miller.

MILLER *(geht ihm langsam nach):* Für was? Für was? Haben Sie ja doch nichts genossen, Herr Sekretarius. *(zurückkommend)* Nichts hört er und hin zieht er – – Ist mirs doch wie Gift und Operment, wenn ich den Federnfuchser zu Gesichte krieg. Ein konfiszierter widriger Kerl, als hätt ihn irgend ein Schleichhändler in die Welt meines Herrgotts hineingeschachert – Die kleinen tückischen Mausaugen – die Haare brandrot – das Kinn herausgequollen, gerade als wenn die Natur für purem Gift über das verhunzte Stück Arbeit meinen Schlingel da angefasst, und in irgend eine Ecke geworfen hätte – Nein! Eh ich meine Tochter an so einen Schuft wegwerfe, lieber soll sie mir – Gott verzeih mirs –

FRAU *(spuckt aus, giftig):* Der Hund! – Aber man wird dir's Maul sauber halten.

MILLER: Du aber auch mit deinem pestilenzialischen Junker – Hast mich vorhin auch so in Harnisch gebracht – Bist doch nie dummer, als wenn du um Gotteswillen gescheit sein solltest. Was hat das Geträtsch von einer gnädigen Madam und deiner Tochter da vorstellen sollen? Das ist mir der Alte. Dem muss man so was an die Nase heften, wenns morgen am Marktbrunnen ausgeschellt sein soll. Das ist just so ein Musje, wie sie in der Leute Häusern herum riechen, über Keller und Koch räsonnieren, und springt einem ein naseweises Wort über's Maul – Bumbs! habens Fürst und Matress und Präsident, und Du hast das siedende Donnerwetter am Halse.

1 *Fassen Sie den Inhalt der Szene möglichst knapp zusammen.*

2 a) *Im Text werden die Interessen bzw. Motive von drei Figuren deutlich. Markieren Sie mit drei verschiedenen Farben die Passagen, an denen diese zum Ausdruck kommen.*

b) *Fassen Sie diese Interessen in vollständigen Sätzen zusammen.*

Sekretär Wurm

Frau Miller

Herr Miller

3 *Erarbeiten Sie eine Charakteristik für die Figur Miller (Herr Miller).*

a) *Unterstreichen Sie Textstellen, die Aussagen über wichtige Eigenschaften dieser Figur erlauben (▷ direkte und indirekte Charakterisierung auf S. 18).*

b) *Beschreiben Sie in Stichworten Millers Gesprächsverhalten und gehen Sie dabei auch auf seine Umgangsformen ein.*

c) *Untersuchen Sie die Sprache Millers. Achten Sie auf Satzform und Satzbau, Wortwahl, sprachliche Bilder und Vergleiche und die Sprachebene.*

d) *Schreiben Sie eine Charakteristik der Figur Miller. Arbeiten Sie in Ihrem Heft.*

Friedrich Schiller
Kabale und Liebe (2)

1. Akt, 7. Szene

Ferdinand. *Der* Präsident. Wurm, *welcher gleich abgeht.*

FERDINAND: Sie haben befohlen, gnädiger Herr Vater –

PRÄSIDENT: Leider muss ich das, wenn ich meines Sohns einmal froh werden will – Lass er uns allein, Wurm. – Ferdinand, ich beobachte dich schon eine Zeit lang, und finde die offene rasche Jugend nicht mehr, die mich sonst so entzückt hat. Ein seltsamer Gram brütet auf deinem Gesicht – Du fliehst mich – Du fliehst deine Zirkel – Pfui! – Deinen Jahren verzeiht man zehn Ausschweifungen vor einer einzigen Grille. Überlass diese mir, lieber Sohn. Mich lass an deinem Glück arbeiten, und denke auf nichts, als in meine Entwürfe zu spielen. – Komm! Umarme mich Ferdinand.

FERDINAND: Sie sind heute sehr gnädig mein Vater.

PRÄSIDENT: Heute du Schalk – und dieses heute noch mit der herben Grimasse? *(ernsthaft)* Ferdinand! – Wem zu lieb hab ich die gefährliche Bahn zum Herzen des Fürsten betreten? Wem zu lieb bin ich auf ewig mit meinem Gewissen und dem Himmel zerfallen? – Höre Ferdinand! – *(Ich spreche mit meinem Sohn)* – Wem hab ich durch die Hinwegräumung meines Vorgängers Platz gemacht – eine Geschichte, die desto blutiger in mein Inwendiges schneidet, je sorgfältiger ich das Messer der Welt verberge. Höre. Sage mir Ferdinand! Wem tat ich dies alles?

Ferdinand *(tritt mit Schrecken zurück):* Doch mir nicht mein Vater? Doch auf mich soll der blutige Widerschein dieses Frevels nicht fallen? Beim allmächtigen Gott! Es ist besser, gar nicht geboren sein, als dieser Missetat zur Ausrede dienen.

PRÄSIDENT: Was war das? Was? Doch! ich will es dem Romanenkopfe zu gut halten – Ferdinand – ich will mich nicht erhitzen vorlauter Knabe – Lohnst du mir also für meine schlaflosen Nächte? Also für meine rastlose Sorge? Also für den ewigen Skorpion meines Gewissens? – Auf mich fällt die Last der Verantwortung – auf mich der Fluch, der Donner des Richters – Du empfängst dein Glück von der zweiten Hand – das Verbrechen klebt nicht am Erbe.

FERDINAND *(streckt die rechte Hand gen Himmel):* Feierlich entsag ich hier einem Erbe, das mich nur an einen abscheulichen Vater erinnert.

PRÄSIDENT: Höre junger Mensch, bringe mich nicht auf. – Wenn es nach deinem Kopf ginge, Du kröchest dein Leben lang im Staube.

Ferdinand: O, immer noch besser, Vater, als ich kröch um den Thron herum.

PRÄSIDENT *(verbeißt seinen Zorn):* Hum! – Zwingen muss man dich, dein Glück zu erkennen. Wo zehn andre mit aller Anstrengung nicht hinaufklimmen, wirst du spielend, im Schlafe gehoben. Du bist im zwölften Jahre Fähndrich. Im zwanzigsten Major. Ich hab es durchgesetzt beim Fürsten. Du wirst die Uniform ausziehen, und in das Ministerium eintreten. Der Fürst sprach vom Geheimenrat – Gesandtschaften – außerordentlichen Gnaden. Eine herrliche Aussicht dehnt sich vor dir. – Die ebene Straße zunächst nach dem Throne – zum Throne selbst, wenn anders die Gewalt so viel wert ist, als ihre Zeichen – das begeistert dich nicht?

FERDINAND: Weil meine Begriffe von Größe und Glück nicht ganz die Ihrigen sind – Ihre Glückseligkeit macht sich nur selten anders als durch Verderben bekannt. Neid, Furcht, Verwünschung sind die traurigen Spiegel, worin sich die Hoheit eines Herrschers belächelt. – Tränen, Flüche, Verzweiflung die entsetzliche Mahlzeit, woran diese gepriesenen Glücklichen schwelgen, von der sie betrunken aufstehen, und so in die Ewigkeit vor den Thron Gottes taumeln – Mein Ideal von Glück zieht sich genügsamer in mich selbst zurück. In meinem Herzen liegen alle meine Wünsche begraben. –

PRÄSIDENT: Meisterhaft! Unverbesserlich! Herrlich! Nach dreißig Jahren die erste Vorlesung wieder! – Schade nur, dass mein fünfzigjähriger Kopf zu zäh für das Lernen ist! – Doch – dies seltne Talent nicht einrosten zu lassen, will ich dir jemand an die Seite geben, bei dem du dich in dieser buntscheckigen Tollheit nach Wunsch exerzieren kannst. – Du wirst dich entschließen – noch heute entschließen – eine Frau zu nehmen.

FERDINAND *(tritt bestürzt zurück):* Mein Vater?

PRÄSIDENT: Ohne Komplimente. – Ich habe der Lady Milford in deinem Namen eine Karte geschickt. Du wirst dich ohne Aufschub bequemen, dahin zu gehen, und ihr zu sagen, dass du ihr Bräutigam bist.

FERDINAND: Der Milford, mein Vater?

PRÄSIDENT: Wenn sie dir bekannt ist –

FERDINAND *(außer Fassung):* Welcher Schandsäule im Herzogtum ist sie das nicht! – Aber ich bin wohl lächerlich, lieber Vater, dass ich Ihre Laune für Ernst aufnehme? Würden Sie Vater zu dem Schurken Sohn sein wollen, der eine privilegierte Buhlerin heiratete? [...]

PRÄSIDENT *(noch immer kein Auge von ihm wendend):* Ich warte auf deine Dankbarkeit, Ferdinand –

FERDINAND *(stürzt auf ihn zu und küsst ihm feurig die Hand):* Ihre Gnade entflammt meine ganze Empfindung – Vater! meinen heißesten Dank für Ihre herzliche Meinung – Ihre Wahl ist untadelhaft – aber – ich kann – ich darf – Bedauern Sie mich – ich kann die Gräfin nicht lieben.

PRÄSIDENT *(tritt einen Schritt zurück):* Holla! Jetzt hab ich den jungen Herrn. Also in diese Falle ging er, der listige Heuchler – Also es war nicht die Ehre, die dir die Lady verbot? – Es war nicht die Person, sondern die Heirat, die du verabscheutest? –

FERDINAND *(steht zuerst wie versteinert, dann fährt er auf und will fortrennen.)*

PRÄSIDENT: Wohin? Halt! Ist das der Respekt, den du mir schuldig bist? *(der Major kehrt zurück)* Du bist bei der Lady gemeldet. Der Fürst hat mein Wort. Stadt und Hof wissen es richtig. – Wenn du mich zum Lügner machst, Junge – vor dem Fürsten – der Lady – der Stadt – dem Hof mich zum Lügner machst – Höre Junge – oder wenn ich hinter gewisse Historien komme! – Halt! Holla! Was bläst so auf einmal das Feuer in deinen Wangen aus?

FERDINAND *(schneeblass und zitternd):* Wie? Was? Es ist gewiss nichts, mein Vater!

PRÄSIDENT *(einen fürchterlichen Blick auf ihn heftend):* Und wenn es was ist – und wenn ich die Spur finden sollte, woher diese Widersetzlichkeit stammt? – – Ha, Junge! der bloße Verdacht schon bringt mich zum Rasen. Geh den Augenblick. Die Wachtparade fängt an. Du wirst bei der Lady sein, sobald die Parole gegeben ist – Wenn ich auftrete, zittert ein Herzogtum. Lass doch sehen, ob mich ein Starrkopf von Sohn meistert. *(er geht und kommt noch einmal wieder)* Junge, ich sage dir, du wirst dort sein, oder fliehe meinen Zorn. *(er geht ab.)*

FERDINAND *(erwacht aus einer dumpfen Betäubung):* Ist er weg? War das eines Vaters Stimme? – Ja! ich will zu ihr – will hin – will ihr Dinge sagen, will ihr einen Spiegel vorhalten – Nichtswürdige! und wenn du auch noch dann meine Hand verlangst – Im Angesicht des versammelten Adels, des Militärs und des Volks – Umgürte dich mit dem ganzen Stolz deines Englands – Ich verwerfe dich – ein deutscher Jüngling! *(Er eilt hinaus.)*

4 *Geben Sie in Stichworten den Inhalt des Auszugs wieder und benennen Sie alle angesprochenen Konflikte.*

5 *Der Dialog nimmt eine Entwicklung. Untersuchen Sie diese.*
a) Arbeiten Sie die unterschiedlichen Ansichten von Vater und Sohn heraus und markieren Sie im Text passende Belegstellen.
b) Halten Sie Ihre Ergebnisse in einer Tabelle fest. Arbeiten Sie im Heft.

6 *Erklären Sie, inwiefern diese Szene aus „Kabale und Liebe" der Sturm-und-Drang-Bewegung zuzuordnen ist, und belegen Sie Ihre Ergebnisse mit passenden Textstellen.*

7 *Vergleichen Sie die Familien Miller und Walter in Bezug auf ihre gesellschaftliche Stellung, ihre Wertvorstellungen und ihren Umgang miteinander. Notieren Sie Ihre Ergebnisse in Stichworten.*

Familie Miller

Präsident Walter und Sohn

8 *Erklären Sie mit Hilfe Ihrer Ergebnisse zu beiden Szenen, dass hier die Willkürherrschaft des Absolutismus und die starren Ständegrenzen zwischen Adel und Bürgertum kritisiert werden. Nennen Sie Textbelege.*

☆ **9** *Schreiben Sie einen inneren Monolog für die Figur Ferdinand, der seine Gedanken und Gefühle ausdrückt.*

☆ **10** *Verfassen Sie für die Figur des Präsidenten eine Alternativrolle, die ihn zum Idealbild eines Ratgebers des Fürsten im Sinne der Aufklärung werden ließe.*

☆ **11** *Fassen Sie die folgende Kritik von Karl Philipp Moritz (1756–1793) in eigenen Worten zusammen und erklären Sie vor dem Hintergrund des Sturm und Drang die Beweggründe des Rezensenten.*

Königl. privilegierte Berlinische Staats- und gelehrte Zeitung.

87stes Stück. Dienstags, den 20. Julius 1784.

Kabale und Liebe, ein bürgerliches Trauerspiel in fünf Aufzügen, von Friedrich Schiller. In Wahrheit wieder einmal ein Produkt, was unsern Zeiten – Schande macht! Mit welcher Stirn kann ein Mensch doch solchen Unsinn schreiben und drucken lassen, und wie muss es in dessen Kopf und Herz aussehen, der solche Geburten seines Geistes mit Wohlgefallen betrachten kann! – Doch wir wollen nicht deklamieren. Wer 167 Seiten voll ekelhafter Wiederholungen gotteslästerlicher Ausdrücke, wo ein Geck um ein dummes affektirtes Mädchen mit der Vorsicht rechtet, und voll krassen, pöbelhaften Witzes, oder unverständlichen Galimathias[1], durchlesen kann und mag – der prüfe selbst. So schreiben heißt Geschmack und gar gesunde Kritik mit Füßen treten; und darin hat denn der Verfasser diesmal sich selbst übertroffen. Aus einigen Szenen hätte was werden können, aber alles was dieser Verfasser angreift, wird unter seinen Händen zu Schaum und Blase. – Kostet in der Voßischen Buchhandlung allhier 10 Gr.

Staats- und gelehrte Zeitung. Berlin 20. 7. 1784. S. 690.

[1] **Galimathias:** von frz. *galimatias* = Unsinn, Geschwafel

Einen Romanauszug erschließen

!

Romane und längere Erzählungen unterscheiden sich von den erzählerischen (epischen) Kleinformen wie der Novelle oder der Kurzgeschichte durch ihren **größeren Umfang**, ihre **komplexere Gestaltung der Handlung** und häufig durch eine **größere Zahl mehrdimensionaler Figuren**. Zudem werden in ihnen oft **mehrere Themen, Konflikte** und **Ideen** ausgestaltet. Die Grenze zwischen Roman und längerer Erzählung ist dabei fließend.

Um einen längeren Prosatext verstehen und interpretieren zu können, müssen Sie ihn zuerst **erschließen**. Die im Kapitel „Literarische Texte erschließen" (▷ S. 14–19) genannten Kategorien und Fragestellungen helfen Ihnen dabei. Erschließen Sie

- Inhalt,
- Aufbau,
- Erzählverhalten,
- Erzählform,
- Charakter der Figuren,
- Figurenkonstellation,
- sprachlich-stilistische Gestaltungsmittel.

Der Roman „Das Blütenstaubzimmer" von Zoë Jenny ist im Jahr 1997 erschienen.

1 *Lesen Sie folgenden Textauszug genau.*

Zoë Jenny
Das Blütenstaubzimmer (1)

Jo, eine junge Frau, die nach der Scheidung der Eltern die Kindheit beim Vater verbracht hat, besucht ihre Mutter Lucy. Diese lebt mit ihrem Freund Alois in einem nicht näher bezeichneten südlichen Land. Während des Aufenthalts verunglückt Alois tödlich. Die Romanhandlung setzt einige Zeit nach diesem Unglücksfall ein. Jo lernt in einer Bar einen jungen Mann kennen.

„Luciano", sagt er und streckt mir eine Hand hin. Luciano sagt, wie er gehört habe, sei der Mann meiner Schwester bei einem Autounfall ums Leben gekommen. Er selbst habe die Unfallstelle gesehen, unten am Fuße des Hügels. Ich nicke wortlos. Im Bus hat Lucy immer, kurz bevor wir an der Stelle vorbeifuhren, angestrengt vom Fenster weggeblickt. Dutzende Male sind wir schweigend daran vorbeigefahren. Dort, wo der Wagen ausbrannte, ist jetzt ein Fleck schwarzer Erde. Von Alois ist kein Körperteil zurückgeblieben. Und keine Asche. Die wurde unmittelbar danach vom Wind fortgetragen. Geschleudert und explodiert, stand im Protokoll der Polizei. Keiner hat daran gedacht, dass er es absichtlich getan haben könnte. Lucy hat so lange bei Doktor Alberti von einem grauenhaften Unfall gesprochen, bis sie es selbst glaubte. Wahrscheinlich hat Alois schon lange darüber nachgedacht, wie er sich umbringen könnte. In seinem Keller, wenn er die Farben mischte, beim Essen, morgens, wenn er aufwachte, Lucy neben sich, die zu einem Embryo gekrümmt neben ihm lag. Und auch damals, als er ratlos vor dem Fenster gestanden und mich gefragt hatte, ob ein Haus wie ein alter Mensch plötzlich in sich zusammenbrechen könne. Da hat er es bereits gewusst. Zwei Tage später, ich saß vor dem Fernseher, läutete das Telefon.

„Hier ist das Städtische Krankenhaus. Sind Lucy und Alois Hagenbach Ihre Eltern?", fragte eine weibliche Stimme. Ich konnte sie kaum verstehen. Auf dem Bildschirm prügelten sich gerade zwei verfeindete Jugendbanden auf einem verlassenen Fabrikgelände. „Ja. Das heißt nein ... also, Lucy ist meine Mutter."

„Herr Hagenbach hatte einen schweren Autounfall, auch Ihre Mutter liegt bei uns", fuhr die Stimme fort. Während der Busfahrt zum Spital starrte ich durch das Fenster wie durch ein Vergrößerungsglas auf den Rinnstein; Gras wuchs aus den Ritzen des beschädigten Asphalts, ich zählte die zerknüllten Zigarettenpäckchen, den weggeworfenen Abfall. Ich hatte keinen Zweifel, dass Alois diesen Unfall absichtlich herbeigeführt hatte. Ich erinnere mich genau an die dunkelrote Eingangshalle des Spitals, an das Café, in dem alte Tanten in geblümten langen Nachthemden hockten und mit Dessertgabeln riesige Tortenstücke zerdrückten, bevor sie sie in den Mund steckten. Ich höre noch ihr matschiges Kichern. Ich starrte auf das rechteckige Schildchen „Frau Jasinovic“, während die Frau hinter der Anmeldung auf dem Computer Lucys Zimmernummer suchte. „Nummer 237“, sagte sie mit einer Stimme, die man sich als Kind wünscht, von jemandem, der Geschichten vorliest. „Sie lesen Ihren Kindern aus Tausendundeiner Nacht vor, nicht wahr?“ Ich glaube, dass ich sie das tatsächlich gefragt habe, und in meiner Erinnerung hat sie sich zu mir vorgebeugt, so, dass ich ihren warmen Atem auf der Gesichtshaut spüren konnte, der in mir das Bild eines Korbes frisch gewaschener Wäsche hervorrief, und hat gesagt: „Sie brauchen keine Angst zu haben, Ihrer Mutter geht es schon wieder besser. Sie liegt auf 237.“ Die ganze Zeit über, in der ich durch die endlosen Gänge gerannt bin, vorbei an den hellroten Wartestühlen, den glänzenden Gummibäumen und den Krankenschwestern, die schlafwandlerisch Betten vor sich herschoben, auf denen man nur gewölbte braune Wolldecken sehen konnte, hatte ich an Signora Jasinovic gedacht, dass sie immer da sein und aus Tausendundeiner Nacht vorlesen wird. Ich bin ziemlich lange in diesem Labyrinth von Gängen herumgeirrt, bis ich das Zimmer 237 gefunden habe, aber als ich vor der Tür stand, bin ich nicht sofort hineingegangen. Es eilte ja nicht mehr. Alois, das Versteck, in dem Lucy sich verkriechen konnte, war weg. Die glatte weiße Tür vor mir, dachte ich, dass sich Lucys Leben jetzt vor meinen Augen abspielen und nicht mehr länger dieses große Geheimnis bleiben würde, das bisher, wie ein immer hungriges Raubtier, den Grund, den Boden, auf dem ich zu gehen gedachte, rücksichtslos verschlungen hatte. Es war für mich die Zeit gekommen, unverzichtbar und endlich ein Teil von Lucys Leben zu werden.

2 *Fassen Sie kurz den Inhalt des Textauszuges zusammen und benennen Sie den zentralen Konflikt zwischen Mutter und Tochter, der sich in ihm zeigt.*

3 *Bestimmen Sie Erzählform und Erzählverhalten sowie die Form der Darbietung (siehe dazu ▷ S. 17).*

4 *Stellen Sie die Figurenkonstellation grafisch dar (vgl. ▷ S. 18). Greifen Sie dazu auch auf die Informationen des einführenden Abschnitts zurück. Arbeiten Sie im Heft.*

!

Modernes Erzählen
Seit der technischen Revolution im 19., spätestens aber mit Beginn des 20. Jahrhunderts fällt es schwer, die **immer komplizierter werdende Welt** im Großen (z. B. Technik, Wissenschaft, Politik) wie im Kleinen (z. B. Beziehungen im Zeitalter der neuen Medien) zu erfassen und zu verstehen. Das Wissen und seine Anwendung expandieren rasend schnell, Gewissheiten schwinden. Die Literatur bleibt davon nicht unberührt:

- Die im Roman **dargestellte Wirklichkeit** ist häufig von Brüchen und Widersprüchen gekennzeichnet. Darstellungen eines geschlossenen, überschaubaren und sinnvollen Weltbildes finden sich kaum mehr.
- Die **auftretenden Figuren** verhalten sich oft problematisch, z. B. passiv oder ängstlich, sind orientierungslos oder (erfolglos) auf Sinnsuche. Den starken, sich behauptenden Helden gibt es nicht mehr. Häufig gerät die Hauptfigur zum **Antihelden**, mit dem keine Identifizierung mehr möglich ist.
- Die **Handlung** erscheint häufig unzusammenhängend und nicht logisch aufeinander aufbauend. Assoziationen und Erinnerungen bestimmen häufig die von Zeitsprüngen unterbrochene Abfolge des Erzählten. Mitunter ist ein zusammenhängender Handlungsgang nicht oder kaum mehr erkennbar.
- **Moderne Erzählfiguren** verfügen meist über eine eingeschränkte Sicht der Dinge. Der moderne Erzähler ist nicht mehr souverän und allwissend. Häufig wird die Handlung aus der Sicht eines personalen Ich-Erzählers dargeboten (moderne Erzähltechnik, ▷ S. 17).

5 *Lesen Sie den folgenden Textausschnitt aufmerksam.*

Zoë Jenny
Das Blütenstaubzimmer (2)

Schon bald nach Alois' Tod hat Lucy einen neuen Bekannten, den wohlhabenden Vito, mit dem sie viel Zeit verbringt. Jo bleibt die meiste Zeit alleine im Haus der Mutter zurück. Auf einer Autofahrt entwickelt sich folgendes Gespräch zwischen Jo und Lucy.

Die Luft aus der Klimaanlage ist so kalt, dass sich die blonde Haarsteppe auf unseren Armen aufrichtet. Lautlos rollen wir den Hügel hinab. „Wirst du Vito jetzt öfter treffen?", frage ich.

Lucy nickt kaum sichtbar.

„Er scheint ziemlich reich zu sein."

„Eigentlich geht es dich ja nichts an", sagt sie, „aber er hat das Vermögen seines Onkels geerbt."

„Schön, dann hat er ja Zeit für dich", sage ich und freue mich, dass es unverschämt geklungen hat, aber Lucys Mund bildet eine unbewegte horizontale Linie. Sie sitzt so selbstverständlich hinter dem Lenkrad, als hätte sie immer schon in diesem Auto gesessen. Es ist der erste Gegenstand, den sie aus Vitos Welt mitbringt, aber schon bald wird sich das Haus verändern, mit Vitos Geschenken füllen, seine und ihre beiden Stimmen werden zwischen den Wänden, in denen Alois gelebt hat, emporsteigen, und es wird so natürlich sein, als hätte es nie etwas anderes gegeben. Lucy ist ins Nachbardorf gefahren. Das Dorf ist eine einzige große Baustelle. Wir steigen aus und blicken hinter einen Gitterzaun, in eine etwa fünfzehn Meter tiefe Baugrube. Arbeiter in gelben Overalls schaufeln Erdklumpen auf Förderbänder, Bagger krallen ihre Schaufeln in den Boden, heben Steine hoch und lassen sie in eine Mulde donnern. Lastwagen fahren schwer beladen davon und die Betonmischer bereiten das Fundament für die Tiefgarage des Hotels vor. Neben uns stehen Kinder, die Finger um das Gitter geklammert, und wetteifern mit lauten hellen Stimmen, die den Baulärm nur mit größter Anstrengung zu übertönen vermögen, wie lange es noch dauern wird, bis das Hotel steht. Lucy ist zum Auto zurückgekehrt und frisiert sich im Rückspiegel. Ich frage sie, ob das hier eines von Vitos Unternehmen ist, aber sie zuckt nur gleichgültig mit den Schultern und lässt den Motor an. Ich hoffe, sie fährt noch weiter, irgendwohin an einen Ort, an dem wir noch nie waren, aber sie fährt denselben Weg zurück, den wir gekommen sind. Eine Leichtigkeit umgibt Lucy wie eine undurchdringliche Glocke, und nur um etwas in Bewegung zu setzen, drücke ich auf den Knopf, der das Fenster hinuntersurren lässt. Das Bild von Lucys gleichgültig zuckenden Schultern im Kopf, ist mir plötzlich alles völlig egal, und ich beuge mich zu ihr und zische an ihre Wange: „Wenn du schon nicht sagen kannst, ob es Vito war, der das halbe Dorf hat abreißen lassen, um seine Hotels zu bauen, könntest du mir jetzt wenigstens erzählen, was mit Alois geschehen ist. Es war doch kein Unfall, nicht wahr? Ein einziges Mal zumindest sollten wir darüber sprechen, wir wissen doch beide, dass du Alberti [d.i. Lucys Psychiater] angelogen hast.“

Ich sage das alles ganz schnell und kalt und merke, wie die Sätze hängen bleiben. Das Blut ist aus Lucys Lippen gewichen, in den Mundwinkeln kleben ein paar rosa Krümel ihres Lippenstiftes. Schweigend rast sie die kurvenreiche Straße hoch. Über den Olivenbäumen, die den Hügel bedecken, sieht man bereits ein Stück der Dorfmauer. Dort schaue ich hinauf und warte darauf, dass das Dorf mit jedem Meter, den wir zurücklegen, mehr zum Vorschein kommt. Langsam senken sich die Sätze, schwer wie Eisenbalken, herab. Drücken mich in den Sitz hinein und bleiben bewegungslos auf mir liegen, bis wir im Haus sind und jeder auf sein Zimmer geht.

6 *Beschreiben Sie das Verhältnis zwischen Mutter und Tochter.*

7 a) *Untersuchen Sie, welche Merkmale modernen Erzählens an den Textausschnitten (1) und (2) zu belegen sind.*
b) *Arbeiten Sie die folgende Tabelle aus.*

Merkmale des Erzählens	Textbelege (mit Zeilenangabe)
dargestellte Wirklichkeit/ Weltbild	
Gesellschaft/Menschen kalt und berechnend	Dorf wird zerstört für Tourismus (Vito verdient, viele – z. B. Kinder – verlieren), Bagger wie Raubtiere (Zeile 22): „krallen ihre Schaufeln“

Figuren

Handlung

Erzähltechnik

TIPP

Einen literarischen Text kreativ erschließen
Der Zugang zum Inhalt und zur Aussage- und Wirkungsabsicht eines Romans kann – **ergänzend zur systematischen Texterschließung** – auch auf **kreative Weise** erfolgen:

- Notieren Sie Bemerkungen, Fragen, ... am Rand des Textes (= **kommentierendes Lesen des Textes**).
- Entwerfen Sie einen Steckbrief zu einer Figur, fügen Sie an Kernstellen (z. B. in Sprech- und Gedankenblasen) mögliche Bemerkungen der Figuren ein oder formen Sie den Text in Dialogform, ein Hörspiel oder einen Comic um (= **konkretisierendes Aneignen des Textes**).

8 *Lesen Sie den Text genau. Fügen Sie am Rand in Gedankenblasen ein, was Jo durch den Kopf gehen könnte.*

Zoë Jenny
Das Blütenstaubzimmer (3)

Nachdem es ihr nicht gelingt, eine aufrichtige Beziehung zur Mutter herzustellen, beschließt Jo, zum Vater zurückzukehren. Dieser lebt schon seit mehreren Jahren mit Anna und deren Tochter Paulin zusammen. Da Jos Vater krank ist, holt Anna sie vom Bahnhof ab. Erst jetzt erfährt Jo davon, dass Anna hochschwanger ist.

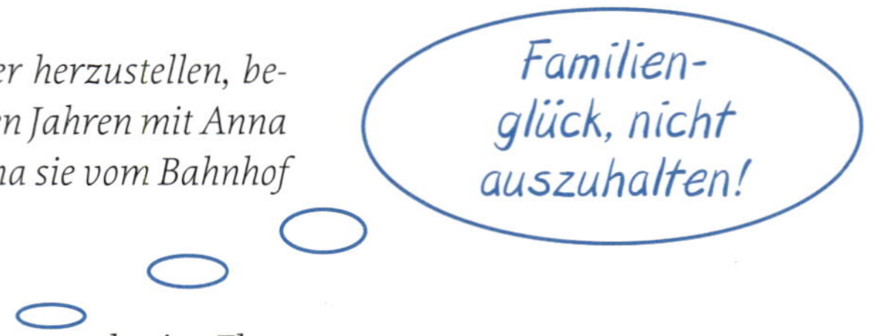

Das Erste, was ich sehe, als ich ins Haus komme, ist ein Kinderwagen, der im Flur bereitsteht, um das Kind aufzunehmen und herumzufahren. Anna führt mich in den oberen Stock in Vaters Zimmer. Sein Gesicht ist zum Fenster gekehrt. Es riecht nach Kräutertee und frischen Leintüchern. Auf seinem Nachttisch steht eine Flasche Hustensaft. Daneben der klebrige kreisförmige Abdruck eines Löffels. Es ist sehr warm im Zimmer. Vaters Augen glänzen vom Fieber. Seine Haut ist trocken und irgendwie schuppig. Ein Luftbefeuchter röchelt neben dem Bett. „Ich habe gehofft, du würdest bald kommen. Ich wollte es dir nicht im Brief schreiben. Es wird wahrscheinlich ein Mädchen, gerade gestern erst haben wir es im Ultraschall gesehen, der Arzt meint, es sei völlig gesund."

Während er dann davon spricht, dass ich hierbleiben könne und Anna mir dabei helfen werde, eine Stellung zu finden, suche ich im Zimmer nach den Zigarettenstummeln, die früher wie kleine Soldaten den Tischrand säumten. Es beunruhigt mich, keine zu finden. Viel mehr als das Kind und der merkwürdig milde Ausdruck in Vaters Gesicht. Viel mehr als die Flecken auf seinen Handrücken, die ich zum ersten Mal sehe, und der Luftbefeuchter und dieses deprimierende Röcheln, das nicht aufhört.

„Rauchst du nicht mehr?" Diese Frage überrascht ihn so sehr, dass er einen Moment lang nichts sagt, nur milde nachsichtig lächelt, und ich presse die Fingernägel in die Handballen, damit ich sie ihm nicht ins Gesicht schlage. Ohne anzuklopfen, kommt Anna herein und bringt das Thermometer.

9 a) *Versetzen Sie sich in den Vater und schreiben Sie einen Brief an Jo, in dem Sie ihr die neue Familiensituation erklären.*
b) *Schreiben Sie in der Rolle von Jo einen Brief an ihren Vater, der die Szene oben aufnimmt.*

Lyrik erschließen: Aufklärung, Sturm und Drang und Moderne

!

Die Aufklärung als literaturhistorische Epoche
Der Begriff „Aufklärung" bezeichnet eine **gesamteuropäische Epoche**, die das **18. Jahrhundert** beherrschte und einen **Umbruch in Denken und Weltsicht** zur Folge hatte. Leitend ist die Überzeugung, dass allein konkrete **Erfahrungen** und Sinneseindrücke als Quelle menschlicher Erkenntnis gelten können. Das Experiment wird zur Basis wissenschaftlichen Arbeitens. Der Mensch wird als ein von Vernunft geleitetes Wesen verstanden, das sich kraft seines Verstandes aus seiner „selbst verschuldeten Unmündigkeit" (**Immanuel Kant**, 1784) befreien kann. **Liberalität, Toleranz** und Anerkennung der **Vernunft als Entscheidungsinstanz** werden auch in religiösen Fragen verlangt. Der Führungsanspruch der Religion wird verneint, darauf fußende Machtansprüche gebrochen (z. B. Wandel vom Gottesgnadentum des Herrschers hin zum Gedanken der Volkssouveränität; ein aufgeklärter Monarch legitimiert sich nicht durch sein Gottesgnadentum, sondern durch seine Leistungen, auch für die Untertanen).
Die **Schriftsteller der Aufklärung** (z. B. Gottsched, Lessing, Claudius) versuchen, den Leser zur Vernunft, zur Humanität und zu moralisch richtigem Handeln zu **erziehen**. Die Literatur dieser Epoche ist daher häufig von einem **lehrhaften Charakter** geprägt.

C. F. Gellert (1715–1769)

1 *Lesen Sie das folgende Gedicht.*

Christian Fürchtegott Gellert
Das Kutschpferd (1748)

Ein Kutschpferd sah den Gaul den Pflug im Acker ziehn
Und wieherte mit Stolz auf ihn.
„Wann", sprach es und fing an, die Schenkel schön zu heben,
„Wann kannst du dir ein solches Ansehn geben?
Und wann bewundert dich die Welt?"
„Schweig", rief der Gaul, „und lass mich ruhig pflügen;
Denn baute nicht mein Fleiß das Feld:
Wo würdest du den Hafer kriegen,
Der deiner Schenkel Stolz erhält?
Die ihr die Niedern so verachtet;
Vornehme Müßiggänger, wisst,
Dass selbst der Stolz, mit dem ihr sie betrachtet,
Dass euer Vorzug selbst, aus dem ihr sie verachtet,
Auf ihren Fleiß gegründet ist.
Ist der, der sich und euch durch seine Händ' ernährt,
Nichts Bessres als Verachtung wert?
Gesetzt, du hättest bessre Sitten:
So ist der Vorzug doch nicht dein.
Denn stammtest du aus ihren Hütten:
So hättest du auch ihre Sitten.
Und was du bist, und mehr, das würden sie auch sein,
Wenn sie wie du erzogen wären.
Dich kann die Welt sehr leicht, ihn aber nicht entbehren."

2 *Tragen Sie C. F. Gellerts Gedicht „Das Kutschpferd" laut vor. Welche Stimmung (ruhig, bewegt, aggressiv, revolutionär ...) geht von ihm aus?*

3 *Wie sind Selbstverständnis und Selbstbewusstsein des Ackergauls begründet? Notieren Sie kurz.*

☆ **4** *a) Bei dem Gedicht handelt es sich um eine in Versform gebrachte Fabel. Formulieren Sie die Aussageabsicht dieser Fabel.*
b) Informieren Sie sich in einem Literaturlexikon über die Gattung der Fabel und notieren Sie in Ihrem Heft, weshalb die Fabel in der Aufklärung große Beliebtheit genoss.

!

Die Literatur des Sturm und Drang

Anders als bei der Aufklärung handelt es sich beim Sturm und Drang um eine lediglich **auf Deutschland begrenzte, literarische Strömung** zwischen ca. **1767 und 1785**, der zudem nur wenige Autoren angehören (z. B. Goethe, Schiller, Bürger).

Der Sturm und Drang basiert zwar auf den **aufklärerischen Idealen** (z. B. kritisches Denken, Toleranz, Ablehnung religiöser und weltanschaulicher Starrheit), aber dem (als einengend empfundenen) unbedingten Glauben der Aufklärer an die nüchterne Vernunft **setzen** die Autoren des Sturm und Drang die Betonung von **Gefühl, Individualität** und **Schöpfungskraft** entgegen. Das Idealbild des Dichters ist das **Genie**, das spontan nach eigenen Regeln Kunstwerke schafft und alle starren Konventionen ablehnt. Die **Natur** ist für diese Dichter, die sich häufig wild, trotzig und aufrührerisch geben, die Quelle des Schöpferischen und Lebendigen. Thema vieler Dichtungen ist die (meist zwecklose) **Auflehnung** gegenüber den überlieferten gesellschaftlichen Konventionen und Autoritäten (Vaterfiguren, staatlichen Institutionen usw.).

1 *Tragen Sie F. L. Graf zu Stolbergs Gedicht „Die Freiheit" laut vor und bestimmen Sie den Unterschied im Ton, der sich im Vergleich zu Gellerts Gedicht „Das Kutschpferd" (▷ S. 81) zeigt. Notieren Sie Ihren Eindruck.*

____

2 *a) Unterstreichen Sie im Text die sprachlichen Gestaltungsmittel, die diesen Redegestus erzeugen (formale Gestaltung, rhetorische und bildhafte Stilmittel, Wortwahl, vgl. ▷ S. 54).*
b) Benennen Sie diese in der Randspalte.

Friedrich Leopold Graf zu Stolberg
Die Freiheit (1775)

Freiheit! Der Höfling kennt den Gedanken nicht! → *direkte Anrede, Ausruf; Höfling: abwertend*
Der Sklave! Ketten rasseln ihm Silberton!
Gebeugt das Knie, gebeugt die Seele,
Reicht er dem Joch den erschlafften Nacken!

Uns, uns ein hoher seelenverklärender
Gedanke! Freiheit! Freiheit! wir fühlen dich!
Du Wort, du Kraft, du Lohn von Gott uns!
O! wo noch voller ins Herz der Helden

Dein Nektar strömte, jener, an deren Grab
Nachwelten staunen; ström! o entflamm uns ganz!
Denn sieh, in deutscher Sklaven Händen
Rostet der Stahl, ist entnervt die Harfe!

Nur Freiheitsharfe ist Harfe des Vaterlands!
Wer Freiheitsharfe schlägt, ist wie Nachtorkan
Vor Donnerwettern! Donnre! Schlachtruf!
Schwerter, fliegt auf, dem Gesandten Gottes!

Nur Freiheitsschwert ist Schwert für das Vaterland!
Wer Freiheitsschwert hebt, flammt durch das Schlachtgewühl,
Wie Blitz des Nachtsturms! Stürzt, Paläste!
Stürzen, Tyrann, den Verderber Gottes!

O Namen! Namen! festlich, wie Siegsgesang!
Tell! Hermann! Klopstock! Brutus! Timoleon!
O ihr, wem freie Seele Gott gab,
Flammend ins eherne Herz gegraben!

3 *Informieren Sie sich über die in V. 22 genannten Persönlichkeiten. Erläutern Sie, weshalb sie vom Autor genannt werden.*

4 *Vergleichen Sie die beiden Gedichte „Das Kutschpferd“ (S. 81) und „Die Freiheit“ (S. 82). Tragen Sie Ihre Beobachtungen in die nachfolgende Tabelle ein.*

Christian Fürchtegott Gellert **Das Kutschpferd**		Friedrich Leopold Graf zu Stolberg **Die Freiheit**
	Darstellung der herrschenden gesellschaftlichen Zustände	
	(direkte oder indirekte) Forderung an die Mächtigen bzw. die Untertanen	
	Sprache, Stil, Redegestus (Stimmung, Tonlage o. Ä.)	
ein typisches Beispiel für die Dichtung der Aufklärung		ein typisches Beispiel für die Dichtung des Sturm und Drang

5 *Fassen Sie den Inhalt von Goethes Gedicht „Vor Gericht“ in eigenen Worten kurz zusammen.*

6 *Welches für seine Zeit völlig neuartige Frauenbild wird in diesem Gedicht des Sturm und Drang entworfen?*

Johann Wolfgang Goethe
Vor Gericht (1776)

Von wem ich es habe, das sag ich euch nicht,
Das Kind! in meinem Leib.
„Pfui!“, speit ihr aus: „die Hure da!“
Bin doch ein ehrlich Weib.

Mit wem ich mich traute, das sag ich euch nicht.
Mein Schatz ist lieb und gut,
Trägt er eine goldene Kett am Hals,
Trägt er einen strohenen Hut.

Soll Spott und Hohn getragen sein,
Trag ich allein den Hohn.
Ich kenn ihn wohl, er kennt mich wohl,
Und Gott weiß auch davon.

Herr Pfarrer und Herr Amtmann ihr,
Ich bitte, lasst mich in Ruh!
Es ist mein Kind, es bleibt mein Kind,
Ihr gebt mir ja nichts dazu.

Wiederholung: Schritte der Gedichterschließung

Ein Gedicht zu interpretieren heißt, den oftmals nur symbolhaft zu verstehenden Inhalt des Textes auszulegen, um so dessen **Aussage- und Wirkungsabsicht deuten** zu können.
Voraussetzung dafür ist eine **gründliche Texterschließung**. Diese umfasst eine genaue Betrachtung

- des **Inhalts**: Sprechsituation (Wer spricht wann, wo, zu wem?); inhaltlicher und gedanklicher Aufbau; übergeordnetes Thema (aufgeworfene Frage- und Problemstellung),
- der **Form und deren Bedeutung für die Textaussage** (Gliederung in Strophen und Verse?, Metrum?, Rhythmus?, Reimschema?),
- der **sprachlichen Gestaltungsmittel und ihrer Wirkung auf den Text** (sprachliche und stilistische Mittel ▷ Umschlag hinten und S. 82 f.).

Zur Interpretation des Textes gehört aber auch eine Betrachtung

- der **gesellschaftlichen und historischen Hintergründe** sowie
- der **gültigen literarischen Strömungen und Normen**, die zur Entstehungszeit des Gedichtes herrschten.
- In einigen Fällen lassen sich Gedichte auch nur mit Hilfe des Wissens um **biografische Bezüge** (Lebensumstände des Autors) umfassend verstehen.

7 *Lesen Sie das Gedicht.*

Thomas Rosenlöcher
Die Distel (1982, überarb. Fassg. von 1998)

Fernhin sah ich Schlotfahnen, schrägab zackig.
Doch über mir, sich zwitschernd überschlagend,
stieg eine Lerche hoch auf. Sei doch still.
Macht kommt auf Macht. Machtlosigkeit hinkt mit.
Was soll sich da noch, denn zum Schlechten, ändern.
So dachte ich. Doch eine Distel stand
aufrecht, von Purpur überaus gefürstet,
in ihrer Stachel Anmut filigran
und brach den Stein. Um sie her war geordnet,
was da an Landschaft, Feld und Hügel, lag,
und wo ich hinging, stand sie abermals.
Da wusste ich, wenn auch die Kommissionen
den Horizont mit Dynamit vergittern,
geht sie und geht, des Löwen stille Schwester,
auf den Beton, das Feld besetzend, zu.
Denn es wird Zeit. Die Stockwerke des Dunkels
muss ihres Krauts Gefieder gründlich zähnen
und, ringsumher von wilden Kletten starrend,
im Wunder ihrer Blüten übersteigen,
dass auch die Tiefe noch ein Abglanz trifft.

ausdrucksstarke Adjektive und Partizipien, deuten Gegensatz an

Lerche: Metapher für Freiheit, Ungezwungenheit

8 *Nähern Sie sich dem Gedicht auf kreative Weise, indem Sie die Szenerie z. B. in eine Bleistift- oder Kreidezeichnung umsetzen.*

9 *Fassen Sie stichpunktartig zusammen*
a) die Sprechsituation und
b) den gedanklichen Aufbau des Gedichts.

10 *Versuchen Sie eine erste Deutung: Wofür steht die Distel metaphorisch (bildhaft)?*

11 *Arbeiten Sie am Text.*
a) Markieren Sie die auffallendsten sprachlichen und bildlichen Gestaltungsmittel.
b) Halten Sie auf den Schreiblinien rechts neben dem Gedicht kurz deren Bezeichnung und Bedeutung/Funktion fest.

12 *Interpretieren Sie das Gedicht stichpunktartig. Beziehen Sie die unten stehenden Informationen mit ein.*

Thomas Rosenlöcher, geb. 1947 in Dresden (ehem. DDR), 1970 Abitur, Studium der Betriebswirtschaft und der Literatur, seit 1983 freier Schriftsteller, ironische und kritische Gedichte zum politischen System der DDR, Naturlyrik als Mittel versteckter, indirekter Kritik, seit 1990 zahlreiche literarische Auszeichnungen

Distel, ein Gewächs, das heute bloß mit „Kratzbürstigkeit" in Verbindung gebracht wird. In früheren Zeiten waren verschiedene Distelarten wegen der aus ihnen bereiteten Heilmittel und auch wegen andersartig empfundener Symbolik höher geschätzt. Da abgeschnittene Disteln ihre Form nicht verlieren, dienen sie als Sinnbilder für Standhaftigkeit. Im christlichen Abendland erinnerte die Stachelpflanze an die Leiden Christi und der Märtyrer („je mehr Leid ihnen zugefügt wird, desto höher wachsen sie empor").

Quelle: Knaurs Lexikon der Symbole

!

Traditionelle und moderne Gestaltungsmittel der Lyrik

Kennzeichen der Lyrik ist die Verwendung von **gebundener, sich an poetische Regeln haltender Sprache** zur Erzeugung der gewünschten Aussageabsicht oder Wirkung. Die Gliederung in Verse und Strophen ist das übergreifende (äußere) Merkmal lyrischer Texte.

Als **traditionelle Gestaltungsmittel** können zudem gelten

- die Verwendung eines besonderen Metrums und Reimschemas,
- die bewusste Wahl des Sprachstils, der dem Redegegenstand entspricht (z.B. gehobener Ton),
- die Verwendung bekannter bildhafter und rhetorischer Figuren.

Demgegenüber versteht man unter **modernen Gestaltungsmitteln** zum Beispiel

- die bewusste Abwendung von festen Gedichtformen, Reimschemata und Metren,
- die Verwendung von Alltagssprache,
- den Verzicht auf (herkömmliche) rhetorische Mittel und bildliche Gestaltungsmittel,
- die Verwendung neuartiger, z.T. kaum oder nicht mehr eindeutig zu interpretierender Bilder (Symbole und Chiffren).

Die Frage, was als „modern" gelten darf, ist dabei schwer zu beantworten. Seit der Antike bemühen sich die Dichter um neue Ausdrucksformen. Vermeintlich moderne Stilmittel unserer Gegenwart fanden daher häufig schon in vergangenen Jahrhunderten Verwendung.

13 *Lesen Sie das Gedicht von J. W. Goethe.*

Johann Wolfgang Goethe

An Schwager[1] Kronos[2] (1774)

Spute dich, Kronos!
Fort den rasselnden Trott!
Bergab gleitet der Weg;
Ekles Schwindeln zögert
Mir vor die Stirne dein Zaudern.
Frisch, holpert es gleich,
Über Stock und Steine den Trott
Rasch ins Leben hinein!

Leben als schnelle Fahrt

Nun schon wieder
Den eratmenden Schritt
Mühsam Berg hinauf!
Auf denn, nicht träge denn,
Strebend und hoffend hinan!

Weit, hoch, herrlich der Blick
Rings ins Leben hinein;
Vom Gebirg zum Gebirg
Schwebet der ewige Geist,
Ewigen Lebens ahndevoll.

Seitwärts des Überdachs Schatten
Zieht dich an
Und ein Frischung verheißender Blick
Auf der Schwelle des Mädchens da.
Labe dich! – Mir auch, Mädchen,
Diesen schäumenden Trank,
Diesen frischen Gesundheitsblick!

Ab denn, rascher hinab!
Sieh, die Sonne sinkt!
Eh sie sinkt, eh mich Greisen
Ergreift im Moore Nebelduft,
Entzahnte Kiefer schnattern
Und das schlotternde Gebein –

Trunken vom letzten Strahl
Reiß mich, ein Feuermeer
Mir im schäumenden Aug,
Mich geblendeten Taumelnden
In der Hölle nächtliches Tor.

Töne, Schwager, ins Horn,
Rassle den schallenden Trab,
Dass der Orkus[3] vernehme: wir kommen,
Dass gleich an der Türe
Der Wirt uns freundlich empfange.

[1] **Schwager:** hier: Kutscher
[2] **Kronos:** Gott der Zeit
[3] **Orkus:** Ort der Toten

14 *Halten Sie in Ihrem Heft den Gedankengang des Gedichts Strophe für Strophe mit eigenen Worten fest.*

15 *a) Markieren Sie mit Leuchtstift im Text die Ihrer Meinung nach markantesten der verwendeten Bilder.*
b) Notieren Sie am Rand stichpunktartig deren Bedeutung.

16 *Beschreiben Sie in Ihrem Heft anhand der Strophen 5 und 6 die Besonderheiten des Satzbaus in diesem Gedicht und erklären Sie mit Hilfe der Informationen zum Sturm und Drang (▷ S. 82) diese Art der Sprachverwendung.*

17 *Interpretieren Sie das im Text deutlich werdende Selbstbewusstsein des Sprechers und dessen Lebensentwurf.*

18 *Handelt es sich bei diesem Text um ein modernes Gedicht? Begründen Sie Ihre Meinung anhand sprachlicher Kriterien.*

19 *Lesen Sie das folgende Gedicht von Peter Härtling.*

Peter Härtling

Versuch, mit meinem Sohn zu reden (1999)

Ich wollte dir erzählen,
mein Sohn,
im Zorn,
über deine scheinbare
Gleichgültigkeit,
über deine eingeredete Fremde
zwischen uns,
wollte ich dir erzählen,
zum Beispiel,
von meinem Krieg,
von meinem Hunger,
von meiner Armut,
wie ich geschunden wurde,
wie ich nicht weiterwusste,
wollte dir
deine Unkenntnis
vorwerfen,
deinen Frieden,
deine Sattheit,
deinen Wohlstand,
die auch
die meinen sind,
und während ich schon redete,
dich mit Erinnerungen prügelte,
begriff ich, dass
ich dir nichts beibrächte
als Hass und Angst,
Neid und Enge,
Feigheit und Mord.
Meine Erinnerung ist
nicht die deine.
Wie soll ich
dir das Unverständliche erklären?
So reden wir
über Dinge,
die wir kennen.
Nur wünsche ich
insgeheim,
Sohn, dass du, Sohn,
deinem Sohn
deine Erinnerung
nicht verschweigen musst,
dass du
einfach sagen kannst:
Mach es so
wie ich,
versuche zu kämpfen,
zu leben,
zu lieben
wie ich,
Sohn.

20 *Erschließen Sie die sprachlich-stilistische Gestaltung des Gedichtes „Versuch, mit meinem Sohn zu reden“. Arbeiten Sie dabei am Text (Unterstreichungen, Anmerkungen usw.).*

21 *Zählen Sie in Ihrem Heft die modernen Gestaltungsmittel auf, die in Peter Härtlings Gedicht zu finden sind.*

22 *Interpretieren Sie das Gedicht, indem Sie das thematisierte Verhältnis zwischen Vater und Sohn berücksichtigen.*

Wertende und appellative Texte analysieren

!

Sachtexte sind **informierende Texte**, wie man Sie z. B. in Zeitungen, Zeitschriften, Lexika, Lehrbüchern und Sachbüchern findet. Die sprachlich-stilistische Gestaltung eines Sachtextes lässt Rückschlüsse auf die Absicht des Autors/der Autorin, aber auch auf die Textsorte zu:

- Es kann die Absicht des Autors oder der Autorin sein, sachlich und wertfrei über bestimmte Zusammenhänge oder Geschehnisse zu informieren, z. B. in Sachbüchern, Gebrauchsanweisungen, fachlichen oder wissenschaftlichen Abhandlungen.
  Journalistische Textsorten, die sachlich informieren wollen, sind Bericht und Nachricht.
- Will ein Autor oder eine Autorin überzeugen, kritisieren, zum Nachdenken anregen oder Verhaltensweisen ändern, bezeichnet man den Text als wertend oder appellativ, z. B.: Rede, Flugblatt, Plakat.
  Journalistische Textsorten mit appellativer Absicht sind z. B. Kommentar, Glosse oder Rezension.

1 *Lesen Sie die beiden folgenden Texte.*

Text 1

Alkoholkonsum Jugendlicher deutlich angestiegen

Köln – Die Jugendlichen in Deutschland trinken deutlich mehr Alkohol als noch vor einigen Jahren. Darauf hat die Bundeszentrale für gesundheitliche Aufklärung (BZgA) anlässlich der Suchtwoche 2007 vom 14. bis 18. Juni hingewiesen. Die Woche steht in diesem Jahr unter dem Motto „Alkohol – Verantwortung setzt die Grenze".

Dieser Anstieg ist besonders auffällig bei den 16- bis 17-jährigen männlichen Jugendlichen. Bei den Jungen dieser Altersgruppe lag die durchschnittliche wöchentliche Trinkmenge an reinem Alkohol im Jahr 2004 bei 127 Gramm, sank im Jahr 2005 auf 108 Gramm und liegt im Jahr 2007 bei etwa 150 Gramm reinem Alkohol im Wochendurchschnitt. Dies entspricht umgerechnet rund zwei Gläsern alkoholischer Getränke an jedem Tag der Woche.

Auch bei den weiblichen Jugendlichen im Alter von 16 bis 17 Jahren ist zwischen 2005 und 2007 ein Anstieg in der wöchentlichen Gesamtalkoholmenge von 42 Gramm auf 53 Gramm festzustellen. Damit liegt die Trinkmenge in etwa wieder auf dem Niveau von 2004. Damals tranken die weiblichen Teenager im Wochendurchschnitt 54 Gramm reinen Alkohol.

Sowohl bei den Jungen als auch bei den Mädchen nimmt die Bereitschaft zu, innerhalb kürzerer Zeit mehr als fünf Gläser alkoholischer Getränke zu trinken. Dies auch als „Binge-Drinking" bezeichnete Verhalten ist laut BZgA ein Indikator für riskanten Alkoholkonsum. Jeder zweite Jugendliche im Alter von 16 bis 17 gab Anfang 2007 an, im letzten Monat mindestens an einem Tag fünf oder mehr Gläser Alkohol getrunken zu haben. Im Jahr 2005 lag dieser Wert noch bei 40 Prozent der Jugendlichen.

Die Drogenbeauftragte der Bundesregierung, Sabine Bätzing (SPD), forderte einen verantwortungsvolleren Umgang der Gesellschaft mit Alkohol. Es gelte, selbstkritisch auch den eigenen Konsum zu hinterfragen. „Denn Kinder und Jugendliche folgen in ihrem Trinkverhalten dem, was sie Tag für Tag beobachten und erleben können", erklärte Bätzing. Es müsse gelten: „Ansprechen statt schweigen."

aerzteblatt.de, 12. Juni 2007

Text 2

Aus der Sendung „Teledoktor"

Jugend und Alkohol

Komasaufen nennt man das, wenn sich Jugendliche innerhalb kürzester Zeit mit Alkohol volllaufen lassen. Und damit ist nicht etwa ein „Über-den-Durst-Trinken" gemeint, sondern ein gezieltes Trinken bis zum Umfallen. Kampf- und Wetttrinken wird es auch genannt, und Sie werden es vielleicht nicht glauben, aber das ist bei Jugendlichen absolut „in". Binge-Drinking heißen diese Alkoholexzesse in der Fachsprache und nicht selten enden sie im Krankenhaus. Diagnose: Alkoholvergiftung.

Seit 1990 hat sich die Zahl der Jugendlichen zwischen 15 und 19 Jahren, die mit einer Alkoholvergiftung im Krankenhaus behandelt werden, verdreifacht. Und es sind nicht nur die männlichen Jugendlichen, die sich da hervortun, denn jeder zweite Jugendliche mit Alkoholvergiftung ist mittlerweile weiblich! Das war vor einigen Jahren noch deutlich anders. Und dabei spielen nicht nur Schnaps und Bier eine große Rolle. Verantwortlich für diese Entwicklung werden auch die so genannten Alkopops gemacht. Bunte, süße Mixgetränke aus der Flasche, mit einem Alkoholgehalt von bis zu sieben Prozent. Das ist eine ganze Menge, und eisgekühlt ist der Alkohol, der darin enthalten ist, fast nicht mehr zu schmecken. Mit der Folge, dass eben auch Kinder und junge Frauen, denen ein Bier oder Schnaps nie schmecken würde, zu diesen Mixgetränken greifen. Das Teuflische ist, dass die Jugendlichen gar nicht einschätzen können, was sie da tatsächlich an Alkohol zu sich nehmen. Und manchmal ist dann eben erst Schluss, wenn das Portmonee leer ist oder wenn ein Kind umfällt.

Alkoholexzesse haben oft schwerwiegende Folgen für Jugendliche und junge Erwachsene. Aber nicht nur, dass ein heranwachsender Mensch Alkohol schlechter verkraftet, auch die Folgen sind gravierender. Es ist beispielsweise erwiesen, dass bei regelmäßig alkoholisierten Jugendlichen die Gehirnentwicklung gestört ist und die Leistungs- und Lernfähigkeit nachlässt. Und mit dem frühen Einstieg steigt die Gefahr, alkoholabhängig zu werden. Schon heute trinken etwa neun Prozent der 16- bis 17-Jährigen regelmäßig zu viel Alkohol und vier Prozent dieser Altersgruppe kann man als alkoholabhängig bezeichnen. Und ich möchte auch einmal auf die gesellschaftlichen Folgen hinweisen. Trinkende Jugendliche sind häufiger in tödliche Verkehrsunfälle verwickelt, begehen mehr Straftaten und nehmen sich häufiger das Leben.

Nun, eine hohe Sondersteuer für Alkopops ist bestimmt ein Schritt in die richtige Richtung, aber es braucht natürlich mehr als das. Vielleicht wäre ja ein Werbeverbot für Alkohol angebracht. Und was wir nicht vergessen sollten: Erwachsenen und gerade natürlich den Eltern kommt beim Umgang mit Alkohol eine große Vorbildfunktion zu, das ist erwiesen. Das gute Beispiel ist also gefragt. Und es ist wichtig, Kindern den Rücken zu stärken und sie zu kritischen, selbstständigen jungen Erwachsenen zu erziehen. Dann werden sie es einmal nicht nötig haben, auf einer Party beim Kampftrinken mitzumachen, um erwachsen zu wirken oder dazuzugehören. Dann können sie nämlich in diesem Moment entscheiden: Nein danke, blau sein ist für mich echt out!

SWR.de, 9. 11. 2007

2 *Markieren Sie in beiden Texten auf S. 88–89 Textstellen, die erkennen lassen, welche Absicht der Autor mit der Darstellung verfolgt.*

3 *Kreuzen Sie an: Welche Aussagen geben die Autorenabsicht jeweils richtig wieder? Es können auch zwei Kreuze richtig sein, einige Aussagen treffen nicht zu.*

	Text 1	**Text 2**
A Der Text möchte den Leser vor der Verteuerung von Alkohol warnen.	☐	☐
B Die Leserschaft soll informiert werden.	☐	☐
C Es wird Kritik an der Toleranz gegenüber Alkohol geübt.	☐	☐
D Der Verfasser möchte mittels der angeführten Zahlen eine Verhaltensänderung herbeiführen.	☐	☐
E Der Leser soll zum Nachdenken angeregt werden.	☐	☐
F Der Autor möchte unterhalten.	☐	☐
G Mit dem Artikel soll ein Appell an die Jugendlichen gerichtet werden.	☐	☐
H Personen und Sachverhalte werden auf den Arm genommen.	☐	☐
J Der Verfasser möchte eine Lehre vermitteln.	☐	☐

4 a) *Benennen Sie für jeden Text die angesprochene Zielgruppe.*

Text 1: ______________________________

Text 2: ______________________________

b) *Arbeiten Sie für beide Texte in Ihrem Heft eine ausführliche Darlegung der Autorenabsicht aus. Gehen Sie auch auf die Textsorte und die sprachlich-stilistischen Gestaltungsmittel ein. Belegen Sie Ihre Aussagen am Text.*

5 *Schauen Sie sich die beiden folgenden Abbildungen an. Welchem Text würden Sie sie zuordnen?*
a) *Tragen Sie Ihre Zuordnung auf den unten stehenden Schreiblinien ein.*
b) *Begründen Sie Ihre Zuordnung kurz in Ihrem Heft.*

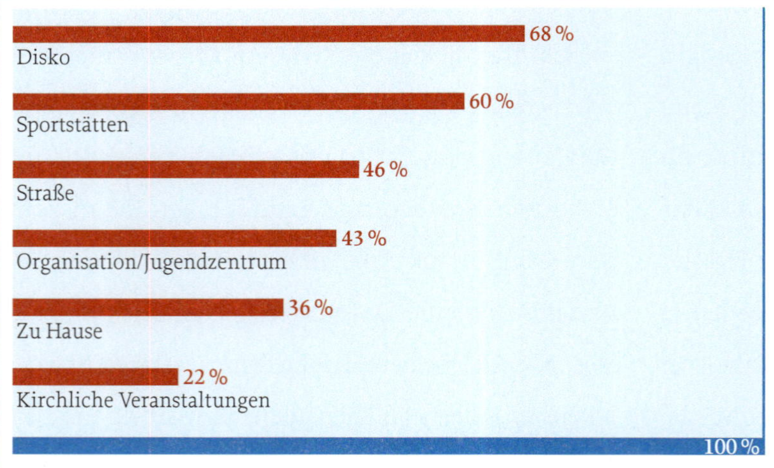

Länderübergreifende HBSC (Health Behaviour in School-aged Children) Studie der Weltgesundheitsorganisation: Regelmäßiger Alkoholkonsum bei 15-Jährigen nach Orten der Freizeitgestaltung, Daten für Deutschland, für das Jahr 2002, angegeben in Prozent

zu Text ______________ zu Text ______________

> **!** In einer **Rezension** wird ein zeitgenössisches Werk (Literatur, bildende Kunst, Musik) beurteilt. Sie deckt dessen Stärken und Schwächen auf und analysiert seine Wirkung. Durch Empfehlung oder Ablehnung regt sie das Publikum an, sich diesem Werk zuzuwenden oder es zurückzuweisen.

1 *a) Lesen Sie den Klappentext zu PeterHøegs Roman „Das stille Mädchen“.*

Kasper Krone ist der berühmteste Clown Europas – und er hat ein phänomenales Gehör. Als eines Tages das Mädchen Klara Maria – von der eine eigenartige Stille ausgeht – verschwindet, ahnt er, dass etwas Entsetzliches geschehen wird, wenn er sie nicht sucht und befreit.
Autojagden, Fensterstürze, eine Flucht durch das Kopenhagener Kanalisationssystem und eine Naturkatastrophe: Peter Høeg ist ein Meister der Spannungsliteratur. Doch er erzählt auch von der Suche nach Weisheit und dem Sinn des Lebens – und von der großen Liebe. Der neue literarische Thriller des Autors von „Fräulein Smillas Gespür für Schnee“.

b) Welche Funktion hat dieser Text? Kreuzen Sie an.

☐ unterhalten ☐ informieren ☐ zum Kauf animieren ☐ berichten

c) Erfüllt der Klappentext die ihm zugedachte Funktion? Begründen Sie kurz.

____

____

____

____

2 *Lesen Sie die beiden folgenden Rezensionen zu diesem Roman.*

Text A

Leserrezension von Manuela Haselberger

Im Mittelpunkt der Handlung steht der Clown Kasper Krone, der jetzt als Musiktherapeut arbeitet. Seit seinem Unfall hat er die ungewöhnliche Gabe, ein einmaliges Gehör zu besitzen. Er hört bei anderen Menschen ihre innere Musik, den inneren Grundton, auf den sie gestimmt sind. Als er dem kleinen Mädchen Klara Maria begegnet, ist er von der tiefen Stille, die von diesem Kind ausgeht, hingerissen. Doch Klara Maria wird entführt und mit ihr zusammen verschwinden noch mehr Kinder. Wer hat ein Interesse daran, die Kinder aus dem Weg zu schaffen, und zu welchem Zweck? Kasper hat eigentlich gar keine Zeit, sich um die Verschwundenen zu kümmern, sein Vater liegt im Hospiz, ihm selbst wird Steuerhinterziehung in hohem Maß vorgeworfen und er wurde aus Dänemark ausgewiesen. Das Schicksal von Klara Maria lässt ihm allerdings keine Ruhe. Peter Høeg steht, wie auch in seinem Roman „Fräulein Smillas Gespür für Schnee“, auf der Seite der Kinder, die schwach sind und oft von Erwachsenen für ihre Zwecke benutzt werden. Die Figuren bleiben jedoch blass und sind in ihren Aktionen schwer zu verstehen, da Høeg sich vornehmlich für das Innenleben von Kasper interessiert und viele Einzelheiten seiner Story erst nach und nach in seinen Roman einfließen lässt. Im Mittelpunkt des Romans steht der Klang, die Musik oder auch der Lärm. Dadurch gelingen ihm zwar wunderschöne, beinahe lyrische Passagen, doch es ist nicht ganz einfach, sich auf Peter Høegs Welt einzulassen, ohne sich darin restlos zu ver(w)irren.

Text B

Dänen lügen nicht

Peter Høegs missglückter Zwitter aus Traktat und Thriller: „Das stille Mädchen"
von Kristina Maidt-Zinke

[...] Worum es dem Verfasser von „Das stille Mädchen" geht, erfahren wir auf einer der letzten von 460 konfusen Seiten. Es ist die in mystischen Traditionen überlieferte These, dass „das Bewusstsein die physische Realität beeinflussen kann". Ein brisantes Thema, vielleicht sogar literaturfähig – nur nicht in der Form, die Peter Høeg gewählt hat. In seiner Geschichte wimmelt es von Menschen mit außergewöhnlichen Fähigkeiten und übernatürlichen Kräften, aber sie bleiben als Figuren völlig uninteressant, wirken flach und blutleer. Der Plot[1] um entführte Kinder, ein kriminelles Immobilienkonsortium, geistig erzeugte Naturkatastrophen und eine heilige Verschwörung ist halsbrecherischer konstruiert als jedes James-Bond-Abenteuer, aber gerade wegen seiner Überfrachtung mit Action-Szenen, Rätseln und Abstrusitäten[2] quälend langweilig. Fazit: Der Traktat[3] geht nach hinten los und der Thriller bleibt auf der Strecke.

Nicht einmal Høegs Held, der halb als ahnungsloses Opfer, halb als Detektiv durch das teilüberflutete Kopenhagen hetzt, scheint komplett auf dem Mist seines Erfinders gewachsen zu sein – dazu erinnert er viel zu sehr an Süskinds Monsieur Grenouille[4]. War jener mit einem extrem verfeinerten Geruchssinn ausgestattet, so verfügt der weltberühmte Musikclown Kasper Krone über die Gabe, Menschen, Orte und Situationen als Klänge wahrzunehmen. Er kann also nicht nur das Gras wachsen hören, sondern auch erlauschen, auf welche Tonart sein Gegenüber gestimmt ist. Das ist eine hübsche Idee, doch wird sie derart beamtenhaft durch die Handlung gezogen, dass einem dabei die Freude an akustischen Phänomenen jeglicher Art vergehen kann. [...] Dass dem spirituell geschulten, hoch sensibilisierten Autor Høeg jedes Gespür für Misstöne fehlt, ist unter den unangenehmen Eindrücken, die dieses Buch hinterlässt, der erstaunlichste.

Die Zeit, 8. 2. 2007

[1] **Plot:** Handlung; in Literatur oder Film gebräuchlich
[2] **Abstrusitäten:** Absonderlichkeit, Verworrenheit
[3] **Traktat:** belehrende Abhandlung
[4] **Patrick Süskind:** Das Parfum; erschienen im Diogenes Verlag

3 *Vergleichen Sie die beiden Rezensionen miteinander.*

a) *Markieren Sie in beiden Texten Passagen, die den Inhalt des Romans vorstellen.*

Geben Sie an, in welchem Text Sie mehr über den Inhalt erfahren: ______________ .

b) *Unterstreichen Sie wertende Passagen. Fassen Sie für jede Rezension das Urteil über den Roman in einem ganzen Satz zusammen.*

Text A: ____

Text B: ____

c) *Geben Sie für die unterlegten Textstellen in Text B die Bedeutung an.*

literaturfähig: Thema/Stoff durchaus geeignet für einen Roman; ______________

____

____

d) *Beschreiben Sie mit Blick auf die sprachliche Gestaltung der beiden Rezensionen den Grundton (z. B. unentschieden, ironisch, wohlwollend, messerscharf, sarkastisch, positiv, anerkennend, distanziert, achselzuckend, neutral). Greifen Sie auf die angebotenen Bewertungen zurück.*

Der Ton in Text A ist ______________________ . Der Ton in Text B ist ______________________ .

e) *Welche der beiden Rezensionen spricht Sie persönlich eher an? Begründen Sie im Heft.*

!

Bei der Analyse einer **Rede** sind folgende Untersuchungsaspekte wichtig:
Redesituation, Inhalt, Redeabsicht/Intention, formaler Aufbau und Argumentation der Rede sowie **sprachlich-rhetorische Mittel** (▷ Umschlag hinten), z. B.:

- □ **direkte Ansprache** der Zuhörerinnen und Zuhörer, z.B. durch Anredepronomen,
- □ **Wecken des „Wir-Gefühls“**, z. B. durch Personalpronomen „wir“,
- □ **Appell** an alle für gemeinsames Ziel, z. B. durch Imperative,
- □ **Wiederholung** von Schlüsselwörtern,
- □ **bildhafte Sprache**, z. B. durch Metaphern, Symbole, Vergleiche (s. Umschlagklappe hinten).

Stellen Sie immer auch die Wirkung dieser Mittel dar.

1 *Lesen Sie die Rede von Bundespräsident Horst Köhler.*

2 *Analysieren Sie den Inhalt der Rede sowie die sprachlich-rhetorische Gestaltung und deren Wirkung. Notieren Sie Ihre Ergebnisse zunächst am Rand.*

Fernsehansprache von Bundespräsident Horst Köhler (2005)[1]

Inhaltliche Aspekte		Sprachlich-rhetorische Mittel
	Liebe Mitbürgerinnen und Mitbürger,	*Anrede: Bundespräsident stellt sich auf eine Stufe mit der Bevölkerung/erzeugt Gefühl der Einheit*
Anlass der Rede: Auflösung des Bundestages	ich habe heute den 15. Deutschen Bundestag aufgelöst und Neuwahlen für den 18. September angesetzt.	*Personalpronomen als Redeanfang: Bekenntnis zur Entscheidung/Verdeutlichung der Verantwortung als Bundespräsident*
Argument 1: Ausgangssituation in Deutschland	Unser Land steht vor gewaltigen Aufgaben. Unsere Zukunft und die unserer Kinder steht auf dem Spiel. Millionen von Menschen sind arbeitslos, viele seit Jahren. Die Haushalte des Bundes und der Länder sind in einer nie da gewesenen kritischen Lage. Die bestehende föderale Ordnung ist überholt. Wir haben zu wenig Kinder und wir werden immer älter. Und wir müssen uns im weltweiten, scharfen Wettbewerb behaupten.	*Wiederholung/Aufzählung: Betonung der Krisenhaftigkeit der Situation*
Argument 2: Notwendigkeit einer von der Parlamentsmehrheit getragenen Regierung	In dieser ernsten Situation braucht unser Land eine Regierung, die ihre Ziele mit Stetigkeit und mit Nachdruck verfolgen kann. Dabei ist die Bundesregierung auf die Unterstützung durch eine verlässliche, handlungsfähige Mehrheit im Bundestag angewiesen.	
	Der Bundeskanzler hat am 1. Juli vor dem Bundestag deutlich gemacht, dass er mit Blick auf die knappen Mehrheitsverhältnisse keine stetige und verlässliche Basis für seine Politik mehr sieht. Ihm werde mit abweichendem Abstimmungsverhalten und Austritten gedroht.	

1 anlässlich der Bitte des amtierenden Bundeskanzlers, Gerhard Schröder, den Bundestag aufzulösen und Neuwahlen zu veranlassen.

Loyalitätsbekundungen aus den Reihen der Koalition hält der Bundeskanzler vor dem Hintergrund der zu lösenden Probleme nicht für dauerhaft tragfähig. Die Lagebeurteilung des Bundeskanzlers hat mir auch der Vorsitzende der SPD-Fraktion aus seiner Sicht bestätigt.

Ich habe die Beurteilung des Bundeskanzlers eingehend geprüft. Dazu habe ich viele Gespräche mit den verantwortlichen Politikern und mit Rechtsexperten geführt. Ich bin den Bürgerinnen und Bürgern dankbar, die mir in Gesprächen, Briefen und E-Mails ihre Meinung mitgeteilt haben.

Nach der Entscheidung des Bundesverfassungsgerichts aus dem Jahr 1983 hat der Bundespräsident die Einschätzung des Bundeskanzlers zu beachten, es sei denn, eine andere Einschätzung ist eindeutig vorzuziehen. Ich habe Respekt vor allen, die gezweifelt haben, und ich habe ihre Argumente gehört und ernsthaft gewogen. Doch ich sehe keine andere Lagebeurteilung, die der Einschätzung des Bundeskanzlers eindeutig vorzuziehen ist. Ich bin davon überzeugt, dass damit die verfassungsrechtlichen Voraussetzungen für die Auflösung des Bundestages gegeben sind.

Damit ist es nach dem Grundgesetz meine Pflicht als Bundespräsident, zu entscheiden, ob ich Neuwahlen ansetze oder nicht. In meiner Gesamtabwägung komme ich zu dem Ergebnis, dass dem Wohl unseres Volkes mit einer Neuwahl jetzt am besten gedient ist.

Es ist richtig, dass in der heutigen Situation der demokratische Souverän – das Volk – über die künftige Politik unseres Landes entscheiden kann. Die Parteien fordere ich auf, den Bürgerinnen und Bürgern ihre Vorstellungen über die Lösung der Probleme sachlich und wahrhaftig zu vermitteln. Ich bin ganz sicher: Wir haben die Begabung und die Fähigkeit, unsere Freiheit zu sichern und einen modernen Sozialstaat zu gestalten.

Liebe Mitbürgerinnen und Mitbürger, jetzt haben Sie es in der Hand. Schauen Sie bitte genau hin. Demokratie heißt, die Wahl zu haben zwischen politischen Alternativen. Machen Sie von Ihrem Wahlrecht sorgsam Gebrauch.

3 *a) Kreuzen Sie für jede der folgenden Fragen an, welchen Untersuchungsaspekt sie hat.*
b) Erstellen Sie dann eine Übersicht zur Erschließung einer Rede, indem Sie unter jeden Untersuchungsaspekt (A, B, C, D, E) die passenden Leitfragen (1–18) notieren, z. B.:

Redesituation
- ☐ Welches Publikum hat die Rede?
- ☐ Wo und wann wird die Rede gehalten?
- ☐ ...

Inhalt
- ☐ ...

	A Redesituation	B Inhalt	C Redeabsicht/ Intention	D formaler Aufbau/ Argumentation	E sprachlich-rhetorische Figuren
1 Wie ist der Satzbau?	☐	☐	☐	☐	☐
2 Welches Publikum hat die Rede?	☐	☐	☐	☐	☐
3 Werden die Interessen des Redners offen dargelegt oder verdeckt?	☐	☐	☐	☐	☐
4 Wo und wann wird die Rede gehalten?	☐	☐	☐	☐	☐
5 Welche Hauptaussagen enthält die Rede?	☐	☐	☐	☐	☐
6 Welche aufwertenden und abwertenden Adjektive oder Nomen fallen auf?	☐	☐	☐	☐	☐
7 Zu welchem Anlass wird die Rede gehalten?	☐	☐	☐	☐	☐
8 Welche Wirkung will der Redner erzielen und woran erkennt man das?	☐	☐	☐	☐	☐
9 Gibt es Vorwürfe, Appelle, Forderungen o. Ä.?	☐	☐	☐	☐	☐
10 Welche rhetorischen Mittel werden verwendet?	☐	☐	☐	☐	☐
11 Für und/oder gegen wen nimmt die Rede Partei?	☐	☐	☐	☐	☐
12 Sind Medien mit einbezogen? Welche und mit welcher Wirkung?	☐	☐	☐	☐	☐
13 Wie ist die Rede inhaltlich gegliedert?	☐	☐	☐	☐	☐
14 Bezieht der Redner das Publikum mit ein oder geht er über es hinweg?	☐	☐	☐	☐	☐
15 Welche Sachverhalte werden angesprochen?	☐	☐	☐	☐	☐
16 Welche Argumente verwendet der Redner?	☐	☐	☐	☐	☐
17 Enthält die Rede Anklänge an bestimmte Stile?	☐	☐	☐	☐	☐
18 Welche Sprachebenen werden verwendet?	☐	☐	☐	☐	☐

4 *Formulieren Sie in Ihrem Heft eine zusammenhängende Analyse der Rede von Bundespräsident Horst Köhler aus.*

Autoren- und Quellenverzeichnis

S. 66: ASTOR, WILLY: Unverrichter der Dinge. Humor direkt vom Erzeuger. Verlag Antje Kunstmann, München 2006, S. 108–110; **S. 46 ff.:** ECO, UMBERTO: Das Buch, ein technisch vollendetes Meisterwerk. In: Ders.: Das alte Buch und das Mittelalter. Hanser, München/Wien 1995, S. 10–13; **S. 81:** GELLERT, CHRISTIAN FÜRCHTEGOTT: Das Kutschpferd. In: Conrady. Das Buch der Gedichte. Deutsche Lyrik von den Anfängen bis zur Gegenwart. Eine Sammlung für die Schule. Cornelsen, Berlin 2006, S. 113; **S. 64:** GERNHARD, ROBERT: Nachdem er durch Metzingen gegangen war. In: Ders.: Reim und Zeit & Co. Gedichte, Prosa, Cartoons. Reclam, Stuttgart 2000, S. 82; **S. 83:** GOETHE, JOHANN WOLFGANG: Vor Gericht. In: Goethes Werke. Vollständige Ausgabe letzter Hand, Bd. 1: Gedichte. Cotta, Stuttgart und Tübingen 1827, S. 128; **S. 86:** GOETHE, JOHANN WOLFGANG: An Schwager Kronos. In: Goethes Werke, S. 319; **S. 59, 61 f.:** GRASS, GÜNTER: Katz und Maus. In: Ders.: Katz und Maus. Eine Novelle. dtv, München 1998, S. 8–10 u. 174–176; **S. 3 f.:** HAAS, CHRISTIAN: Buchbeschreibung zu: Ich bin dann mal weg. amazon.de; **S. 87:** HÄRTLING, PETER: Versuch, mit meinem Sohn zu reden. In: Großer Ozean. Gedichte für alle. Hg. Hans-Joachim Gelberg. Beltz und Gelberg, Weinheim/Basel 2004, S. 214; **S. 91:** HASELBERGER, MANUELA: Leserrezension bei libri.de, Libri.de Internet GmbH, Hamburg; **S. 75 f., 77 f., 80:** JENNY, ZOË: Das Blütenstaubzimmer. In: Dies.: Das Blütenstaubzimmer. btb-Verlag, München 1999, S. 53–55, 65–67 u. 118 f.; **S. 57:** KAFKA, FRANZ: Auf der Galerie. In: Ders.: Sämtliche Erzählungen. Hg. Paul Raabe. Fischer Taschenbuch Verlag, Frankfurt/M. 1972, S. 129; **S. 24 ff.:** KLEMM, KLAUS: Vom Luxus langen Lernens. Aus: DIE ZEIT, Nr. 32, 02.08. 2007; **S. 93 f.:** KÖHLER, HORST: Fernsehansprache von Bundespräsident Horst Köhler am 21.07. 2005. Aus: http://www.bundespraesident.de/-,2.625010/Fernsehansprache-von-Bundespra.htm; **S. 54:** KUNERT, GÜNTER: Unterwegs nach Utopia II. In: Ders.: Unterwegs nach Utopia. Gedichte. Berlin und Weimar, Aufbau 1980, S. 76; **S. 92:** MAIDT-ZINKE, KRISTINA: Dänen lügen nicht: Peter Høegs missglückter Zwitter aus Traktat und Thriller: „Das stille Mädchen". Aus: DIE ZEIT, 08.02. 2007; **S. 14 f.:** NOVAK, HELGA MARIA: Schlittenfahren. In: Rainer Könecke: Interpretationshilfen. Deutsche Kurzgeschichten 1945–1968. 12 Texte und Interpretationen. Sekundarstufe II. Klett, Stuttgart 1994, S. 177; **S. 84:** ROSENLÖCHER, THOMAS: Die Distel. In: Ders.: Ich sitze in Sachsen und schau in den Schnee. 77 Gedichte. Suhrkamp, Frankfurt/M. 1998, S. 48; **S. 69 ff., 72 f.:** SCHILLER, FRIEDRICH: Kabale und Liebe. Hg. Joseph Kiermeier-Debre. dtv, München 2003, S. 13–20 u. 36–43 (Bibliothek der Erstausgaben); **S. 68:** STEINBERGER, PETRA: Das spurlose Sterben. Aus: Süddeutsche Zeitung, Nr. 60, 13.03. 2007, S. 18; **S. 82:** STOLBERG, FRIEDRICH LEOPOLD GRAF ZU: Die Freiheit. In: Die deutsche Literatur. Ein Abriß in Text und Darstellung. Bd. 6: Sturm und Drang und Empfindsamkeit. Hg. Ulrich Karthaus. Reclam, Stuttgart 1994, S. 131 f.; **S. 10:** STROH, KASSIAN: Videoüberwachung wird eingeschränkt. Aus: Süddeutsche Zeitung, Nr. 68, 22.03. 2007, S. 37; **S. 55:** WEISS, PETER: Fluchtpunkt. In: Ders.: Fluchtpunkt. Suhrkamp, Frankfurt/M. 1962

Unbekannte Verfasser: S. 4: http://de.wikipedia.org/wiki/Ich_bin_dann_mal_weg; **S. 74:** Königl. Privilegierte Berlinische Staats- und gelehrte Zeitung. Aus: Staats- und gelehrte Zeitung. Berlin 20.07. 1784, S. 690; **S. 85:** Distel. Lexikonartikel in: Knaurs Lexikon der Symbole. Digitale Bibliothek, Bd. 16. Directmedia Publishing, Berlin 1999, S. 227; **S. 88:** Alkoholkonsum Jugendlicher deutlich angestiegen. Aus: aerzteblatt.de, 12.06. 2007, Verlag Deutsches Ärzteblatt, Köln; **S. 89:** Jugend und Alkohol. Aus: www.swr.de/buffet/teledoktor, 29.09. 2004 Südwestrundfunk, Stuttgart

Bildquellenverzeichnis

S. 3, 5, 7: Cover von Hape Kerkeling: Ich bin dann mal weg. Meine Reise auf dem Jakobsweg © 2006 Piper Verlag GmbH, München; **S. 4:** picture-alliance/dpa/dpaweb, Frankfurt/M.; **S. 5 links:** SPIEGEL-Bestsellerliste: mit freundlicher Genehmigung der SPIEGEL-Verlag Rudolf Augstein GmbH & Co. KG, Hamburg; **S. 5 Mitte, 7:** picture-alliance/AKG, Frankfurt/M.; **S. 5 rechts, 10:** picture-alliance/ZB, Frankfurt/M.; **S. 7 links, 46, 59 rechts, 67, 75 links, 84, 89, 93, 95:** picture-alliance/dpa, Frankfurt/M.; **S. 24:** panama fotoproduktion, Düsseldorf; **S. 45:** ullstein bild – Himsel/Intro, Berlin; **S. 59 links:** Günter Grass: Katz und Maus. © 1993 Steidl Verlag, Göttingen; **S. 75 rechts:** Cover von Zoë Jenny: Das Blütenstaubzimmer: mit freundlicher Genehmigung der Frankfurter Verlagsanstalt; **S. 81:** picture-alliance/akg images/Erich Lessing, Frankfurt/M.; **S. 85:** ullstein bild – Schleyer, Berlin; **S. 86:** picture-alliance/akg-images, Frankfurt/M.; **S. 88:** ullstein bild – Imagebroker.net, Berlin; **S. 90 rechts:** mit freundlicher Genehmigung des Büros für Suchtprävention, Hamburgische Landesstelle für Suchtfragen e. V., Hamburg; **S. 91:** Cover von Peter Høeg: Das stille Mädchen. Roman. Aus dem Dänischen von Peter Urban-Halle. © 2007 Carl Hanser Verlag, München

Zu diesem Arbeitsheft gibt es das Grundwissen zum Nachschlagen (ISBN 978-3-464-60376-5).

Impressum

Redaktion: lüra – Klemt & Mues GbR, Wuppertal
Illustrationen: Maja Bohn, Klaus Ensikat, Sabine Lochmann
Umschlaggestaltung: Katharina Wolff (Foto: Thomas Schulz, Illustration: Mone Schliephack)
Technische Umsetzung: Anna-Maria Klages, Wuppertal

www.cornelsen.de

Dieses Werk berücksichtigt die Regeln der reformierten Rechtschreibung und Zeichensetzung. Bei den mit Ⓡ gekennzeichneten Texten haben die Rechteinhaber einer Anpassung widersprochen.

1. Auflage, 4. Druck 2015

Druck: Himmer AG, Augsburg

ISBN 978-3-464-60362-8